ANALECTA

72

STUDIUM BIBLICUM FRANCISCANUM

Per informazioni sulle opere pubblicate
e in programma rivolgersi a:

Edizioni Terra Santa
Via G. Gherardini 5 - 20145 Milano (Italy)
tel.: +39 02 34592679 fax: +39 02 31801980
http://www.edizioniterrasanta.it
e-mail: editrice@edizioniterrasanta.it

oppure a

Franciscan Printing Press
P.O.B. 14064 - 91140 Jerusalem (Israel)
tel.: +972-2-6266592/3 fax +972-2-6272274
http://www.custodia.org/fpp
e-mail: fpp@bezeqint.net

Massimo Pazzini, ofm

IL LIBRO DEI DODICI PROFETI

versione siriaca
vocalizzazione completa

Franciscan Printing Press

Edizioni Terra Santa

Prima edizione, gennaio 2009

Finito di stampare nel gennaio 2009
da Kartè s.r.l. - Fara Gera d'Adda BG
per conto di Edizioni Terra Santa s.r.l.
ISBN 978-88-6240-072-5

PREFAZIONE

Presentiamo in questo volumetto il testo siriaco completo dei Dodici profeti minori secondo la versione siriaca chiamata Peshiṭto (o Peshiṭta). Alcune parti dell'opera (alcuni dei Dodici profeti) sono state pubblicate, in collaborazione con R. Pierri, nel corso degli ultimi anni, sotto forma di articoli in diverse riviste, in particolare nella rivista *Liber Annuus* dello Studium Biblicum Franciscanum di Gerusalemme. La maggior parte di questi contributi è stata messa a disposizione dei lettori *online*. Dopo opportuna revisione, i Dodici vengono ora raccolti insieme e disposti secondo l'ordine tradizionale: Osea, Gioele, Amos, Abdia, Giona, Michea, Naum, Abacuc, Sofonia, Aggeo, Zaccaria, Malachia.

Particolare attenzione è stata dedicata alla vocalizzazione del testo siriaco in modo che possa risultare di sicura utilità per coloro che ne faranno uso. Il testo è stato vocalizzato secondo il sistema occidentale; sono state escluse le forme "miste" che si trovano, invece, nelle Bibbie poliglotte. Merita una menzione la resa di rukkōkhō e quššōyō delle lettere *bgdkpt*, solitamente segnalata in maniera non sistematica (quando non venga omessa del tutto, come nelle poliglotte) in altre edizioni della Bibbia siriaca, in particolare per quanto riguarda il testo dell'Antico Testamento. Questa caratteristica, assai utile per coloro che si accingono ad una lettura "grammaticale" del testo, in particolare delle forme verbali, ha impiegato la maggior parte del nostro tempo e delle nostre energie. In pochissimi casi abbiamo preferito non segnalare questo aspetto, in particolare con qualche nome proprio e, talvolta, con il morfema femminile singolare enfatico *–tō* (o *–tā*). Siamo certi che gli studenti volenterosi sapranno apprezzare questo nostro sforzo e, allo stesso tempo, sapranno trarne profitto.

Il testo consonantico segue, anche se non pedissequamente, l'edizione del Peshiṭta Institute di Leiden (curata da A. Gelston) confrontata con il manoscritto ambrosiano *B 21 Inferiore*, siglato 7a1 dagli editori di Leiden. Le principali varianti vengono segnalate in appendice. Non vengono invece segnalate le varianti vocaliche dovute a diversa coniugazione (ad esempio P'al e Pa'el), quando la cosa non si rifletta sulle consonanti. Questo secondo tipo di varianti emerge, di tanto in tanto, dal confronto fra le poliglotte di Parigi e di Londra e il testo delle edizioni di Urmia e Mosul.

Siamo certi che gli appassionati dei testi biblici scritti nelle lingue antiche potranno trovare in queste pagine un utile sussidio per una lettura motivata grammaticalmente della Bibbia siriaca e, in questo modo, appassionarsi all'approfondimento di questo ricco e affascinante dialetto della lingua aramaica.

Massimo Pazzini
Gerusalemme, 23 novembre 2008
Solennità di Cristo Re

PREFACE

This book presents the complete Syriac text of the twelve Minor Prophets according to the Syriac version known as the Peshiṭto (or Peshiṭta). Some parts of this work (a number of the Twelve Prophets) have been published as articles during the last few years in various journals, especially in *Liber Annuus*, a publication of the Studium Biblicum Franciscanum, Jerusalem, in collaboration with R. Pierri. Most of these contributions have been made available to readers *online*. After some necessary revisions, the Twelve Prophets have now been gathered together and put in their traditional order: Hosea, Joel, Amos, Obadiah, Jonah, Micah, Nāhum, Habakkuk, Zephaniah, Haggai, Zechariah, and Malachi.

Special attention was dedicated to the vocalization of the Syriac text in order to make it as useful as possible to those interested. The text has been vocalized according to the western system: the "mixed" forms that are found in the Polyglot Bible have been excluded. The mention of rukkōkhō and quššōyō of the letters *bgdkpt* is worth noting. Usually this is indicated in a non-systematic way (when not completely omitted, as in the Polyglot versions) in other Syriac editions of the Bible, especially in the Old Testament text. This characteristic (very useful for those who prefer a "grammatical" reading of the text) especially of the verbal forms, took up most of our time and effort. In very few cases we preferred not to note this aspect, especially with some proper nouns and sometimes with the fem. sing. emphatic morpheme *–tō* (or *–tā*). Eager students will appreciate our efforts and at the same time draw benefit.

The consonantal text of the Peshiṭta Institute of Leiden (edited by A. Gelston) is used together with the Ambrosian manuscript *B 21 Inferiore* (denominated 7a1 by the Leiden editors). The principal variants are noted in the appendix. The variants (concerning the vowels) due to different conjugations are not mentioned (for example P'al and Pa'el), when there is no reflection on the consonants. This second type of variant emerges from time to time, from the comparison between the Polyglots of Paris and London and the Urmia and Mosul text.

We are certain that those who are passionate about biblical texts written in the ancient languages will find in these pages a useful aid for a grammatically motivated reading of the Bible in Syriac and hence become more enthusiastic in deepening this rich and fascinating Aramaic dialect.

Massimo Pazzini
Jerusalem, 23 November 2008
Solemnity of Christ the King

܀ ܬܘܒ ܟܬܒܐ ܕܬܪܥܣܪ ܢܒܝܐ ܀
܀ ܢܒܝܘܬܐ ܩܕܡܝܬܐ ܕܗܘܫܥ ܀

[ܩܦܠܐܘܢ ܀ ܐ ܀]

(1.1) ܦܬܓܡܗ ܕܡܪܝܐ ܕܗܘܐ ܥܠ ܗܘܫܥ ܒܪ ܒܐܪܝ.
ܒܝܘܡܘܗܝ ܕܥܘܙܝܐ ܘܕܝܘܬܡ ܘܕܐܚܙ ܘܕܚܙܩܝܐ ܡܠܟܐ
ܕܝܗܘܕܐ. ܘܒܝܘܡܘܗܝ ܕܝܘܪܒܥܡ ܒܪ ܝܘܐܫ ܡܠܟܐ
ܕܐܝܣܪܐܝܠ. (1.2) ܪܫ ܦܬܓܡܗ ܕܡܪܝܐ ܕܗܘܐ ܥܠ
ܗܘܫܥ. ܐܡܪ ܡܪܝܐ ܠܗܘܫܥ. ܙܠ ܣܒ ܠܟ ܐܢܬܬܐ
ܕܙܢܝܐ ܘܒܢܝܐ ܕܙܢܝܐ. ܡܛܠ ܕܡܙܢܝܘ ܙܢܝܐ ܐܪܥܐ
ܡܢ ܒܬܪܗ ܕܡܪܝܐ. (1.3) ܘܐܙܠ ܘܢܣܒ ܠܗ ܠܓܘܡܪ ܒܪܬ
ܕܒܠܝܡ. ܘܒܛܢܬ ܘܝܠܕܬ ܠܗ ܒܪܐ. (1.4) ܘܐܡܪ ܠܗ
ܡܪܝܐ. ܩܪܝ ܫܡܗ ܐܝܙܪܥܝܠ. ܡܛܠ ܕܬܘܒ ܩܠܝܠ ܙܒܢ ܐܢܐ
ܕܡܗ ܕܐܝܙܪܥܝܠ. ܥܠ ܒܝܬܐ ܕܝܗܘ ܘܐܒܛܠ ܡܠܟܘܬܐ
ܕܒܝܬ ܐܝܣܪܐܝܠ. (1.5) ܒܗ ܒܝܘܡܐ ܗܘ. ܐܬܒܪܝܗ ܠܩܫܬܐ
ܕܐܝܣܪܐܝܠ ܒܥܘܡܩܐ ܕܐܝܙܪܥܝܠ. (1.6) ܘܒܛܢܬ ܬܘܒ ܘܝܠܕܬ
ܒܪܬܐ. ܘܐܡܪ ܠܝ ܡܪܝܐ. ܩܪܝ ܫܡܗ ܠܐ ܐܬܪܚܡܬ.
ܡܛܠ ܕܠܐ ܡܘܣܦ ܐܢܐ ܬܘܒ ܠܡܪܚܡܘ ܥܠ ܕܒܝܬ
ܐܝܣܪܐܝܠ. ܐܠܐ ܡܫܩܠ ܫܩܠ ܐܢܐ ܠܗܘܢ. (1.7) ܥܠ ܒܝܬܐ
ܕܝܢ ܕܝܗܘܕܐ ܐܪܚܡ. ܘܐܦܪܘܩ ܐܢܘܢ ܒܡܪܝܐ ܐܠܗܗܘܢ.
ܠܐ ܒܩܫܬܐ ܐܦܪܘܩ ܐܢܘܢ. ܐܦ ܠܐ ܒܣܝܦܐ ܐܦ ܠܐ
ܒܩܪܒܐ. ܘܠܐ ܒܪܟܫܐ ܐܦ ܠܐ ܒܦܪܫܐ. (1.8) ܘܚܣܠܬ

ܠܠܐ ܐܬܪ̈ܚܡܬ ܘܒܛܢܬ ܬܘܒ ܘܝܠܕܬ ܒܪܐ. (1.9) ܘܐܡܪ
ܠܝ ܡܪܝܐ. ܩܪܝ ܫܡܗ ܠܐ ܥܡܝ. ܡܛܠ ܕܐܢܬܘܢ ܠܐ ܥܡܝ
ܐܢܬܘܢ. ܘܐܢܐ ܠܐ ܐܗܘܐ ܠܟܘܢ.

[ܩܦܠܐܘܢ ∴ ܒ ∴]

(2.1) ܘܐܢ ܢܗܘܐ ܡܢܝܢܐ ܕܒܢ̈ܝ ܐܝܣܪܝܠ ܐܝܟ ܚܠܐ ܕܝܡܐ:
ܕܠܐ ܡܬܬܟܝܠ ܘܠܐ ܡܬܡܢܐ: ܘܢܗܘܐ ܒܐܬܪܐ
ܕܐܬܐܡܪ ܠܗܘܢ ܠܐ ܥܡܝ ܐܢܬܘܢ ܬܡܢ ܢܬܩܪܘܢ ܒܢ̈ܝܐ
ܠܐܠܗܐ ܚܝܐ. (2.2) ܘܢܬܟܢܫܘܢ ܒܢ̈ܝ ܝܗܘܕܐ ܘܒܢ̈ܝ ܐܝܣܪܝܠ
ܐܝܟ ܚܕܐ. ܘܢܥܒܕܘܢ ܠܗܘܢ ܪܝܫܐ ܚܕ ܘܢܣܩܘܢ ܡܢ
ܐܪܥܐ. ܡܛܠ ܕܪܒ ܗܘ ܝܘܡܐ ܕܐܝܙܪܥܝܠ. (2.3) ܐܡܪܘ
ܠܐܚ̈ܝܟܘܢ ܥܡܝ ܘܠܐܚܘ̈ܬܟܘܢ ܪ̈ܚܡܬܐ. (2.4) ܕܘܢܘ ܥܡ
ܐܡܟܘܢ ܕܘܢܘ. ܡܛܠ ܕܗܝ ܠܐ ܗܘܬ ܐܢܬܬܝ. ܘܐܢܐ ܠܐ
ܗܘܝܬ ܒܥܠܗ̇. ܬܥܒܪ ܙܢܝܘܬܗ̇ ܡܢ ܐܦ̈ܝܗ̇ ܘܓܘܪܗ̇ ܡܢ ܒܝܬ
ܬܕ̈ܝܗ̇. (2.5) ܕܠܐ ܐܫܠܚܝܗ̇ ܥܪܛܠܝܬܐ ܘܐܩܝܡܝܗ̇ ܐܝܟ ܝܘܡܐ
ܕܝܠܝܕܐ ܒܗ. ܘܐܥܒܕܝܗ̇ ܐܝܟ ܡܕܒܪܐ ܘܐܝܟ ܐܪܥܐ
ܨܗܝܬܐ ܘܐܡܝܬܝܗ̇ ܒܨܗܝܐ. (2.6) ܘܥܠ ܒܢ̈ܝܗ̇ ܠܐ ܐܪܚܡ.
ܡܛܠ ܕܒܢ̈ܝ ܙܢܝܘܬܐ ܐܢܘܢ. (2.7) ܡܛܠ ܕܙܢܝܬ ܐܡܗܘܢ
ܘܒܗܬܬ ܝܠܕܬܗܘܢ. ܘܐܡܪܬ ܐܙܠ ܒܬܪ ܪ̈ܚܡܝ. ܕܝܗܒܝܢ
ܠܝ ܠܚܡܝ ܘܡ̈ܝܝ ܘܥܡܪܝ ܘܟܬܢܝ ܘܡܫܚܝ ܘܟܠ ܕܡܬܒܥܐ ܠܝ. (2.8)
ܡܛܠ ܗܢܐ ܗܐ ܣܝܓ ܐܢܐ ܐܘܪܚܬܗ̇ ܒܟܘ̈ܒܐ.
ܘܐܣܘܓ ܫܒ̈ܝܠܝܗ̇ ܘܐܘܪܚܬܗ̇ ܠܐ ܬܫܟܚ. (2.9) ܘܬܐܙܠ ܒܬܪ

ܕܪ̈ܚܡܝܗ̇ ܘܠܐ ܬܕܪܟ ܐܢܘܢ. ܘܬܒܥܐ ܐܢܘܢ ܘܠܐ ܬܫܟܚ
ܐܢܘܢ. ܘܬܐܡܪ ܐܗܦܘܟ ܐܙܠ ܠܝ ܠܘܬ ܒܥܠܝ ܩܕܡܝܐ.
ܡܛܠ ܕܛܒ ܗܘܐ ܠܝ ܗܝ ܕܝܢ ܡܢ ܕܗܫܐ. (2.10) ܗܝ ܕܝܢ
ܠܐ ܝܕܥܬ ܕܐܢܐ ܝܗܒܬ ܠܗ̇ ܥܒܘܪܐ ܘܚܡܪܐ ܘܡܫܚܐ
ܘܣܐܡܐ ܘܕܗܒܐ ܐܣܓܝܬ ܠܗ̇ ܘܡܢܗ ܥܒܕܘ ܒܥܠܐ.
(2.11) ܡܛܠ ܗܢܐ ܐܗܦܘܟ ܐܣܒ ܥܒܘܪܝ ܒܙܒܢܗ ܘܚܡܪܝ
ܒܙܒܢܗ. ܘܐܣܒ ܥܡܪܝ ܘܟܬܢܝ ܕܝܗܒܬ ܠܗ̇ ܕܬܬܟܣܐ
ܦܘܪܣܝܗ̇. (2.12) ܡܟܝܠ ܐܓܠܐ ܦܘܪܣܝܗ̇ ܩܕܡ ܪ̈ܚܡܝܗ̇.
ܘܐܢܫ ܠܐ ܢܦܨܝܗ̇ ܡܢ ܐܝܕܝ. (2.13) ܘܐܒܛܠ ܟܠܗ̇
ܚܕܘܬܗ̇. ܥܐ̈ܕܝܗ̇ ܘܪܫ ܝܪ̈ܚܝܗ̇ ܘܫܒܬܗ̇ ܘܟܠܗܘܢ
ܥܐ̈ܕܝܗ̇. (2.14) ܘܐܚܪܒ ܓܦܢܝܗ̇ ܘܬܐ̈ܢܝܗ̇. ܕܐܡܪܬ
ܕܡܘܗܒܬܐ ܐܢܝܢ ܕܝܗܒܘ ܠܝ ܪ̈ܚܡܝ. ܘܐܥܒܕ ܐܢܝܢ ܥܒܐ.
ܘܬܐܟܘܠ ܐܢܝܢ ܚܝܘܬ ܒܪܐ. (2.15) ܘܐܦܩܘܕ ܥܠܝܗ̇
ܝܘ̈ܡܬܐ ܕܒܥܠܐ. ܕܡܣܩܐ ܗܘܬ ܠܗܘܢ ܒܣ̈ܡܐ. ܘܨܒܬ
ܩܕ̈ܫܝܗ̇ ܘܡܢ̈ܟܫܝܬܗ̇ ܘܐܙܠܬ ܒܬܪ ܪ̈ܚܡܝܗ̇. ܘܠܝ ܛܥܬ
ܐܡܪ ܡܪܝܐ.܀ (2.16) ܡܛܠ ܗܟܝܠ ܗܐ ܡܫܕܠ ܐܢܐ ܠܗ̇
ܘܡܘܒܠ ܐܢܐ ܠܗ̇ ܠܡܕܒܪܐ. ܘܐܡܠܠ ܒܠܒܗ̇. (2.17)
ܘܐܬܠ ܠܗ̇ ܟܪ̈ܡܝܗ̇ ܡܢ ܬܡܢ. ܘܥܘܡܩܐ ܕܥܟܪ ܕܢܬܦܬܚ
ܣܘܟܠܗ̇. ܘܬܬܡܟܟ ܬܡܢ ܐܝܟ ܝܘ̈ܡܝ ܛܠܝܘܬܗ̇. ܘܐܝܟ
ܝܘܡܐ ܕܣܠܩܬ ܒܗ ܡܢ ܐܪܥܐ ܕܡܨܪܝܢ.܀ (2.18)
ܘܢܗܘܐ ܒܝܘܡܐ ܗܘ ܐܡܪ ܡܪܝܐ. ܬܩܪܝܢ ܒܥܠܝ ܘܠܐ
ܬܘܒ ܬܩܪܝܢ ܒܥܠܝ. (2.19) ܘܐܥܒܪ ܫܡܗܐ ܕܒܥܠܐ ܡܢ
ܦܘܡܗ̇. ܘܠܐ ܢܬܕܟܪܘܢ ܬܘܒ ܫܡܗܘܢ. (2.20) ܘܐܩܝܡ ܠܗܘܢ

ܩܝܡܐ ܒܝܘܡܐ ܗܘ ܥܡ ܚܝܘܬܐ ܕܕܒܪܐ ܘܥܡ ܦܪܚܬܐ
ܕܫܡܝܐ ܘܪܚܫܐ ܕܐܪܥܐ. ܘܩܫܬܐ ܘܣܝܦܐ ܘܩܪܒܐ
ܐܬܒܪ ܡܢ ܐܪܥܐ. ܘܐܫܪܐ ܐܢܘܢ ܒܣܒܪܐ. (2.21)
ܘܐܡܟܪܟܝ ܠܝ ܠܥܠܡ. ܘܐܡܟܪܟܝ ܠܝ ܒܙܕܝܩܘܬܐ ܘܒܕܝܢܐ
ܘܒܛܝܒܘܬܐ ܘܒܪܚܡܐ. (2.22) ܘܐܡܟܪܟܝ ܠܝ ܒܗܝܡܢܘܬܐ
ܘܬܕܥܝܢ ܠܡܪܝܐ. ܀ (2.23) ܘܢܗܘܐ ܒܝܘܡܐ ܗܘ ܐܡܪ
ܡܪܝܐ. ܐܥܢܐ ܠܫܡܝܐ. ܘܗܢܘܢ ܢܥܢܘܢ ܠܐܪܥܐ. (2.24)
ܘܐܪܥܐ ܬܥܢܐ ܠܥܒܘܪܐ ܘܠܚܡܪܐ ܘܠܡܫܚܐ. ܘܗܢܘܢ
ܢܥܢܘܢ ܠܐܝܙܪܥܝܠ. (2.25) ܘܐܙܪܥܝܗ ܠܝ ܒܐܪܥܐ. ܘܐܪܚܡ
ܥܠ ܠܐ ܐܬܪܚܡܬ. ܘܐܡܪ ܠܠܐ ܥܡܝ ܥܡܝ. ܘܗܘ ܢܐܡܪ
ܐܠܗܝ ܀

[ܩܦܠܐܘܢ ܀ ܓ ܀]

(3.1) ܘܐܡܪ ܠܝ ܡܪܝܐ. ܬܘܒ ܙܠ ܪܚܡ ܐܢܬܬܐ ܪܚܡܬܐ
ܕܪܚܡܐ ܒܝܫܬܐ ܐܝܟ ܕܪܚܡ ܡܪܝܐ ܠܒܢܝ ܐܝܣܪܐܝܠ.
ܘܗܢܘܢ ܐܬܦܢܝܘ ܒܬܪ ܐܠܗܐ ܐܚܪܢܐ. ܘܪܚܡܘ ܕܪܘܫܐ
ܕܐܦܝܬܐ. (3.2) ܘܙܒܢܬܗ ܠܝ ܒܚܡܫܥܣܪܐ ܕܟܣܦ ܘܒܟܘܪ
ܘܠܬܟ ܣܥܪܝܢ. (3.3) ܘܐܡܪܬ ܠܗ ܕܝܘܡܬܐ ܣܓܝܐܐ
ܬܬܒܝܢ ܠܝ. ܠܐ ܬܙܢܝܢ ܘܠܐ ܬܗܘܝܢ ܠܓܒܪ. ܘܐܢܐ
ܐܗܘܐ ܠܘܬܟܝ. (3.4) ܡܛܠ ܕܝܘܡܬܐ ܣܓܝܐܐ ܢܬܒܘܢ
ܒܢܝ ܐܝܣܪܐܝܠ. ܕܠܐ ܡܠܟܐ ܘܕܠܐ ܫܠܝܛܐ ܘܕܠܐ ܕܒܚܬܐ
ܘܕܠܐ ܡܕܒܚܐ ܘܕܠܐ ܠܒܫ ܐܦܘܕܐ ܘܣܐܡ ܒܣܡܐ.

(3.5) ܘܡܢ ܒܬܪܟܢ ܢܬܦܢܘܢ ܒܢܝ̈ ܐܝܣܪܝܠ. ܘܢܒܥܘܢ ܠܡܪܝܐ
ܐܠܗܗܘܢ ܘܠܕܘܝܕ ܡܠܟܗܘܢ. ܘܢܕܚܠܘܢ ܠܡܪܝܐ ܘܠܛܝܒܘܬܗ
ܒܚܪܬܐ ܕܝܘܡܬܐ. ܀

[ܩܦܠܐܘܢ ܀ ܕ ܀]

(4.1) ܫܡܥܘ ܦܬܓܡܗ ܕܡܪܝܐ ܒܢܝ̈ ܐܝܣܪܝܠ ܡܛܠ ܕܕܝܢܐ
ܠܡܪܝܐ ܥܡ ܥܡܘܪ̈ܝܗ ܕܐܪܥܐ. ܥܠ ܕܠܝܬ ܩܘܫܬܐ ܐܦ
ܠܐ ܛܝܒܘܬܐ ܐܦ ܠܐ ܝܕܥܬܗ ܕܐܠܗܐ ܒܐܪܥܐ. (4.2)
ܠܘܛܬܐ ܘܕܓܠܘܬܐ ܘܩܛܠܐ ܘܓܢܒܘܬܐ ܘܓܘܪܐ ܣܓܝܘ.
ܘܕܡܐ ܒܕܡܐ ܚܠܛܘ. (4.3) ܡܛܠ ܗܢܐ ܬܬܒ ܒܐܒܠܐ
ܐܪܥܐ. ܘܢܐܠܘܢ ܟܠܗܘܢ ܥܡܘܪ̈ܝܗ ܘܚܝܘܬܐ ܕܕܒܪܐ
ܘܦܪ̈ܚܬܐ ܕܫܡܝܐ. ܘܐܦ ܢܘ̈ܢܐ ܕܝܡܐ ܢܣܘܦܘܢ. (4.4)
ܡܛܠ ܕܐܢܫ ܠܐ ܕܐܢ ܐܦ ܠܐ ܡܟܣ. ܘܥܡܟ ܐܝܟ ܟܘܡܪܐ
ܡܬܚܪܐ. (4.5) ܘܐܬܬܩܠܬ ܒܐܝܡܡܐ. ܘܐܬܬܩܠ ܐܦ
ܢܒܝܐ ܕܥܡܟ ܒܠܠܝܐ. ܘܫܬܩܬ ܐܡܟ. (4.6) ܫܬܩ ܥܡܝ
ܡܛܠ ܕܠܝܬ ܒܗ ܝܕܥܬܐ. ܐܝܟ ܕܐܢܬ ܐܣܠܝܬ ܝܕܥܬܐ.
ܘܐܣܠܝܟ ܡܢ ܟܗܢܘܬܐ. ܘܛܥܝܬ ܢܡܘܣܗ ܕܐܠܗܟ ܐܦ
ܐܢܐ ܐܛܥܐ ܠܒܢܝ̈ܟ. (4.7) ܐܝܟ ܣܘܓܐܗܘܢ ܗܟܢܐ ܚܛܘ.
ܘܐܝܩܪܗܘܢ ܒܨܥܪܐ ܫܠܦܘ. (4.8) ܚܛܝܬܗ ܕܥܡܝ ܐܟܠܘ
ܘܠܥܘܠܗܘܢ ܐܪܝܡܘ ܢܦܫܗܘܢ. (4.9) ܘܢܗܘܐ ܐܝܟ ܥܡܐ ܐܝܟ
ܟܗܢܐ. ܘܐܦܩܘܕ ܥܠܝܗܘܢ ܐܘܪܚܬܗܘܢ. ܘܥܒܕ̈ܝܗܘܢ ܐܦܪܘܥ
ܐܢܘܢ. (4.10) ܘܢܐܟܠܘܢ ܘܠܐ ܢܣܒܥܘܢ. ܙܢܘ ܘܠܐ ܣܓܝܘ.

ܡܛܠ ܕܠܡܪܝܐ ܥܒܕܘ ܘܪܫܥܘ ܙܢܘܬܐ. (4.11) ܘܫܡܪܐ
ܘܕܘܒܬܐ ܢܗܘܐ ܠܠܒܗܘܢ. ܀ (4.12) ܟܕ ܒܬܪܟܢܬܗ ܫܐܠ
ܘܫܘܠܛܢܗ ܫܩܠ. ܡܛܠ ܕܕܘܫܐ ܕܙܢܘܬܐ ܐܬܠܒܫܬ ܐܢܘܢ.
ܘܗܦܟܘ ܡܢ ܐܠܗܗܘܢ. (4.13) ܟܠ ܕܝܢ ܛܘܪܐ ܕܟܫܘ. ܘܟܠ
ܕܡܬܐ ܗܘܘ ܟܗܢܐ. ܬܫܒܚ ܟܠܘܬܐ ܘܫܘܪܐ ܘܓܠܡܬܐ
ܕܥܦܪ ܛܠܠܗ. ܡܛܠ ܗܢܐ ܢܒܟܝ ܒܢܬܗܘܢ ܘܒܬܘܠܬܗܘܢ
ܢܘܚܝ. (4.14) ܠܐ ܐܫܟܚܢ ܒܢܬܗܘܢ ܒܪ ܢܒܟܝ. ܘܐܦ ܠܐ
ܒܬܘܠܬܗܘܢ ܒܪ ܢܘܚܝ. ܡܛܠ ܕܗܘܝ ܟܡ ܐܢܫܐ ܫܠܝܛܐ.
ܘܗܢܘܢ ܟܡ ܢܦܩܬ ܥܘܠܐ ܡܢܟܣܝ. ܟܠܗܐ ܕܠܐ ܡܫܬܟܚ
ܟܦܢ ܙܢܝܬܐ. (4.15) ܐܝܟ ܕܝܢ ܐܬܚܫܒܠ ܠܐ ܬܫܝܒ
ܠܚܘܒܐ. ܘܠܐ ܬܬܐܠܨ ܠܒܫܠܠܐ. ܘܠܐ ܬܫܡܥ ܠܩܠܗ
ܐܒܘ. ܘܠܐ ܬܬܐܡܪ ܚ ܗܘ ܡܪܝܐ. (4.16) ܡܛܠ ܕܐܝܟ
ܬܘܪܬܐ ܕܡܪܕܬ ܡܢ ܢܪܐ. ܗܟܢܐ ܡܪܕ ܐܬܚܫܒܠ.
ܘܡܟܠ ܢܦܠܐ ܐܢܘܢ ܡܪܝܐ ܐܝܟ ܐܡܬܐ ܒܪܘܚܬܐ. (4.17)
ܥܘܬܦܐ ܗܘ ܕܦܬܓܡܐ ܐܦܪܝܡ ܥܒܕܘܗ ܠܗ. (4.18) ܟܠܗܘܢ
ܙܢܘ ܘܪܫܥܘ ܚܪܐ ܘܕܫܠܝܬܐ. (4.19) ܬܚܝܬ ܪܕܘܫܐ
ܒܬܢܦܘܗܝ. ܘܢܒܗܬܘܢ ܡܢ ܡܕܟܫܗܘܢ.

[ܦܣܩܐ ܀ ܗ ܀]

(5.1) ܥܡܡܐ ܗܕܝܐ ܒܗܘܢܐ ܘܝܘܬܘ ܟܝܬ ܐܬܚܫܒܠ ܘܒܝܬ
ܡܠܟܐ ܥܡܡܐ. ܡܛܠ ܕܕܠܒܗܘܢ ܗܘ ܕܝܢܐ. ܕܦܬܐ ܗܘܢܬܘ
ܠܕܘܡܐ ܘܡܫܝܒܬܐ ܕܦܪܗܣܐ ܟܠ ܬܒܗܪ. (5.2) ܘܝܕܒܐ

ܕܨܝܕܝܢ ܠܡܛܪܘ ܦܚܐ. ܐܢܐ ܕܝܢ ܐܪܕܝܐ ܠܟܠܗܘܢ. (5.3)
ܐܢܐ ܝܕܥ ܐܢܐ ܠܐܦܪܝܡ. ܘܐܝܣܪܝܠ ܠܐ ܟܣܐ ܡܢܝ. ܡܛܠ
ܕܗܫܐ ܙܢܝ ܐܦܪܝܡ. ܘܐܬܛܢܦ ܐܝܣܪܝܠ. (5.4) ܠܐ ܝܗܒܘ
ܠܗܘܢ ܥܒܕܝܗܘܢ ܕܢܬܦܢܘܢ ܠܘܬ ܐܠܗܗܘܢ. ܡܛܠ ܕܪܘܚܐ
ܕܙܢܘܬܐ ܒܓܘܗܘܢ. ܘܠܡܪܝܐ ܠܐ ܝܕܥܘ. (5.5) ܘܢܬܡܟܟ
ܐܝܩܪܗ ܕܐܝܣܪܝܠ ܡܢ ܩܕܡܘܗܝ. ܘܐܝܣܪܝܠ ܘܐܦܪܝܡ
ܢܬܬܩܠܘܢ ܒܥܘܠܗܘܢ. ܘܢܬܬܩܠ ܐܦ ܝܗܘܕܐ ܥܡܗܘܢ. (5.6)
ܒܥܢܗܘܢ ܘܒܬܘܪܝܗܘܢ ܢܐܙܠܘܢ ܠܡܒܥܝܗ ܠܡܪܝܐ ܘܠܐ
ܢܫܟܚܘܢܗ. ܡܛܠ ܕܦܪܩ ܠܗ ܡܢܗܘܢ. (5.7) ܒܡܪܝܐ ܓܢܪ
ܕܓܠܘ. ܡܛܠ ܕܒܢܝܐ ܢܘܟܪܝܐ ܐܘܠܕܘ ÷ (5.8) ܩܪܘ
ܫܝܦܘܪܐ ܒܓܒܥܬܐ ܘܩܪܢܐ ܒܪܡܬܐ. ܩܥܘ ܒܒܝܬ ܐܘܢ
ܒܬܪܟ ܒܢܝܡܝܢ. (5.9) ܐܦܪܝܡ ܠܚܒܠܐ ܢܗܘܐ ܒܝܘܡܐ
ܕܡܟܣܢܘܬܐ. ܒܫܒܛܐ ܕܐܝܣܪܝܠ ܐܘܕܥܬ ܗܝܡܢܘܬܐ.
(5.10) ܗܘܘ ܪ̈ܘܪܒܢܐ ܕܝܗܘܕܐ ܐܝܟ ܗܢܘܢ ܕܡܫܢܝܢ
ܬܚܘܡܐ. ܐܫܘܕ ܪܘܓܙܝ ܥܠܝܗܘܢ ܐܝܟ ܡܝܐ. (5.11) ܛܠܝܡ
ܐܦܪܝܡ ܘܐܬܠܫܝ ܒܕܝܢܐ. ܡܛܠ ܕܫܪܝ ܠܡܐܙܠ ܒܬܪ
ܣܪܝܩܘܬܐ. (5.12) ܘܐܢܐ ܐܗܘܐ ܐܝܟ ܕܠܘܚܐ ܠܐܦܪܝܡ.
ܘܐܝܟ ܐܪܝܐ ܠܒܝܬ ܝܗܘܕܐ. (5.13) ܘܚܙܐ ܐܦܪܝܡ
ܟܘܪܗܢܗ ܘܝܗܘܕܐ ܟܐܒܗ. ܘܐܙܠ ܐܦܪܝܡ ܠܐܬܘܪ
ܘܫܕܪ ܠܘܬ ܡܠܟܐ ܕܝܪܒ. ܘܗܘ ܠܐ ܡܫܟܚ
ܠܡܐܣܝܘܬܟܘܢ. ܘܠܐ ܢܫܠܡ ܡܢܟܘܢ ܟܐܒܟܘܢ. (5.14) ܡܛܠ
ܕܐܢܐ ܐܝܟ ܐܪܝܐ ܠܐܦܪܝܡ ܘܐܝܟ ܓܘܪܝܐ ܕܐܪܝܐ ܠܒܝܬ
ܝܗܘܕܐ. ܐܢܐ ܐܛܪܘܦ ܘܐܙܠ ܘܐܫܩܘܠ ܘܠܝܬ ܕܡܦܨܐ.

(5.15) ܐܗܦܟܢ ܐܝܟ ܠܐܬܪܝ. ܒܪܡܐ ܕܚܘܒܟ ܘܛܒܥܟ
ܐܦ. ܘܒܐܘܠܨܢܟ ܢܦܪܩܟ ܠܘܬܝ.

[ܡܦܠܐܘ ⁘ ܘ̄ ⁘]

(6.1) ܘܐܡܪܘ ܢܗܦܟܢ ܢܐܙܠ ܠܘܬ ܡܪܝܐ. ܕܡܚܐ ܗܘܐ
ܢܐܩܒ. ܘܛܒܥܢ ܗܘܐ ܢܚܒܫ. (6.2) ܘܢܚܬ ܢܘܩܕܬܐ
ܘܓܝܡܐ ܛܠܝܬܐ ܢܦܠܝ ܘܢܚܐ ܡܪܡܘܗܝ. (6.3) ܘܢܪܒ
ܠܡܐܙܠ ܠܐܒܪܒܬܗ ܕܡܪܝܐ. ܐܝܟ ܥܦܪܐ ܕܬܡܢ ܡܦܩܗ.
ܘܢܐܬܐ ܠܝ ܐܝܟ ܡܠܪܐ ܘܐܝܟ ܕܒܚܐ ܕܡܪܘܐ
ܠܐܪܥܐ. (6.4) ܡܢܐ ܐܥܒܪ ܠܟ ܐܦܪܝܡ ܘܡܢܐ ܐܥܒܪ
ܠܟ ܢܘܗܪܐ. ܠܚܘܬܒܟ ܐܝܟ ܚܝܠܐ ܕܢܦܪܐ ܘܐܝܟ ܠܠܐ
ܕܡܨܪܝܡ ܘܥܒܪ. (6.5) ܡܠܠ ܗܢܐ ܦܘܩܬ ܒܢܝܐ. ܘܡܠܠܬ
ܐܢܘ ܒܡܐܡܪ ܦܘܡܝ. ܘܕܢܚ ܐܝܟ ܢܘܗܪܐ ܢܦܘܩ. (6.6)
ܡܠܠ ܕܝܒܝܬ ܒܠܚܘܕܝܬܐ ܘܠܐ ܒܕܒܚܬܐ. ܘܒܐܒܪܒܬܗ
ܕܐܠܗܐ ܠܒ ܡܢ ܢܩܕܐ ܬܠܡܐ. (6.7) ܘܗܢܘܢ ܐܝܟ
ܒܪܢܫܐ ܒܒܪܘ ܒܠ ܡܢܝ. ܘܬܡܢ ܕܐܠܗ ܒܝ. (6.8) ܬܠܒܒ
ܡܒܝܬܐ ܗܝ ܕܒܟܒܪܝ ܒܘܠܐ ܘܡܩܠܩܠܐ ܒܒܡܐ. (6.9)
ܒܘܫܢܒ ܐܝܟ ܕܟܒܪܐ ܒܢܫܐ. ܐܫܬܘܬܦ ܒܗܢܐ
ܒܐܘܪܚܐ ܘܡܠܠܘ ܠܫܒܝܡ. ܡܠܠ ܕܒܘܠܐ ܒܒܪܘ. (6.10)
ܒܒܢܬܐ ܕܐܝܣܪܐܝܠ ܣܢܝܬ ܬܡܗܐ. ܬܡܢ ܙܢ ܐܦܪܝܡ
ܘܐܬܠܒܒ ܐܝܣܪܐܝܠ. (6.11) ܘܐܦ ܢܘܗܪܐ ܒܒܒ ܠܟ ܡܠܟܐ.
ܡܐ ܕܡܦܩܐ ܐܢܐ ܫܒܝܬܗ ܕܒܒܝ.

[ܩܦܠܐܘܢ ∴ ܙ ∴]

(7.1) ܟܕ ܕܐܣܝܬ ܠܐܝܣܪܝܠ ܘܐܬܓܠܝܬ ܥܘܠܗ ܕܐܦܪܝܡ
ܘܒܝܫܘܬܗ ܕܫܡܪܝܢ. ܡܛܠ ܕܥܒܕܘ ܫܘܩܪܐ ܡܕܡ. ܘܓܢܒܐ
ܥܐܠ ܗܘܐ ܘܡܫܠܚ ܓܝܣܐ ܒܫܘܩܐ. (7.2) ܘܠܐ ܐܡܪܝܢ
ܒܠܒܗܘܢ ܕܟܠܗܝܢ ܒܝܫܬܗܘܢ ܥܗܕ ܐܢܐ. ܡܟܝܠ ܚܕܪܘ
ܐܢܘܢ ܥܒܕܝܗܘܢ ܕܗܘܘ ܩܕܡ ܐܦܝ. (7.3) ܒܒܝܫܘܬܗܘܢ ܚܕܝܘ
ܠܡܠܟܐ ܘܒܕܓܠܘܬܗܘܢ. (7.4) ܟܠܗܘܢ ܡܠܛܝܢܗܘܢ ܓܝܪܝܢ
ܐܝܟ ܬܢܘܪܐ ܕܚܡܐ ܠܡܐܦܝܬܐ. ܢܒܛܠ ܡܢ ܡܕܝܢܬܐ ܠܥܫ
ܠܥܣܐ ܥܕܡܐ ܕܚܡܥ. (7.5) ܝܘܡܐ ܕܡܠܟܢ ܫܪܝܘ ܪܘܪܒܢܐ
ܠܡܪܘܙ ܡܢ ܚܡܪܐ. ܢܓܕܘ ܐܝܕܝܗܘܢ ܥܡ ܒܙܚܐ. (7.6) ܡܛܠ
ܕܩܡ ܠܒܗܘܢ ܐܝܟ ܬܢܘܪܐ ܒܡܟܡܢܘܬܗܘܢ. ܘܟܠܗ ܠܠܝܐ
ܚܡܡ ܪܘܓܙܗܘܢ ܘܒܨܦܪܐ ܢܦܩ ܗܘܐ ܐܝܟ ܢܘܪܐ
ܘܡܫܠܗܒܬܐ. (7.7) ܟܠܗܘܢ ܚܡܘ ܐܝܟ ܬܢܘܪܐ ܘܐܟܠܘ
ܠܕܝܢܝܗܘܢ. ܟܠܗܘܢ ܡܠܟܝܗܘܢ ܢܦܠܘ. ܘܠܝܬ ܒܗܘܢ ܕܩܪܐ
ܠܝ. (7.8) ܐܦܪܝܡ ܒܥܡܡܐ ܐܬܚܠܛ. ܐܦܪܝܡ ܗܘܐ
ܚܘܪܬܐ ܕܥܕܠܐ ܐܬܐܦܝܬ ܐܬܐܓܠܬ. (7.9) ܗܟܢܐ
ܐܟܠܘ ܢܘܟܪܝܐ ܚܝܠܗ ܘܠܐ ܝܕܥ. ܘܣܘܒܬܐ ܢܦܩ ܠܗ ܘܠܐ
ܝܕܥ. (7.10) ܘܐܬܡܟܟ ܐܝܩܪܗ ܕܐܝܣܪܝܠ ܩܕܡܘܗܝ. ܘܠܐ
ܐܬܦܢܝܘ ܠܘܬ ܡܪܝܐ ܐܠܗܗܘܢ ܘܠܐ ܒܥܐܘܗܝ. (7.11)
ܘܗܘܐ ܐܦܪܝܡ ܐܝܟ ܝܘܢܐ ܫܒܪܬܐ ܕܠܝܬ ܒܗ ܠܒܐ.
ܠܡܨܪܝܢ ܐܬܘ ܘܠܐܬܘܪ ܐܙܠܘ. (7.12) ܠܐܬܪ ܕܐܙܠܝܢ

ܐܦܪܘܣ ܥܠܝܗܘܢ ܡܨܝܕܬܝ. ܘܐܝܟ ܦܪܚܬܐ ܕܫܡܝܐ ܐܚܬ
ܐܢܘܢ. ܘܐܪܕܐ ܐܢܘܢ ܐܝܟ ܫܡܥܐ ܕܟܢܘܫܬܗܘܢ. (7.13)
ܘܝ ܠܗܘܢ ܕܢܕܘ ܡܢܝ. ܬܒܪܬܐ ܐܬܬ ܥܠܝܗܘܢ ܥܠ ܕܐܥܠܘ
ܒܝ. ܐܢܐ ܓܝܪ ܦܪܩܬ ܐܢܘܢ ܘܗܢܘܢ ܡܠܠܘ ܥܠܝ ܕܓܠܘܬܐ.
(7.14) ܘܠܐ ܩܥܘ ܠܘܬܝ ܡܢ ܟܠܗ ܠܒܗܘܢ. ܐܠܐ ܐܝܠܠܘ
ܥܠ ܡܫܟܒܗܘܢ. ܥܠ ܥܒܘܪܐ ܘܥܠ ܚܡܪܐ ܡܬܟܬܫܝܢ
ܘܡܪܕܘ ܒܝ. (7.15) ܘܐܢܐ ܪܕܝܬ ܘܐܚܝܠܬ ܕܪ̈ܥܝܗܘܢ. ܘܥܠܝ
ܐܬܚܫܒܘ ܒܝܫܬܐ. (7.16) ܐܬܗܦܟܘ ܥܠ ܠܐ ܡܕܡ. ܘܗܘܘ
ܐܝܟ ܩܫܬܐ ܢܟܝܠܬܐ. ܢܦܠܘܢ ܒܚܪܒܐ ܪ̈ܘܪܒܢܝܗܘܢ ܡܢ
ܡܪܚܘܬܐ ܕܠܫܢܗܘܢ. ܗܢܘ ܒܘܙܚܗܘܢ ܒܐܪܥܐ ܕܡܨܪܝܢ
܀

[ܩܦܠܐܘܢ ܀ ܚ ܀]

(8.1) ܦܘܡܟ ܐܝܟ ܩܪܢܐ ܘܐܝܟ ܢܫܪܐ ܥܠ ܒܝܬܗ ܕܡܪܝܐ.
ܥܠ ܕܥܒܪܘ ܥܠ ܩܝܡܝ ܘܥܠ ܢܡܘܣܝ ܐܥܠܘ. (8.2) ܠܝ ܩܪܘ
ܘܐܡܪܘ ܝܕܥܢܟ ܐܠܗܢ. (8.3) ܛܥܐ ܐܝܣܪܝܠ ܛܒܬܐ.
ܘܒܥܠܕܒܒܐ ܪܕܦ ܐܢܘܢ. (8.4) ܐܡܠܟܘ ܐܠܐ ܠܐ ܡܢܝ.
ܘܐܫܠܛܘ ܘܠܐ ܐܘܕܥܘܢܝ. ܣܐܡܗܘܢ ܘܕܗܒܗܘܢ ܥܒܕܘ
ܠܗܘܢ ܦܬܟܪܐ ܕܢܐܒܕܘܢ. (8.5) ܛܥܘ ܥܓܠܟ ܫܡܪܝܢ
ܘܐܬܚܡܬ ܪܘܓܙܝ ܥܠܝܗܘܢ. ܥܕܡܐ ܠܐܡܬܝ ܠܐ ܡܫܟܚܝܢ
ܠܡܕܟܝܘ. (8.6) ܡܛܠ ܕܡܢ ܐܝܣܪܝܠ ܗܘ. ܘܢܓܪܐ ܗܘ
ܥܒܕܗ ܘܠܐ ܗܘܐ ܐܠܗܐ. ܐܠܐ ܠܛܘܠܬܐ ܗܘܐ

ܥܓܠܗ ܕܫܡܪܝܢ. (8.7) ܡܛܠ ܕܪܘܚܐ ܙܪܥܘ ܘܥܠܥܠܐ ܚܨܕܘ.
ܘܩܝܡܬܐ ܠܝܬ ܠܗܘܢ. ܘܐܦ ܠܐ ܥܒܕܐ ܕܥܒܕ ܩܡܚܐ.
ܘܐܠܘ ܐܝܬ ܗܘܐ ܠܗܘܢ ܢܘܟܪܝܐ ܢܒܠܥܘܢ ܗܘܘ ܠܗ. (8.8)
ܐܬܒܠܥ ܐܝܣܪܝܠ. ܘܡܟܝܠ ܗܘܘ ܒܥܡܡܐ ܐܝܟ ܡܐܢܐ
ܕܠܝܬ ܒܗ ܨܒܝܢܐ. (8.9) ܡܛܠ ܕܗܢܘܢ ܣܠܩܘ ܠܐܬܘܪ ܐܝܟ
ܥܪܕܐ ܝܚܝܕܝܐ. ܐܦܪܝܡ ܡܘܗܒܬܐ ܪܚܡ. (8.10) ܐܦܢ
ܢܬܠܘܢ ܒܥܡܡܐ ܐܟܢܫ ܐܢܘܢ. ܘܢܬܬܢܝܚܘܢ ܩܠܝܠ ܡܢ
ܥܡܠܐ ܕܡܠܟܐ ܘܕܫܠܝܛܢܐ. (8.11) ܡܛܠ ܕܐܣܓܝ ܐܦܪܝܡ
ܡܕܒܚܐ ܠܚܛܝܬܐ. ܘܗܘܘ ܠܗ ܡܕܒܚܐ ܠܚܛܗܐ ܪܒܐ.
(8.12) ܘܟܬܒܬ ܠܗ ܣܘܓܐܐ ܕܢܡܘܣܝ. ܘܐܝܟ ܢܘܟܪܝܬܐ
ܚܫܒ ܐܢܝܢ ܠܟܠܗ. (8.13) ܕܒܚܐ ܕܓܒܝܬܐ ܡܕܒܚܝܢ
ܘܒܣܪܐ ܐܟܠܝܢ. ܘܡܪܝܐ ܠܐ ܨܒܐ ܒܗܘܢ. ܡܟܝܠ ܢܬܕܟܪ
ܥܘܠܗܘܢ ܘܢܦܩܘܕ ܚܛܗܝܗܘܢ ܘܗܢܘܢ ܠܡܨܪܝܢ ܢܗܦܟܘܢ ܀
(8.14) ܛܥܐ ܐܝܣܪܝܠ ܠܡܢ ܕܒܪܝܗ ܘܒܢܐ ܗܝܟܠܐ.
ܘܝܗܘܕܐ ܐܣܓܝ ܡܕܝܢܬܐ ܥܫܝܢܬܐ. ܐܫܕܪ ܢܘܪܐ
ܒܡܕܝܢܬܗ ܘܬܐܟܘܠ ܗܝܟܠܬܗ.

[ܩܦܠܐܘܢ ∴ ܛ ∴]

(9.1) ܠܐ ܬܚܕܐ ܐܝܣܪܝܠ ܘܠܐ ܬܪܘܙ ܐܝܟ ܥܡܡܐ. ܡܛܠ
ܕܛܥܝܬ ܡܢ ܐܠܗܟ. ܘܪܚܡܬ ܡܘܗܒܬܐ ܡܢ ܟܠ
ܐܕܪܐ. (9.2) ܘܡܢ ܐܕܪܐ ܘܡܢ ܡܥܨܪܬܐ ܠܐ ܢܣܒܥܘܢ.
ܘܡܫܚܐ ܢܟܕܒ ܒܗܘܢ. (9.3) ܠܐ ܢܬܒܘܢ ܒܐܪܥܗ ܕܡܪܝܐ.

ܐܠܐ ܢܗܦܘܟ ܐܦܪܝܡ ܠܡܨܪܝܢ. ܘܒܐܬܘܪ ܛܢܦܘܬܐ
ܢܐܟܠܘܢ. (9.4) ܠܐ ܢܢܣܟܘܢ ܠܡܪܝܐ ܚܡܪܐ. ܘܠܐ ܢܒܣܡܘܢ
ܠܗ ܕܒܚܝܗܘܢ. ܐܝܟ ܠܚܡܐ ܗܘ ܠܗܘܢ ܕܐܘܠܝܢܐ. ܟܠ
ܐܟܠܘܗܝ ܢܬܛܢܦܘܢ. ܡܛܠ ܕܠܚܡܐ ܕܢܦܫܗܘܢ ܠܐ ܥܐܠ
ܠܒܝܬܗ ܕܡܪܝܐ. (9.5) ܡܢܐ ܬܥܒܕܘܢ ܠܝܘܡܐ ܕܥܐܕܐ.
ܘܠܝܘܡܐ ܕܥܐܕܗ ܕܡܪܝܐ. (9.6) ܡܛܠ ܕܗܢܘܢ ܐܙܠܘ
ܒܒܙܬܐ. ܘܡܨܪܝܢ ܬܟܢܫ ܐܢܘܢ. ܘܡܦܣ ܬܩܒܘܪ ܐܢܘܢ.
ܪܓܬܐ ܕܟܣܦܗܘܢ ܝܘܒܫܢܐ ܢܐܪܬܘܢܝ. ܘܟܘܒܐ
ܒܡܫܟܢܝܗܘܢ. (9.7) ܡܛܘ ܝܘܡܬܐ ܕܬܒܥܬܐ. ܡܛܘ
ܝܘܡܬܐ ܕܦܘܪܥܢܐ. ܢܕܥ ܐܝܣܪܝܠ ܣܟܠܐ ܢܒܝܐ ܫܛܝܐ
ܓܒܪܐ ܕܠܒܝܫ ܒܗ ܪܘܚܐ ܕܫܛܝܘܬܐ. ܡܢ ܣܘܓܐܐ
ܕܥܘܠܟ ܐܣܬܓܝܬ ܫܪܝܘܬܟ. (9.8) ܕܘܩܐ ܐܦܪܝܡ ܥܡ
ܐܠܗܝ. ܢܒܝܐ ܦܚܐ ܕܬܘܩܠܬܐ ܥܠ ܟܠܗܝܢ ܐܘܪܚܬܗ.
ܘܫܪܝܘܬܐ ܒܒܝܬܗ ܕܐܠܗܐ. (9.9) ܥܡܩܘ ܘܚܒܠܘ ܐܝܟ
ܝܘܡܬܐ ܕܓܒܥܬܐ. ܡܛܠ ܢܬܕܟܪ ܥܘܠܗܘܢ ܘܢܦܩܘܕ
ܚܛܗܝܗܘܢ. (9.10) ܐܝܟ ܥܢܒܐ ܒܡܕܒܪܐ ܐܫܟܚܬ
ܠܐܝܣܪܝܠ. ܘܐܝܟ ܬܐܬܐ ܒܟܪܬܐ ܚܙܝܬ ܠܐܒܗܝܗܘܢ.
ܘܗܢܘܢ ܥܠܘ ܠܘܬ ܒܥܠ ܦܥܘܪ. ܘܐܬܢܙܪܘ ܠܒܗܬܬܐ.
ܘܗܘܘ ܠܛܢܦܘܬܐ ܐܝܟ ܕܪܚܡܘ. (9.11) ܐܦܪܝܡ ܐܝܟ
ܦܪܚܬܐ ܦܪܚ ܐܝܩܪܗܘܢ ܡܢ ܡܘܠܕܐ ܘܡܢ ܟܪܣܐ ܘܡܢ
ܒܛܢܐ. (9.12) ܐܦܢ ܢܪܒܘܢ ܒܢܝܗܘܢ. ܐܘܒܕ ܐܢܘܢ ܡܢ ܒܢܝ
ܐܢܫܐ ܡܛܠ ܕܘܝ ܠܗܘܢ ܡܐ ܕܦܪܩܬ ܐܢܐ ܡܢܗܘܢ. (9.13)
ܐܦܪܝܡ ܐܝܟ ܕܚܙܝܬ ܠܨܘܪ ܕܫܬܝܠܐ ܒܒܝܬܢܘܬܗ. ܗܟܢܐ

ܐܦܪܝܡ ܢܦܩ ܒܢ̈ܘܗܝ ܠܩܛܠܐ. (9.14) ܗܒ ܠܗܘܢ ܡܪܝܐ
ܡܢܐ ܕܬܗܒ ܐܢܬ. ܗܒ ܠܗܘܢ ܡܪܒܥܐ ܡܚܒܠܐ ܘܬ̈ܕܝܐ
ܢ̈ܫܝܐ. (9.15) ܟܠܗܝܢ ܒܝܫܬܗܘܢ ܒܓܠܓܠܐ. ܡܛܠ ܕܬܡܢ
ܣܢܝܬ ܐܢܘܢ ܒܒܝܫܘܬܐ ܕܥܒ̈ܕܝܗܘܢ. ܡܢ ܒܝܬܝ ܐܦܩ ܐܢܘܢ.
ܘܠܐ ܐܘܣܦ ܠܡܪܚܡܘ ܥܠܝܗܘܢ. ܟܠܗܘܢ ܪ̈ܒܝܗܘܢ
ܡܪ̈ܘܕܝܢ. (9.16) ܡܚܐ ܐܦܪܝܡ ܒܥܩܪܐ. ܘܝܒܫ ܕܠܐ ܢܬܠ
ܦܐܪܐ. ܘܐܢ ܢܐܠܕܘܢ ܒܢ̈ܝܐ. ܐܡܝܬ ܪ̈ܓܝܓܬܐ ܕܟܪ̈ܣܗܘܢ.
(9.17) ܘܢܣܠܐ ܐܢܘܢ ܐܠܗܝ ܥܠ ܕܠܐ ܫܡܥܘܗܝ. ܘܢܗܘܘܢ
ܛܥ̈ܝܢ ܒܝܬ ܥܡ̈ܡܐ.

[ܩܦܠܐܘܢ ⁘ ܝ ⁘]

(10.1) ܓܦܬܐ ܕܫܒܘܫܝܬܐ ܐܝܣܪܝܠ ܕܐܒܕܬ ܦܐܪܐ. ܐܝܟ
ܣܘܓܐܐ ܕܦܐܪ̈ܘܗܝ ܐܣܓܝ ܡܕܒ̈ܚܐ. ܘܐܝܟ ܛܘܒܬܐ
ܕܐܪܥܗܘܢ ܒܢܘ ܟܠܘ̈ܬܐ. (10.2) ܐܬܦܠܓ ܠܒܗܘܢ ܘܗܫܐ
ܢܬܚܝܒܘܢ. ܗܘ ܢܚܣܘܦ ܡܕܒ̈ܚܝܗܘܢ ܘܢܚܒܠ ܟܠܘ̈ܬܗܘܢ.
(10.3) ܡܛܠ ܕܗܫܐ ܢܐܡܪܘܢ ܠܝܬ ܠܢ ܡܠܟܐ. ܡܢ
ܡܪܝܐ ܠܐ ܕܚܠܢ. ܡܠܟܐ ܡܢܐ ܢܥܒܕ ܠܢ. (10.4) ܡܠܠܘ
ܡ̈ܠܐ ܕܒܛܝܠܬܐ ܕܓܠܠܬܐ. ܦܣܩܘ ܕܝܬܩܐ ܘܦܪܥܘ ܕܝܢܐ
ܐܝܟ ܥܪܐ ܒܚܩܠܐ ܕܐܪܥܐ ܒܝܪܬܐ. (10.5) ܠܥܓܠܐ
ܕܒܝܬ ܐܘܢ ܢܗܘܘܢ ܬܘ̈ܬܒܐ ܥܡܘܪ̈ܐ ܕܫܡܪܝܢ. ܡܛܠ
ܕܐܬܒܐܠ ܥܠܘܗܝ. ܒܥܓܠܐ ܥܡܗ ܘܟܘܡܪ̈ܘܗܝ. ܘܥܠܘܗܝ
ܢܚܕܘܢ ܘܥܠ ܐܝܩܪܗ ܕܓܠܐ ܡܢܗ. (10.6) ܘܐܦ ܠܗ ܠܐܬܘܪ

ܢܒܠܘܢ ܡܘܬܢܐ ܠܡܠܟܐ ܕܢܪܒ. ܒܗܕܬܐ ܢܦܩܠ ܐܦܪܝܡ
ܘܐܝܣܪܐܝܠ ܢܓܗܕ ܒܬܪܥܝܬܗ. (10.7) ܥܒܕܬ ܥܡܪܝ ܡܠܟܗ.
ܐܝܟ ܟܠܐ ܥܠ ܐܦ ܡܢܐ. (10.8) ܘܫܬܪܢ ܦܬܟܐ ܕܐܘܢ
ܫܠܝܚܘܬܗ ܕܐܝܣܪܐܝܠ. ܟܘܟܐ ܘܕܕܕܪܐ ܢܐܟܘܢ ܟܡܪܟܫܘܢ.
ܘܢܐܡܪܘܢ ܠܗܘܕܐ ܕܓܫܐܘܢ. ܘܠܬܡܬܐ ܕܢܦܠܝ ܥܠܝܗܘܢ.
(10.9) ܡܢ ܢܘܡܬܐ ܕܪܡܬܐ ܫܠܝܚ ܐܝܣܪܐܝܠ. ܬܡܢ
ܢܫܘܡܘܢ ܘܠܐ ܢܕܪܟ ܐܢܘܢ. ܡܕܒܐ ܒܪܡܬܐ ܥܠ ܟܢܫܐ
ܕܚܘܠܐ. (10.10) ܟܒܐܬܐ ܐܕܕܪܐ ܐܢܘܢ. ܘܢܬܟܢܫܘܢ ܥܠܝܗܘܢ
ܚܡܡܐ ܡܢ ܕܡܬܕܕܝܢ ܥܠ ܗܕܗܢܝܢ ܫܒܠܘܬܗܘܢ.
(10.11) ܐܦܪܝܡ ܒܓܠܝܐ ܡܠܦܬܐ ܕܪܫܡܐ ܠܡܕܪܒܘ.
ܘܐܢܐ ܒܒܪܬ ܥܠ ܝܘܪܗ ܐܪܟܒ ܠܐܦܪܝܡ ܘܢܕܪܟ ܫܘܕܪܐ
ܘܢܟܘܙ ܢܣܘܒ. (10.12) ܙܪܘܥܘ ܠܒܗܘܢ ܙܕܥܘܬܐ. ܘܫܩܘܕܘ
ܦܘܡܗ ܕܠܟܘܬܐ. ܐܚܙܘ ܠܒܗܘܢ ܥܪܒܐ. ܡܛܠ ܕܙܒܢܐ
ܗܘ ܠܡܒܥܝܗ ܠܡܪܝܐ. ܥܕ ܐܬܐ ܘܡܫܘܐ ܠܒܗܘܢ
ܙܕܥܘܬܗ. (10.13) ܕܒܪܗܘܢ ܫܠܝܚܐ ܘܚܘܠܐ. ܘܫܝܕܗܘܢ
ܘܐܒܠܗܘܢ ܦܐܪܐ ܕܕܓܠܘܬܐ. ܡܛܠ ܕܐܗܗܒܠܗܘܢ
ܟܐܘܪܫܬܒܘܢ ܘܒܫܘܒܐ ܕܒܝܟܪܘܬܒܘܢ. (10.14) ܢܫܘܩ
ܐܒܪܢܐ ܒܒܡܟ. ܘܒܠܗܘܢ ܟܪܒܝܢ ܢܬܟܪܘܢ. ܐܝܟ ܟܪܬܐ
ܕܥܠܡܐ ܡܢ ܟܢܬ ܐܝܠ ܟܘܡܐ ܕܡܪܒܐ. ܐܡܐ ܥܠ ܟܢܫܗ
ܥܡܩܗ. (10.15) ܗܒܢܐ ܒܒܪܘ ܠܒܗܘܢ ܟܢܬ ܐܝܠ ܡܢ ܡܕܡ
ܟܥܘܬ ܟܥܘܬܒܘܢ. ܟܥܦܪܐ ܬܘܪ ܘܒܗܬ ܡܠܟܐ
ܕܐܝܣܪܐܝܠ.

[ܦܣܘܩܐ ⁘ ܝܐ ⁘]

(11.1) ܡܛܠ ܕܪܒ ܛܠܐ ܗܘܐ ܐܝܣܪܝܠ ܕܪܚܡܬܗ. ܘܡܢ
ܡܨܪܝܢ ܩܪܝܬܗ ܠܒܪܝ. (11.2) ܐܝܟ ܕܩܪܘ ܐܢܘܢ ܗܟܢܐ
ܐܙܠܘ ܡܢ ܩܕܡܝ. ܘܠܒܥܠܐ ܕܒܚܘ. ܘܠܦܬܟܪܐ ܣܡܘ
ܒܣܡܐ. (11.3) ܘܐܢܐ ܕܕܒܪܬ ܠܐܦܪܝܡ. ܘܫܩܠܬ ܐܢܘܢ ܥܠ
ܕܪܥܝ. ܘܠܐ ܝܕܥܘ ܕܐܣܝܬ ܐܢܘܢ. (11.4) ܒܚܒܠܐ ܕܒܢܝ
ܐܢܫܐ ܢܓܕܬ ܐܢܘܢ. ܘܒܫܫܠܬܐ ܕܪܚܡܬܐ. ܘܗܘܝܬ ܠܗܘܢ
ܐܝܟ ܗܘ ܕܡܪܝܡ ܢܝܪܐ ܡܢ ܩܕܠܗܘܢ. ܘܐܪܟܢܬ ܠܗܘܢ
ܘܐܟܠܘ. (11.5) ܠܐ ܢܗܦܟܘܢ ܠܐܪܥܐ ܕܡܨܪܝܢ ܘܐܬܘܪܝܐ
ܗܘ ܡܠܟܗܘܢ. ܡܛܠ ܕܠܐ ܨܒܘ ܠܡܬܦܢܘ. (11.6) ܢܬܟܪܗ
ܣܝܦܐ ܒܡܕܝܢܬܗܘܢ. ܘܢܫܠܛ ܡܢ ܐܒܝܕܗܘܢ. ܘܢܐܟܠܘܢ
ܡܢ ܬܪܥܝܬܗܘܢ. (11.7) ܘܥܡܝ ܬܠܝܢ ܠܡܬܒ ܠܘܬܝ.
ܘܠܐܠܗܐ ܢܩܪܘܢ. ܘܢܐܢܐ ܐܝܟ ܚܕܐ ܘܠܐ ܢܬܬܪܝܡ. ⁘
(11.8) ܐܝܟܢܐ ܐܫܠܡܟ ܐܦܪܝܡ. ܐܘ ܐܝܟܢܐ ܐܥܕܪܟ
ܐܝܣܪܝܠ. ܐܘ ܐܝܟܢܐ ܐܥܒܕܟ ܐܝܟ ܐܕܡܐ ܐܘ ܐܝܟ
ܨܒܘܐܝܡ. ܐܬܗܦܟ ܠܒܝ ܘܓܠܘ ܪܚܡܝ. (11.9) ܠܐ ܐܥܒܕ
ܚܡܬܐ ܕܪܘܓܙܝ. ܘܠܐ ܐܗܦܘܟ ܠܡܚܒܠܘܬܗ ܠܐܦܪܝܡ.
ܡܛܠ ܕܐܠܗܐ ܐܢܐ ܘܠܐ ܗܘܝܬ ܒܪܢܫܐ ܒܝܢܬܟܘܢ.
ܩܕܝܫܐ ܐܢܐ ܘܠܐ ܐܥܘܠ ܠܡܕܝܢܬܐ. (11.10) ܒܬܪ ܡܪܝܐ
ܢܐܙܠܘܢ ܐܝܟ ܐܪܝܐ ܕܢܗܡ. ܡܛܠ ܕܗܘ ܢܗܡ ܘܢܙܘܥܘܢ
ܒܢܝܐ ܡܢ ܝܡܐ. (11.11) ܘܢܙܘܥܘܢ ܐܝܟ ܨܦܪܐ ܡܢ
ܡܨܪܝܢ. ܘܐܝܟ ܝܘܢܐ ܡܢ ܐܪܥܐ ܕܐܬܘܪ. ܘܐܗܦܟ ܐܢܘܢ

ܠܒܬܝܗܘܢ ܐܡܪ ܡܪܝܐ.

[ܩܦܠܐܘܢ ⁘ ܝܒ̄ ⁘]

(12.1) ܚܕܪܢܝ ܒܕܓܠܘܬܐ ܐܦܪܝܡ. ܘܒܝܬ ܐܝܣܪܐܝܠ
ܘܝܗܘܕܐ ܒܢܟܠܐ. ܥܕܡܐ ܕܢܚܬ ܥܡܗ ܕܐܠܗܐ. ܥܡܐ
ܡܪܝܫܐ ܘܡܗܝܡܢܐ. (12.2) ܐܦܪܝܡ ܪܥܐ ܪܘܚܐ. ܘܪܕܦ
ܥܠܥܠܐ ܝܘܡܐ ܟܠܗ. ܕܓܠܘܬܐ ܘܒܙܬܐ ܐܣܓܝ.
ܘܕܝܬܩܐ ܥܡ ܐܬܘܪܝܐ ܦܣܩܘ. ܘܡܫܚܐ ܠܡܨܪܝܢ
ܐܘܒܠܘ. (12.3) ܘܕܝܢܐ ܐܝܬ ܠܡܪܝܐ ܥܡ ܝܗܘܕܐ. ܘܢܬܒܥ
ܠܝܥܩܘܒ ܐܝܟ ܐܘܪܚܬܗ. ܘܐܝܟ ܥܒܕܬܗ ܢܦܪܥܝܘܗܝ.
(12.4) ܒܡܪܒܥܐ ܓܝܪ ܢܟܠ ܠܐܚܘܗܝ. ܘܒܚܘܣܢܗ ܐܬܕܪܒ
ܥܡ ܐܠܗܐ. (12.5) ܘܐܬܚܝܢ ܥܠ ܡܠܐܟܐ ܘܒܟܐ ܡܢܗ.
ܒܝܬ ܐܝܠ ܐܫܟܚܗ ܘܬܡܢ ܡܠܠ ܥܡܗ. (12.6) ܘܡܪܝܐ
ܐܠܗܐ ܚܝܠܬܢܐ ܐܬܕܟܪܗ. ⁘ (12.7) ܐܢܬ ܕܝܢ ܐܬܦܢܝ ܠܘܬ
ܐܠܗܟ. ܘܛܝܒܘܬܐ ܘܕܝܢܐ ܛܪ. ܣܟܐ ܠܐܠܗܟ
ܐܡܝܢܐܝܬ. (12.8) ܡܣܐܬܐ ܕܢܟܠܐ ܒܐܝܕܗ ܕܟܢܥ
ܠܡܛܠܡ ܪܚܡ. (12.9) ܘܐܡܪ ܐܦܪܝܡ. ܕܥܬܪܬ ܘܐܫܟܚܬ
ܠܝ ܩܢܝܢܐ. ܘܟܠܗ ܠܐܘܬܝ ܠܐ ܗܘܐ ܠܝ ܠܚܛܗܐ
ܕܚܛܝܬ. (12.10) ܐܢܐ ܐܢܐ ܡܪܝܐ ܐܠܗܟ ܕܐܣܩܬܟ ܡܢ
ܐܪܥܐ ܕܡܨܪܝܢ. ܥܘܕ ܐܘܬܒܟ ܒܡܫܟܢܐ ܐܝܟ ܝܘܡܬܐ
ܕܥܐܕܐ. (12.11) ܘܡܠܠܬ ܥܡ ܢܒܝܐ. ܘܐܢܐ ܚܙܘܢ
ܐܣܓܝܬ. ܘܒܐܝܕܐ ܕܢܒܝܐ ܐܬܕܡܝܬ. (12.12) ܒܓܠܥܕ

ܟܕ̈ܒܐ. ܘܒܓܠܓܠܐ ܠܣܪ̈ܝܩܘܬܐ ܕܒܚܝܗܘܢ ܬܘܪ̈ܐ. ܐܦ
ܡܕܒ̈ܚܝܗܘܢ ܐܝܟ ܓ̈ܠܠܐ ܒܚܩܠܐ ܕܐܪܥܐ ܒܪܝܬܐ. (12.13)
ܘܥܪܩ ܝܥܩܘܒ ܠܐܪܥܐ ܕܐܪܡ. ܘܦܠܚ ܐܝܣܪܝܠ ܚܠܦ
ܐܢܬܬܐ. ܘܚܠܦ ܐܢܬܬܐ ܢܛܪ. (12.14) ܘܒܢܒܝܐ ܐܣܩ
ܡܪܝܐ ܠܐܝܣܪܝܠ ܡܢ ܡܨܪܝܢ. ܘܒܢܒܝܐ ܐܬܢܛܪ. (12.15)
ܐܪܓܙ ܐܦܪܝܡ ܘܡܪܡܪ. ܘܕܡܗ ܥܠܘܗܝ ܢܬܐܫܕ. ܘܚܣܕܗ
ܢܦܢܐ ܠܗ ܡܪܗ.

[ܩܦܠܐܘܢ ܀ ܝܓ ܀]

(13.1) ܟܕ ܡܡܠܠ ܐܦܪܝܡ ܪܐܬ ܗܘܐ. ܘܗܘܐ ܪܒܐ
ܒܐܝܣܪܝܠ. ܘܐܬܚܝܒ ܒܒܥܠܐ ܘܡܝܬ. (13.2) ܘܗܫܐ
ܐܘܣܦܘ ܠܡܚܛܐ. ܘܥܒܕܘ ܠܗܘܢ ܢܣܟܐ ܡܢ ܣܐܡܗܘܢ
ܒܕܡܘܬܗܘܢ. ܦܬܟܪ̈ܐ ܥܒܕܐ ܕܢܓܪ̈ܐ. ܘܐܡܪܝܢ ܗܘܘ
ܠܗܘܢ. ܕܒܚܘ ܒܢ̈ܝ ܐܢܫܐ ܘܠܥܓܠܐ ܡܢܫܩܝܢ. (13.3) ܡܛܠ
ܗܢܐ ܢܗܘܘܢ ܐܝܟ ܥܢܢܐ ܕܨܦܪܐ. ܘܐܝܟ ܛܠܐ ܕܡܩܕܡ
ܘܥܒܪ. ܘܐܝܟ ܓ̈ܠܠܐ ܕܦܪܚ ܡܢ ܐܕܪܐ. ܘܐܝܟ ܬܢܢܐ ܡܢ
ܟܘܬܐ. (13.4) ܐܢܐ ܐܢܐ ܡܪܝܐ ܐܠܗܟ ܕܐܣܩܬܟ ܡܢ
ܐܪܥܐ ܕܡܨܪܝܢ. ܐܠܗܐ ܠܒܪ ܡܢܝ ܠܐ ܬܕܥ. ܘܠܝܬ ܕܦܪܘܩ
ܐܠܐ ܐܢܐ. (13.5) ܐܢܐ ܪܥܝܬܟ ܒܡܕܒܪܐ. ܒܐܪܥܐ
ܚܪܒܬܐ ܕܠܐ ܡܬܒܐ. (13.6) ܘܪܥܝܬ ܐܢܘܢ ܘܡܠܘ ܒܪܥܝܗܘܢ
ܘܐܬܬܪܝܡ ܠܒܗܘܢ. ܡܛܠ ܗܢܐ ܛܥܝܘܢܝ. (13.7) ܘܗܘܝܬ
ܠܗܘܢ ܐܝܟ ܐܪܝܐ. ܘܐܝܟ ܢܡܪܐ ܒܐܘܪܚܐ ܕܐܬܘܪ.

(13.8) ܐܦܓܥ ܒܗܘܢ ܐܝܟ ܕܒܐ ܕܬܒܝܪܐ. ܘܐܒܙܘܥ
ܡܪܪܬܐ ܕܠܒܗܘܢ. ܘܐܟܘܠ ܐܢܘܢ ܬܡܢ ܐܪܝܐ. ܘܚܝܘܬ
ܒܪܐ ܬܦܪܬ ܐܢܘܢ. (13.9) ܚܒܠܬܟ ܐܝܣܪܐܝܠ ܡܢܘ
ܢܥܕܪܟ. (13.10) ܐܝܟܘ ܗܘ ܡܠܟܟ. ܢܦܪܩܟ ܘܠܟܠܗܘܢ
ܡܕܝܢܬܟ. ܘܕܝܢܝܟ ܕܫܐܠܬܘܢ. ܘܐܡܪܬ ܗܒ ܠܝ ܡܠܟܐ
ܘܫܠܝܛܐ. (13.11) ܘܝܗܒܬ ܠܟ ܡܠܟܐ ܒܪܘܓܙܝ. ܘܢܣܒܬܗ
ܒܚܡܬܝ. (13.12) ܨܪܝܪ ܚܘܠܗ ܕܐܦܪܝܡ ܘܡܛܫܝܐ ܚܛܝܬܗ.
(13.13) ܚܒܠܐ ܐܝܟ ܕܝܠܕܬܐ ܢܐܬܘܢ ܥܠܘܗܝ. ܡܛܠ
ܕܒܪܐ ܗܘ ܕܠܐ ܚܟܝܡ. ܡܛܠ ܠܐ ܢܩܘܡ ܒܬܒܪܐ
ܕܒܢܝܐ. (13.14) ܡܢ ܝܕ ܫܝܘܠ ܐܦܪܘܩ ܐܢܘܢ. ܘܡܢ ܡܘܬܐ
ܐܦܨܐ ܐܢܘܢ. ܐܝܟܐ ܗܝ ܙܟܘܬܟ ܡܘܬܐ. ܐܘ
ܐܝܟܘ ܥܘܩܣܟܝ ܫܝܘܠ. ܒܘܝܐܐ ܟܣܝܐ ܡܢ ܥܝܢܝ. (13.15)
ܡܛܠ ܕܗܘ ܒܝܬ ܐܚܐ ܢܦܪܘܫ. ܬܐܬܐ ܡܕܢܚܐ ܪܘܚܗ
ܕܡܪܝܐ ܡܢ ܡܕܒܪܐ. ܬܘܒܫ ܡܒܘܥܘܗܝ ܘܬܚܪܒ
ܡܥܝܢܘܗܝ. ܘܗܘ ܢܒܘܙ ܓܙܐ ܕܟܠ ܡܐܢܐ ܕܪܓܬܐ.

[ܩܦܠܐܘܢ ܀ ܝܕ ܀]

(14.1) ܬܬܚܝܒ ܫܡܪܝܢ ܥܠ ܕܡܪܡܪܬ ܠܐܠܗܗ. ܒܚܪܒܐ
ܢܦܠܘܢ. ܘܥܠܘܕܝܗܘܢ ܢܬܪܛܫܘܢ. ܘܒܛܢܬܗܘܢ ܢܬܦܪܬܢ. (14.2)
ܐܬܦܢܝ ܐܝܣܪܐܝܠ ܠܘܬ ܡܪܝܐ ܐܠܗܟ. ܡܛܠ ܕܐܬܬܩܠܬ
ܒܥܘܠܟ. (14.3) ܣܒܘ ܥܡܟܘܢ ܡܠܐ. ܘܐܬܦܢܘ ܠܘܬ ܡܪܝܐ
ܐܠܗܟܘܢ. ܘܐܡܪܘ ܠܗ ܕܬܫܒܘܩ ܠܟܘܢ ܥܘܠܟܘܢ. ܘܡܩܒܠ

ܠܛܒ̈ܬܐ. ܘܢܦܪܘܥܟ ܦܐܪ̈ܐ ܕܣܦܘ̈ܬܢ. (14.4) ܘܐܬܘܪ
ܐܬܘܪܝܐ ܠܐ ܢܦܪܘܩܢ. ܘܥܠ ܪ̈ܟܫܐ ܠܐ ܢܪܟܒ. ܘܠܐ
ܢܐܡܪ ܬܘܒ ܐܠܗܐ ܠܥܒܕ ܐܝ̈ܕܝܢ. ܡܛܠ ܕܐܢܬ ܡܪܚܡ
ܐܢܬ ܥܠ ܝܬܡܐ. (14.5) ܐܣܐ ܬܘܬܒܘܬܗܘܢ ܘܐܪܚܡ
ܒܕ̈ܝܢܗܘܢ. ܘܢܗܦܘܟ ܪܘܓܙܝ ܡܢܗܘܢ. (14.6) ܘܐܗܘܐ ܐܝܟ
ܛܠܐ ܠܐܝܣܪܝܠ ܘܢܦܪܥ ܐܝܟ ܫܘܫܢܬܐ. ܘܢܪܡܐ ܥܩܪ̈ܘܗܝ
ܐܝܟ ܕܠܒܢܢ. (14.7) ܘܢܐܙܠܘܢ ܣܘܟ̈ܘܗܝ. ܘܢܗܘܐ ܐܝܟ
ܙܝܬܐ ܕܡܘܕܝܢ ܫܘܦܪܗ ܘܪܝܚܗ ܐܝܟ ܕܠܒܢܢ. (14.8)
ܢܬܘܒܘܢ ܘܢܬܒܘܢ ܒܛܠܠܗ. ܘܢܚܘܢ ܡܢ ܥܒܘܪܐ. ܘܢܦܪܥܘܢ
ܐܝܟ ܓܦܬܐ. ܘܕܘܟܪܢܗܘܢ ܐܝܟ ܚܡܪܐ ܕܠܒܢܢ. (14.9)
ܘܐܦܪܝܡ ܢܐܡܪ ܡܢܐ ܠܝ ܬܘܒ ܘܠܦܬܟܪ̈ܐ. ܐܢܐ ܡܥܢܝܬܗ
ܘܐܢܐ ܐܫܒܚܝܘܗܝ. ܐܝܟ ܒܪܘܬܐ ܪܥܢܢܬܐ. ܘܡܢܝ
ܐܫܬܟܚܘ ܦܐܪ̈ܝܟ. (14.10) ܡܢܘ ܕܚܟܝܡ ܢܣܬܟܠ ܗܠܝܢ.
ܘܕܡܬܒܝܢ ܢܫܬܘܕܥ ܐܢܝܢ. ܕܬܪ̈ܝܨܢ ܐܘܪ̈ܚܬܗ ܕܡܪܝܐ.
ܘܙܕܝ̈ܩܐ ܢܗܠܟܘܢ ܒܗܝܢ. ܘܥܘ̈ܠܐ ܢܬܬܩܠܘܢ ܒܗܝܢ ܀

܀ ܫܠܡܬ ܢܒܝܘܬܗ ܕܗܘܫܥ ܀

⁘ ܬܘܒ ܢܒܝܘܬܗ ܕܝܘܐܝܠ ⁘

[ܩܦܠܐܘܢ ⁘ ܐ ⁘]

(1.1) ܦܬܓܡܐ ܕܡܪܝܐ ܕܗܘܐ ܥܠ ܝܘܐܝܠ ܒܪ ܦܬܘܐܝܠ. (1.2) ܫܡܥܘ ܗܕܐ ܩܫܝܫܐ. ܘܨܘܬܘ ܟܠܟܘܢ ܥܡܘܪܝܗ̇ ܕܐܪܥܐ. ܐܢ ܗܘܬ ܐܝܟ ܗܕܐ ܒܝܘܡܝܟܘܢ ܐܘ ܒܝܘܡܝ ܐܒܗܝܟܘܢ. (1.3) ܐܫܬܥܘ ܥܠܝܗ̇ ܠܒܢܝܟܘܢ. ܘܒܢܝܟܘܢ ܠܒܢܝܗܘܢ. ܘܒܢܝܗܘܢ ܠܕܪܐ ܐܚܪܢܐ. (1.4) ܕܡܢ ܕܐܘܬܪ ܡܫܘܠܐ ܐܟܠ ܩܡܨܐ ܦܪܚܐ. ܘܡܢ ܕܐܘܬܪ ܩܡܨܐ ܦܪܚܐ. ܐܟܠ ܩܡܨܐ ܝܠܩܐ. ܘܡܢ ܕܐܘܬܪ ܝܠܩܐ ܐܟܠ ܨܪܨܘܪܐ. (1.5) ܐܬܬܥܝܪܘ ܪܘܝܐ ܘܒܟܘ. ܘܐܝܠܠܘ ܟܠܟܘܢ ܫܬܝ ܚܡܪܐ. ܥܠ ܚܡܪܐ ܕܐܬܦܣܩ ܡܢ ܦܘܡܟܘܢ. (1.6) ܡܛܠ ܕܥܡܐ ܣܠܩ ܠܐܪܥܝ. ܥܫܝܢ ܘܠܝܬ ܠܗ ܡܢܝܢ. ܫܢܘܗܝ ܐܝܟ ܫܢܐ ܕܐܪܝܐ. ܘܢܒܘܗܝ ܐܝܟ ܢܒܐ ܕܓܘܪܝܐ ܕܐܪܝܐ. (1.7) ܣܡ ܓܦܬܝ ܠܚܘܪܒܐ. ܘܬܐܢܝ ܠܦܘܫܚܐ. ܦܫܚܗ̇ ܘܫܕܝܗ̇ ܘܚܘܪ ܫܒܫܒܝܗ̇. (1.8) ܐܠܝ ܐܝܟ ܒܬܘܠܬܐ ܕܐܣܝܪܐ ܣܩܐ ܥܠ ܒܥܠ ܒܬܘܠܘܬܗ̇. (1.9) ܐܬܦܣܩܬ ܡܢܚܬܐ ܘܢܣܟܐ ܡܢ ܒܝܬܗ ܕܡܪܝܐ. ܐܒܠܘ ܟܘܡܪܐ ܒܐܒܝܠܐ. ܘܟܗܢܐ ܕܡܫܡܫܝܢ ܠܡܪܝܐ. (1.10) ܐܬܒܙܙܬ ܚܩܠܐ. ܘܐܬܒܙܙܬ ܒܐܒܠܐ ܐܪܥܐ. ܡܛܠ ܕܐܬܒܙܙ ܥܒܘܪܐ. ܘܝܒܫ ܚܡܪܐ ܘܫܬܒܩ ܡܫܚܐ. (1.11) ܒܗܬܘ ܐܟܪܐ ܘܐܝܠܠܘ ܟܪܡܐ. ܥܠ ܚܛܐ ܘܥܠ ܣܥܪܐ. ܕܐܒܕ ܚܨܕܐ ܕܚܩܠܐ. (1.12) ܓܦܬܐ

ܝܒܫܬ. ܘܬܐܢܬܐ ܚܪܒܬ. ܘܪܘܡܢܐ ܘܕܩܠܐ ܘܚܙܘܪܐ.
ܘܟܠܗܘܢ ܐܝܠܢܐ ܕܚܩܠܐ ܝܒܫܘ. ܡܛܠ ܕܒܛܠܬ ܚܕܘܬܐ
ܡܢ ܒܢܝ ܐܢܫܐ. (1.13) ܟܘܡܪܐ ܐܬܟܪܟܘ ܣܩܐ. ܘܐܪܩܕܘ
ܘܐܝܠܠܘ ܡܫܡܫܢܝ ܡܕܒܚܐ. ܥܘܠܘ ܒܘܬܘ ܒܣܩܐ
ܡܫܡܫܢܘܗܝ ܕܐܠܗܝ. ܡܛܠ ܕܐܬܟܠܝ ܡܢ ܒܝܬܗ
ܕܐܠܗܟܘܢ ܡܢܚܬܐ ܘܢܘܩܝܐ. (1.14) ܩܕܫܘ ܨܘܡܐ ܩܪܘ
ܟܢܘܫܐ. ܐܬܟܢܫܘ ܣܒܐ ܘܟܠܗܘܢ ܥܡܘܪܝܗ ܕܐܪܥܐ.
ܠܒܝܬܗ ܕܡܪܝܐ ܐܠܗܟܘܢ. ܩܥܘ ܠܘܬ ܡܪܝܐ ܐܠܗܟܘܢ
ܘܐܡܪܘ. (1.15) ܐܘܗ ܐܘܗ ܠܝܘܡܐ. ܕܩܪܝܒ ܗܘ ܝܘܡܗ
ܕܡܪܝܐ. ܘܒܙܬܐ ܡܢ ܐܠܗܐ ܬܐܬܐ. (1.16) ܗܐ
ܠܘܩܒܠ ܥܝܢܝܢ ܒܒܪ ܡܬܓܠܙܐ ܡܢ ܒܝܬܗ ܕܐܠܗܢ.
ܘܚܕܘܬܐ ܘܕܝܨܐ. (1.17) ܩܛܘ ܡܘܫܟܐ ܥܠ ܐܘܪܘܬܗܘܢ.
ܚܪܒܘ ܐܘܨܪܐ ܘܐܣܬܚܦ ܡܥܝܪܬܐ. ܘܝܒܫ ܥܒܘܪܐ.
(1.18) ܠܡܢܐ ܡܬܬܢܚܐ ܒܥܝܪܐ ܘܒܟܝ ܥܕܪܐ ܕܬܘܪܐ.
ܕܠܝܬ ܠܗܘܢ ܪܥܝܐ. ܐܦ ܓܙܪܐ ܕܥܢܐ ܣܦܩܘ. (1.19) ܠܘܬܟ
ܡܪܝܐ ܐܩܪܐ. ܡܛܠ ܕܐܟܠܬ ܢܘܪܐ ܠܕܝܪܐ ܕܡܕܒܪܐ.
ܘܫܠܗܒܝܬܐ ܐܘܩܕܬ ܠܟܠܗܘܢ ܐܝܠܢܐ ܕܕܒܪܐ. (1.20)
ܐܦ ܚܝܘܬܐ ܕܕܒܪܐ ܓܥܝܐ ܠܘܬܟ. ܡܛܠ ܕܝܒܫܘ ܦܨܝܕܐ
ܕܡܝܐ. ܘܐܟܠܬ ܢܘܪܐ ܠܕܝܪܐ ܕܡܕܒܪܐ.

[ܦܣܘܩܐ ܂ ܒ ܂]

(2.1) ܩܪܘ ܫܝܦܘܪܐ ܒܨܗܝܘܢ. ܘܐܟܠܘ ܒܛܘܪܐ ܕܩܘܕܫܝ.

ܢܙܘܥܘܢ ܟܠܗܘܢ ܥܡܘܪ̈ܝܗ ܕܐܪܥܐ. ܡܛܠ ܕܐܬܐ ܝܘܡܗ
ܕܡܪܝܐ. (2.2) ܘܩܪܝܒ ܝܘܡܐ ܕܚܫܘܟܐ ܘܕܥܡܛܢܐ. ܝܘܡܐ
ܕܥܢܢܐ ܘܕܥܪܦܠܐ. ܐܝܟ ܫܦܪܐ ܕܦܪܝܣ ܥܠ ܛܘܪ̈ܐ. ܥܡܐ
ܣܓܝܐܐ ܘܥܫܝܢܐ. ܕܐܟܘܬܗ ܠܐ ܗܘܐ ܡܢ ܥܠܡ.
ܘܒܬܪܗ ܠܐ ܢܗܘܐ ܒܫܢܝ ܕܪܕܪ̈ܝܢ. (2.3) ܩܕܡܘܗܝ
ܐܟܠܐ ܢܘܪܐ. ܘܒܬܪܗ ܡܘܩܕܐ ܫܠܗܒܝܬܐ. ܐܝܟ
ܦܪܕܝܣܐ ܕܥܕܢ ܐܪܥܐ ܩܕܡܘܗܝ. ܘܒܣܘܦܗ ܡܕܒܪܐ
ܚܪܒܐ. ܘܠܝܬ ܕܡܫܬܘܙܒ ܡܢܗ. (2.4) ܐܝܟ ܚܙܘܐ ܕܪ̈ܟܫܐ
ܚܙܘܗ. ܘܐܝܟ ܦܪ̈ܫܐ ܗܟܢܐ ܢܪܗܛܘܢ. (2.5) ܐܝܟ ܩܠܐ
ܕܡܪ̈ܟܒܬܐ ܕܡܪܩܕܢ ܥܠ ܪ̈ܝܫܝ ܛܘܪ̈ܐ. ܘܐܝܟ ܩܠܐ
ܕܫܠܗܒܝܬܐ ܕܢܘܪܐ ܕܐܟܠܐ ܩܫܐ. ܘܐܝܟ ܥܡܐ
ܥܫܝܢܐ ܕܡܣܕܪ ܠܩܪܒܐ. (2.6) ܡܢ ܩܕܡܘܗܝ ܢܙܘܥܘܢ
ܥܡܡ̈ܐ. ܘܟܠ ܐܦ̈ܝܢ ܢܬܟܡܪ̈ܢ ܐܝܟ ܩܘܛܪܐ ܕܩܕܪܐ.
(2.7) ܐܝܟ ܓܢܒܪ̈ܐ ܢܪܗܛܘܢ. ܘܐܝܟ ܓܒܪ̈ܐ ܩܪܒܬܢܐ
ܢܣܩܘܢ ܫܘܪܐ. ܘܓܒܪ ܒܐܘܪܚܗ ܢܐܙܠ. ܘܠܐ ܢܣܛܘܢ
ܡܢ ܐܘܪ̈ܚܬܗܘܢ. (2.8) ܘܓܒܪ ܠܐܚܘܗܝ ܠܐ ܢܕܚܩ.
ܐܠܐ ܓܒܪ ܒܫܒܝܠܗ ܢܐܙܠ. ܡܢ ܙܝܢܐ ܕܙܝܢܗܘܢ ܢܦܠܘܢ.
ܘܠܐ ܢܣܩܘܢ ܠܒܨ. (2.9) ܒܩܪ̈ܝܬܐ ܢܣܩܘܢ. ܘܥܠ ܫܘܪ̈ܐ
ܢܪܗܛܘܢ. ܘܥܠ ܒܬ̈ܐ ܢܣܩܘܢ. ܘܡܢ ܟܘ̈ܐ ܢܥܠܘܢ ܐܝܟ
ܓܢܒܐ. (2.10) ܩܕܡܘܗܝ ܐܬܬܙܝܥܬ ܐܪܥܐ ܘܙܥܘ ܫܡܝܐ.
ܫܡܫܐ ܘܣܗܪܐ ܚܫܟܘ ܘܟܢܫܘ ܢܘܗܪܐ ܕܟܘܟܒ̈ܐ. (2.11)
ܘܡܪܝܐ ܝܗܒ ܩܠܗ ܩܕܡ ܚܝܠܗ. ܡܛܠ ܕܣܓܝܐܐ ܗܝ ܛܒ
ܡܫܪܝܬܗ. ܘܥܫܝܢ ܥܒܕ̈ܐ ܕܦܬܓܡܗ. ܡܛܠ ܕܪܒ ܗܘ

ܝܘܡܗ ܕܡܪܝܐ ܘܕܚܝܠ ܛܒ. ܘܡܢܘ ܡܫܟܚ ܡܣܝܒܪ ܠܗ.
(2.12) ܡܟܝܠ ܐܡܪ ܡܪܝܐ. ܐܬܦܢܘ ܠܘܬܝ ܡܢ ܟܠܗ
ܠܒܟܘܢ. ܒܨܘܡܐ ܘܒܒܟܝܬܐ ܘܒܡܪܩܕܬܐ. (2.13) ܘܨܪܘ
ܠܒܒܟܘܢ ܘܠܐ ܢܚܬܝܟܘܢ. ܘܐܬܦܢܘ ܠܘܬ ܡܪܝܐ ܐܠܗܟܘܢ.
ܡܛܠ ܕܡܪܚܡܢܐ ܗܘ ܘܡܪܚܦܢܐ. ܘܢܓܝܪܐ ܪܘܚܗ
ܘܣܓܝܐܐ ܛܝܒܘܬܗ. ܘܡܗܦܟ ܒܝܫܬܐ. (2.14) ܡܢ ܝܕܥ
ܐܢ ܡܬܦܢܐ ܘܡܪܚܡ ܥܠܝܢ. ܘܡܘܬܪ ܒܐܬܪܗ ܒܘܪܟܬܐ.
ܘܩܘܪܒܢܐ ܘܢܘܣܟܐ ܠܡܪܝܐ ܐܠܗܟܘܢ. (2.15) ܩܪܘ ܒܫܝܦܘܪܐ
ܒܨܗܝܘܢ. ܩܕܫܘ ܨܘܡܐ ܩܪܘ ܟܢܘܫܬܐ. (2.16) ܟܢܘܫܘ ܥܡܐ
ܩܕܫܘ ܥܕܬܐ. ܟܢܘܫܘ ܣܒܐ. ܘܟܢܘܫܘ ܥܠܝܡܐ ܘܝܢܩܝ
ܬܕܝܐ. ܢܦܘܩ ܚܬܢܐ ܡܢ ܩܝܛܘܢܗ ܘܟܠܬܐ ܡܢ ܒܝܬ
ܓܢܘܢܗ. (2.17) ܒܝܬ ܡܫܠܡܘܬܐ ܠܡܕܒܚܐ ܢܒܟܘܢ ܟܗܢܐ
ܡܫܡܫܢܘܗܝ ܕܡܪܝܐ ܘܢܐܡܪܘܢ. ܚܘܣ ܡܪܝܐ ܥܠ ܥܡܟ.
ܘܠܐ ܬܬܠ ܝܪܬܘܬܟ ܠܚܣܕܐ ܘܠܡܬܠܐ ܕܥܡܡܐ. ܕܠܐ
ܢܐܡܪܘܢ ܥܡܡܐ ܐܝܟܐ ܐܠܗܗܘܢ. (2.18) ܘܛܢ ܡܪܝܐ
ܒܐܪܥܗ ܘܚܣ ܥܠ ܥܡܗ. (2.19) ܘܥܢܐ ܡܪܝܐ ܘܐܡܪ
ܠܥܡܗ. ܗܐ ܡܫܕܪ ܐܢܐ ܠܟܘܢ ܥܒܘܪܐ ܘܚܡܪܐ ܘܡܫܚܐ
ܕܬܣܒܥܘܢ. ܘܠܐ ܐܬܠܟܘܢ ܬܘܒ ܠܚܣܕܐ ܕܥܡܡܐ.
(2.20) ܘܠܓܪܒܝܐ ܐܪܚܩ ܡܢܟܘܢ. ܘܐܕܚܩܝܘܗܝ ܠܐܪܥܐ
ܨܗܝܬܐ ܘܚܪܒܬܐ. ܐܦܘܗܝ ܠܝܡܐ ܩܕܡܝܐ. ܘܚܪܬܗ
ܠܝܡܐ ܐܚܪܝܐ. ܘܢܣܩ ܣܪܝܗ ܘܬܣܩ ܣܘܬܗ. ܥܠ
ܕܐܬܬܪܝܡ ܠܡܥܒܕ܀. (2.21) ܠܐ ܬܕܚܠܝ ܐܪܥܐ. ܕܘܨܝ
ܘܚܕܝ. ܡܛܠ ܕܐܬܬܪܝܡ ܡܪܝܐ ܠܡܥܒܕ. (2.22) ܠܐ

ܬܕܚܠܝܢ ܚܝܘܬܐ ܕܕܒܪܐ. ܡܛܠ ܕܕܬܐ ܬܕܐܐ ܒܕܒܪܐ
ܕܡܕܒܪܐ. ܘܐܝܠܢܐ ܝܗܒ ܦܐܪܘܗܝ. ܘܓܦܬܐ ܘܬܐܬܐ ܝܗܒ
ܚܝܠܗܝ. (2.23) ܒܢܝ ܨܗܝܘܢ ܕܨܘ ܘܚܕܘ ܒܡܪܝܐ
ܐܠܗܟܘܢ. ܕܝܗܒ ܠܟܘܢ ܡܐܟܘܠܬܐ ܕܙܕܝܩܘܬܐ. ܘܡܚܬ
ܠܟܘܢ ܡܛܪܐ ܐܘܟܝܢܐ ܘܠܩܝܫܐ ܐܝܟ ܕܡܢ ܠܘܩܕܡ.
(2.24) ܘܢܬܡܠܘܢ ܐܕܪܐ ܥܒܘܪܐ. ܘܢܦܝܫܘܢ ܡܥܨܪܬܐ
ܚܡܪܐ ܘܡܫܚܐ. (2.25) ܘܐܦܪܘܥܟܘܢ ܫܢܝܐ ܕܐܟܠ ܩܡܨܐ
ܦܪܨܐ. ܘܙܚܠܐ ܘܨܪܨܘܪܐ ܘܡܥܘܠܐ. ܚܝܠܐ ܪܒܐ ܕܫܕܪܬ
ܥܠܝܟܘܢ. (2.26) ܘܬܐܟܠܘܢ ܘܬܣܒܥܘܢ. ܘܬܫܒܚܘܢ ܠܫܡܗ
ܕܡܪܝܐ ܐܠܗܟܘܢ. ܕܥܒܕ ܥܡܟܘܢ ܬܕܡܪܬܐ. ܘܠܐ ܢܒܗܬ
ܥܡܝ ܠܥܠܡ. (2.27) ܘܬܕܥܘܢ ܕܒܓܘ ܐܝܣܪܝܠ ܐܢܐ. ܐܢܐ
ܐܢܐ ܡܪܝܐ ܐܠܗܟܘܢ. ܘܠܝܬ ܬܘܒ ܠܒܪ ܡܢܝ. ܘܠܐ ܢܒܗܬ
ܥܡܝ ܠܥܠܡ.

[ܩܦܠܐܘܢ ⁘ ܓ ⁘]

(3.1) ܘܡܢ ܒܬܪܟܢ ܐܫܘܕ ܪܘܚܝ ܥܠ ܟܠ ܒܣܪ. ܘܢܬܢܒܘܢ
ܒܢܝܟܘܢ ܘܒܢܬܟܘܢ. ܘܣܒܝܟܘܢ ܚܠܡܐ ܢܚܠܡܘܢ. ܘܥܠܝܡܝܟܘܢ
ܚܙܘܢܐ ܢܚܙܘܢ. (3.2) ܘܐܦ ܥܠ ܥܒܕܐ ܘܥܠ ܐܡܗܬܐ
ܐܫܘܕ ܪܘܚܝ ܒܝܘܡܬܐ ܗܢܘܢ. (3.3) ܘܐܬܠ ܬܕܡܪܬܐ
ܒܫܡܝܐ ܘܒܐܪܥܐ. ܕܡܐ ܘܢܘܪܐ ܘܥܛܪܐ ܕܬܢܢܐ. (3.4)
ܫܡܫܐ ܢܬܗܦܟ ܠܚܫܘܟܐ. ܘܣܗܪܐ ܠܕܡܐ. ܩܕܡ
ܕܢܐܬܐ ܝܘܡܗ ܕܡܪܝܐ ܪܒܐ ܘܕܚܝܠܐ. (3.5) ܘܟܠ

ܕܢܦܪܐ ܥܡܗ ܕܡܪܝܐ ܢܬܦܢܐ. ܡܛܠ ܕܒܕܒܘܪܐ ܕܝܗܘܕ
ܘܒܐܘܪܫܠܡ ܬܗܘܐ ܡܫܘܙܒܘܬܐ. ܐܝܟ ܕܐܡܪ ܡܪܝܐ
ܠܡܫܘܙܒܐ ܕܩܪܐ ܡܪܝܐ.

[ܩܦܠܐܘܢ ⁘ ܕ ⁘]

(4.1) ܡܛܠ ܕܒܝܘܡܬܐ ܗܢܘܢ ܘܒܙܒܢܐ ܗܘ. ܕܡܗܦܟ ܐܢܐ
ܫܒܝܬܐ ܕܝܗܘܕܐ ܘܕܐܘܪܫܠܡ. (4.2) ܐܟܢܫ ܠܟܠܗܘܢ
ܥܡܡܐ. ܘܐܚܬ ܐܢܘܢ ܠܢܚܠܐ ܕܝܘܫܦܛ. ܘܐܕܘܢ ܥܡܗܘܢ
ܬܡܢ. ܥܠ ܥܡܝ ܘܥܠ ܝܪܬܘܬܝ ܐܝܣܪܐܝܠ ܕܒܕܪܘ
ܐܢܘܢ ܒܝܬ ܥܡܡܐ. ܘܥܠ ܕܦܠܓܘ ܐܪܥܝ. (4.3) ܘܥܠ
ܥܡܝ ܐܪܡܝܘ ܦܣܐ. ܘܝܗܒܘ ܛܠܝܐ ܒܐܓܪ ܙܢܝܬܐ.
ܘܛܠܝܬܐ ܙܒܢܘ ܒܚܡܪܐ ܘܐܫܬܝܘ. (4.4) ܡܢܐ ܚܫܝܒܝܢ
ܐܢܬܘܢ ܠܝ. ܨܘܪ ܘܨܝܕܢ. ܘܟܠܗ ܓܠܝܠܐ ܕܦܠܫܬ. ܕܠܡܐ
ܦܘܪܥܢܐ ܦܪܥܝܢ ܐܢܬܘܢ ܠܝ. ܘܐܢ ܬܘܒܠܐ ܕܡܢܝ ܐܢܬܘܢ
ܠܝ. ܒܥܓܠ ܘܡܣܪܗܒܐܝܬ ܐܗܦܟ ܦܘܪܥܢܟܘܢ ܒܪܫܝܟܘܢ.
(4.5) ܥܠ ܕܢܣܒܬܘܢ ܟܣܦܝ ܘܕܗܒܝ. ܘܡܐܢܝ ܫܦܝܪܐ
ܐܥܠܬܘܢ ܠܗܝܟܠܝܟܘܢ. (4.6) ܘܒܢܝ ܝܗܘܕܐ ܘܒܢܝ ܐܘܪܫܠܡ
ܙܒܢܬܘܢ ܠܒܢܝ ܝܘܢܝܐ. ܕܬܪܚܩܘܢ ܐܢܘܢ ܡܢ ܬܚܘܡܗܘܢ.
(4.7) ܗܐ ܐܢܐ ܡܥܝܪ ܐܢܐ ܠܗܘܢ ܡܢ ܐܬܪܐ ܕܙܒܢܬܘܢ
ܐܢܘܢ ܠܬܡܢ. ܘܐܗܦܟ ܦܘܪܥܢܟܘܢ ܒܪܫܝܟܘܢ. (4.8)
ܘܐܫܠܡ ܒܢܝܟܘܢ ܘܒܢܬܟܘܢ ܒܝܕ ܒܢܝ ܝܗܘܕܐ. ܘܢܙܒܢܘܢ ܐܢܘܢ
ܠܫܒܝܐ ܠܥܡܐ ܪܚܝܩܐ. ܡܛܠ ܕܡܪܝܐ ܡܠܠ. ⁘ (4.9)

ܐܟܪܙܘ ܗܕܐ ܒܝܬ ܥܡ̈ܡܐ. ܩܕܫܘ ܩܪܒܐ. ܐܥܝܪܘ
ܠܓܢܒܪ̈ܐ. ܢܬܩܪܒܘܢ ܘܢܣܩܘܢ ܟܠܗܘܢ ܓܒܪ̈ܐ ܩܪܒܬܢ̈ܐ.
(4.10) ܕܘܩܘ ܣܟ̈ܐ ܕܦܕ̈ܢܝܟܘܢ ܠܣܦ̈ܣܪܐ ܘܡܓܠ̈ܝܟܘܢ ܠܪ̈ܘܡܚܐ.
ܘܡܢ ܕܡܚܝܠ ܢܐܡܪ ܕܓܢܒܪܐ ܐܢܐ. (4.11) ܐܬܟܢܫܘ ܘܬܘ
ܟܠܟܘܢ ܥܡ̈ܡܐ ܕܚܕܪ̈ܝܢ. ܐܬܟܢܫܘ ܘܬܡܢ ܬܒܪ ܡܪܝܐ
ܓܢܒܪ̈ܘܬܟܘܢ. (4.12) ܢܬܬܥܝܪܘܢ ܘܢܣܩܘܢ ܥܡ̈ܡܐ ܠܥܘܡܩܐ
ܕܝܘܫܦܛ. ܡܛܠ ܕܬܡܢ ܐܬܒ ܠܡܕܢ ܠܟܠܗܘܢ ܥܡ̈ܡܐ
ܕܚܕܪ̈ܝܢ. ܀ (4.13) ܫܕܪܘ ܡܓܠ̈ܐ ܡܛܠ ܕܒܫܠ ܩܛܦܐ.
ܥܘܠܘ ܕܘܫܘ. ܡܛܠ ܕܡܠܝܐ ܓܘܬܐ ܘܫܦܥ ܡܥܨܪ̈ܬܐ. ܡܛܠ
ܕܣܓܝܐܬ ܒܝܫܘܬܗܘܢ. (4.14) ܪ̈ܓܫܐ ܕܪ̈ܓܘܫܝܐ ܒܥܘܡܩܐ
ܕܦܣܩܬܐ. ܡܛܠ ܕܩܪܝܒ ܗܘ ܝܘܡܗ ܕܡܪܝܐ ܒܥܘܡܩܐ
ܕܦܣܩܬܐ. (4.15) ܫܡܫܐ ܘܣܗܪܐ ܚܫܟܘ. ܘܟܒܪ
ܢܘܗܪܐ ܕܟܘܟ̈ܒܐ. (4.16) ܘܡܪܝܐ ܡܢ ܨܗܝܘܢ ܢܗܡ.
ܘܡܢ ܐܘܪܫܠܡ ܢܬܠ ܩܠܗ. ܘܢܙܘܥܘܢ ܫܡܝܐ ܘܐܪܥܐ.
ܘܡܪܝܐ ܚܣܐ ܥܠ ܥܡܗ. ܘܚܝܠ ܠܒܢ̈ܝ ܐܝܣܪܝܠ. (4.17)
ܘܬܕܥܘܢ ܕܐܢܐ ܐܢܐ ܡܪܝܐ ܐܠܗܟܘܢ. ܕܥܡܪ ܐܢܐ
ܒܨܗܝܘܢ ܛܘܪܐ ܕܩܘܕܫܝ. ܘܬܗܘܐ ܐܘܪܫܠܡ ܩܕܝܫܐ.
ܘܢܘܟܪ̈ܝܐ ܠܐ ܢܥܒܪܘܢ ܒܗ. (4.18) ܒܗ ܒܝܘܡܐ ܗܘ
ܢܛܦܘܢ ܛܘܪ̈ܐ ܚܠܝܘܬܐ. ܘܪ̈ܡܬܐ ܢܪܕܝܢ ܚܠܒܐ. ܘܟܠܗܘܢ
ܦܨ̈ܝܕܐ ܕܝܗܘܕܐ ܢܪܕܘܢ ܡ̈ܝܐ. ܘܡܒܘܥܐ ܡܢ ܒܝܬܗ
ܕܡܪܝܐ ܢܦܘܩ. ܘܢܫܩܐ ܠܢܚܠܐ ܕܫܛܝܡ. (4.19) ܡܨܪܝܢ
ܠܚܪܒܐ ܬܗܘܐ. ܘܐܕܘܡ ܠܡܕܒܪܐ ܚܪܒܐ. ܡܢ ܚܛܘܦܝܐ
ܕܒܢ̈ܝ ܝܗܘܕܐ. ܕܐܫܕܘ ܕܡܐ ܙܟܝܐ ܒܐܪܥܗܘܢ. (4.20)

ܝܗܘܕܐ ܠܥܠܡ ܬܬܒ. ܘܐܘܪܫܠܡ ܠܕܪܕܪܝܢ. (4.21) ܘܐܬܒܥ
ܕܡܗܘܢ ܘܠܐ ܐܫܒܘܩ. ܘܡܪܝܐ ܫܪܐ ܒܨܗܝܘܢ.

⁘ ܫܠܡܬ ܢܒܝܘܬܗ ܕܝܘܐܝܠ ܢܒܝܐ ⁘

܀ ܬܘܒ ܢܒܝܘܬܗ ܕܥܡܘܣ ܀

[ܩܦܠܐܘܢ ܀ ܐ ܀]

(1.1) ܦܬܓܡܘܗܝ ܕܥܡܘܣ ܕܗܘܐ ܡܢ ܢܩܕܐ ܕܒܢܝ ܬܩܘܥ.
ܕܚܙܐ ܥܠ ܒܢܝ ܐܝܣܪܐܝܠ. ܒܝܘܡܘܗܝ ܕܥܘܙܝܐ ܡܠܟܐ
ܕܝܗܘܕܐ. ܘܒܝܘܡܘܗܝ ܕܝܘܪܒܥܡ ܒܪ ܝܘܐܫ ܡܠܟܐ
ܕܐܝܣܪܐܝܠ. ܬܪܬܝܢ ܫܢܝܢ ܡܢ ܩܕܡ ܙܘܥܐ. (1.2) ܘܐܡܪ.
ܡܪܝܐ ܡܢ ܨܗܝܘܢ ܢܗܡ. ܘܡܢ ܐܘܪܫܠܡ ܢܬܠ ܩܠܗ.
ܘܢܬܒ̈ܠܢ ܒܐܒܠܐ ܕܪ̈ܥܐ ܕܪ̈ܥܘܬܐ. ܘܢܐܒܫ ܪܝܫܗ
ܕܟܪܡܠܐ. (1.3) ܗܟܢܐ ܐܡܪ ܡܪܝܐ. ܥܠ ܬܠܬܐ ܚܘܒܝܢ
ܕܕܪܡܣܘܩ ܘܥܠ ܐܪܒܥܐ ܠܐ ܐܗܦܟ ܐܢܘܢ. ܥܠ ܕܕܫܘ
ܒܡܪ̈ܓܐ ܕܦܪܙܠܐ ܠܓܠܥܕ. (1.4) ܐܫܕܪ ܢܘܪܐ ܠܒܝܬܗ
ܕܚܙܐܝܠ. ܘܬܐܟܘܠ ܦܠ̈ܛܝܗ ܕܒܪܗܕܕ. (1.5) ܘܐܬܒܪ
ܡܘܟܠܐ ܕܕܪܡܣܘܩ. ܘܐܘܒܕ ܥܡܘܪܐ ܡܢ ܦܩܥܬܐ
ܕܐܘܢ. ܘܐܣܦ ܫܒܛܐ ܡܢ ܒܝܬ ܥܕܢ. ܘܢܫܬܒܘܢ ܥܡܐ
ܕܐܪܡ ܠܩܝܪ ܐܡܪ ܡܪܝܐ. (1.6) ܗܟܢܐ ܐܡܪ ܡܪܝܐ. ܥܠ
ܬܠܬܐ ܚܘܒܝܢ ܕܥܙܐ ܘܥܠ ܐܪܒܥܐ ܠܐ ܐܗܦܟ ܐܢܘܢ.
ܥܠ ܕܫܒܘ ܫܒܝܬܐ ܫܠܡܬܐ. ܕܢܫܠܡܘܢ ܠܐܕܘܡ. (1.7)
ܐܫܕܪ ܢܘܪܐ ܒܫܘܪ̈ܝܗ ܕܥܙܐ ܘܬܐܟܘܠ ܦܠ̈ܛܝܗ. (1.8)
ܘܐܘܒܕ ܥܡܘܪܐ ܡܢ ܐܫܕܘܕ. ܘܐܣܦ ܫܒܛܐ ܡܢ
ܐܫܩܠܘܢ. ܘܐܗܦܟ ܐܝܕܝ ܥܠ ܥܩܪܘܢ. ܘܢܐܒܕܘܢ ܫܪܟܐ
ܕܦܠܫܬ̈ܝܐ ܐܡܪ ܡܪܝܐ ܡܪܘܬܐ.܀ (1.9) ܗܟܢܐ ܐܡܪ
ܡܪܝܐ. ܥܠ ܬܠܬܐ ܚܘܒܝܢ ܕܨܘܪ ܘܥܠ ܐܪܒܥܐ ܠܐ ܐܗܦܟ

ܡܢܗܘܢ. ܥܠ ܕܐܫܠܡܘ ܫܒܝܬܐ ܫܠܡܬܐ ܠܐܕܘܡ. ܘܠܐ
ܐܬܕܟܪܘ ܩܝܡܐ ܕܐܚܘܬܐ. (1.10) ܐܫܕܪ ܢܘܪܐ ܒܫܘܪܝܗ
ܕܨܘܪ ܘܬܐܟܘܠ ܩܨܪ̈ܝܗ. ÷ (1.11) ܗܟܢܐ ܐܡܪ ܡܪܝܐ.
ܥܠ ܬܠܬܐ ܚܘܒܝ̈ܗܘܢ ܕܐܕܘܡ ܘܕܐܪܒܥܐ ܠܐ ܐܗܦܘܟ
ܡܢܗܘܢ. ܥܠ ܕܪܕܦ ܒܚܪܒܐ ܠܐܚܘܗܝ ܘܚܒܠ ܪ̈ܚܡܘܗܝ.
ܘܢܛܪ ܠܥܠܡ ܪܘܓܙܗ. ܘܐܚܕܬܗ ܢܛܪ ܠܙܟܘ. (1.12)
ܐܫܕܪ ܢܘܪܐ ܠܬܝܡܢ. ܘܬܐܟܘܠ ܩܨܪ̈ܝܗ ܕܒܘܨܪ. ÷
(1.13) ܗܟܢܐ ܐܡܪ ܡܪܝܐ. ܥܠ ܬܠܬܐ ܚܘܒܝ̈ܗܘܢ ܕܒܢ̈ܝ
ܥܡܘܢ ܘܕܐܪܒܥܐ ܠܐ ܐܗܦܘܟ ܡܢܗܘܢ. ܥܠ ܕܦܪܬܘ
ܒܛܢ̈ܬܐ ܕܓܠܥܕ ܕܢܦܬܝܘܢ ܬܚܘܡܝ̈ܗܘܢ. (1.14) ܐܫܚܢܘܡ
ܢܘܪܐ ܒܫܘܪܝܗ ܕܪܒܬ ܘܬܐܟܘܠ ܩܨܪ̈ܝܗ. ܒܙܘܥܬܐ
ܒܝܘܡܐ ܕܩܪܒܐ. ܒܥܠܥܠܐ ܒܝܘܡܐ ܕܥܘܪܥܐ. (1.15)
ܘܢܐܙܠ ܡܠܟܗܘܢ ܒܫܒܝܬܐ. ܘܟܘܡܪ̈ܘܗܝ ܘܪ̈ܘܪܒܢܘܗܝ
ܐܟܚܕܐ ܐܡܪ ܡܪܝܐ. ÷

[ܩܦܠܐܘܢ ÷ ܒ ÷]

(2.1) ܗܟܢܐ ܐܡܪ ܡܪܝܐ. ܥܠ ܬܠܬܐ ܚܘܒܝ̈ܗܘܢ ܕܡܘܐܒ
ܘܕܐܪܒܥܐ ܠܐ ܐܗܦܘܟ ܡܢܗܘܢ. ܥܠ ܕܐܘܩܕܘ ܓܪ̈ܡܘܗܝ
ܕܡܠܟܐ ܕܐܕܘܡ ܠܣܝܕܐ. (2.2) ܐܫܕܪ ܢܘܪܐ ܥܠ ܡܘܐܒ.
ܘܬܐܟܘܠ ܩܨܪ̈ܝܗ ܕܩܪܝܘܬ. ܘܢܡܘܬ ܡܘܐܒ ܒܫܓܘܫܝܐ.
ܒܙܘܥܬܐ ܘܒܩܠܐ ܕܫܝܦܘܪܐ. (2.3) ܘܐܘܒܕ ܕܝܢܐ ܡܢ
ܓܘܗ. ܘܟܠܗܘܢ ܪ̈ܘܪܒܢܘܗܝ ܐܩܛܘܠ ܥܡܗ ܐܡܪ ܡܪܝܐ. ÷

(2.4) ܗܟܢܐ ܐܡܪ ܡܪܝܐ. ܥܠ ܬܠܬܐ ܚܛܗ̈ܝܗܘܢ ܕܝܗܘܕܐ
ܘܕܐܪ̈ܒܥܐ ܠܐ ܐܗܦܟ ܡܢܗܘܢ. ܥܠ ܕܐܣܠܝܘ ܢܡܘܣܘܗܝ
ܕܡܪܝܐ ܘܦܘܩܕܢܘܗܝ ܠܐ ܢܛܪܘ. ܘܐܛܥܝ ܐܢܘܢ ܣܪ̈ܝܩܘܬܐ
ܕܐܙܠܘ ܐܒܗ̈ܝܗܘܢ ܒܬܪܗܝܢ. (2.5) ܐܫܕܪ ܢܘܪܐ
ܒܝܗܘܕܐ. ܘܬܐܟܘܠ ܒܝܪ̈ܬܗ ܕܐܘܪܫܠܡ. ؞ (2.6) ܗܟܢܐ
ܐܡܪ ܡܪܝܐ. ܥܠ ܬܠܬܐ ܚܛܗ̈ܝܗܘܢ ܕܐܝܣܪܝܠ ܘܕܐܪ̈ܒܥܐ
ܠܐ ܐܗܦܟ ܡܢܗܘܢ. ܥܠ ܕܙܒܢܘ ܠܙܕܝܩܐ ܒܟܣܦܐ.
ܘܠܡܣܟܝܢܐ ܡܛܠ ܡܣܢܐ. (2.7) ܕܕܝܫܝܢ ܥܠ ܥܦܪܐ
ܕܐܪܥܐ. ܘܡܡܟܝܢ ܠܡܣܟ̈ܢܐ. ܘܐܘܪܚܐ ܕܒܫ̈ܝܐ ܨܠܘ.
ܘܒܪܐ ܘܐܒܘܗܝ ܐܙܠܝܢ ܠܘܬ ܐܢܬܬܐ. ܡܛܠ ܕܢܛܢܦܘܢ
ܫܡܐ ܕܩܘܕܫܝ. (2.8) ܘܥܠ ܠܒܘܫܐ ܚܒܠܐ ܣܡܟܝܢ ܗܘܘ ܥܠ
ܓܢܒ ܟܠ ܡܕܒܚ. ܘܚܡܪܐ ܚܛܘܦܐ ܫܬܝܢ ܗܘܘ ܒܝܬ
ܐܠܗ̈ܝܗܘܢ. (2.9) ܘܐܢܐ ܐܘܒܕܬ ܠܐܡܘܪ̈ܝܐ ܡܢ
ܩܕܡܝܗܘܢ. ܕܪܘܡܗ ܐܝܟ ܪܘܡܐ ܕܐܪ̈ܙܐ ܘܚܣܝܢ ܗܘܐ
ܐܝܟ ܒܠܘܛܐ. ܐܘܒܕܬ ܦܐܪ̈ܘܗܝ ܡܢ ܠܥܠ ܘܥܩ̈ܪܘܗܝ ܡܢ
ܠܬܚܬ. (2.10) ܘܐܢܐ ܐܣܩܬܟܘܢ ܡܢ ܐܪܥܐ ܕܡܨܪܝܢ.
ܘܕܒܪܬܟܘܢ ܒܡܕܒܪܐ ܐܪ̈ܒܥܝܢ ܫܢܝ̈ܢ. ܘܐܝܪܬܟܘܢ
ܠܐܪܥܐ ܗܢܐ ܠܡܐܪܬ ܐܪܥܐ ܕܐܡܘܪ̈ܝܐ. (2.11)
ܘܐܩܝܡܬ ܡܢ ܒܢ̈ܝܟܘܢ ܢܒ̈ܝܐ. ܘܡܢ ܥܠܝܡ̈ܝܟܘܢ ܢܙ̈ܝܪܐ.
ܕܠܡܐ ܠܐ ܐܝܬܝܗܝܢ ܗܠܝܢ ܒܢ̈ܝ ܐܝܣܪܝܠ ܐܡܪ ܡܪܝܐ.
(2.12) ܘܐܫܩܝܬܘܢ ܠܢܙ̈ܝܪܐ ܚܡܪܐ. ܘܠܢܒ̈ܝܐ ܦܩܕܬܘܢ ܕܠܐ
ܢܬܢܒܘܢ. (2.13) ܗܐ ܐܢܐ ܡܥܝܩ ܐܢܐ ܬܚܘܬܝܟܘܢ. ܐܝܟ
ܕܡܥܝܩܐ ܥܓܠܬܐ ܕܡܠܝܐ ܥܡܝܪܐ. (2.14) ܘܢܐܒܕ ܪܗܛܐ

ܡܢ ܩܠܝܠܐ. ܘܕܚܣܝܢ ܠܐ ܢܚܡܣ ܚܝܠܗ. ܘܓܢܒܪܐ ܠܐ ܢܦܨܐ ܢܦܫܗ. (2.15) ܘܩܫܬܐ ܠܐ ܢܩܘܡ. ܘܕܩܠܝܠ ܒܪܓܠܘܗܝ ܠܐ ܢܬܦܨܐ. ܘܦܪܫܐ ܠܐ ܢܦܠܛ ܢܦܫܗ. (2.16) ܘܕܚܣܝܢ ܠܒܗ ܐܝܟ ܕܓܢܒܪܐ. ܥܪܛܠ ܢܥܪܘܩ ܒܝܘܡܐ ܗܘ ܐܡܪ ܡܪܝܐ.

[ܩܦܠܐܘܢ ⁘ ܓ̄ ⁘]

(3.1) ܫܡܥܘ ܡܠܬܐ ܗܕܐ ܕܐܡܪ ܡܪܝܐ ܥܠܝܟܘܢ ܒܢܝ ܐܝܣܪܝܠ. ܥܠ ܟܠܗ ܫܪܒܬܐ ܕܐܣܩܬ ܡܢ ܐܪܥܐ ܕܡܨܪܝܢ. (3.2) ܘܐܡܪܬ ܕܠܟܘܢ ܒܠܚܘܕ ܝܕܥܬ ܡܢ ܟܠܗܘܢ ܥܡܡܐ. ܘܡܢ ܟܠܗܝܢ ܫܪܒܬܐ ܕܐܪܥܐ. ܡܛܠ ܗܢܐ ܐܦܩܘܕ ܥܠܝܟܘܢ ܟܠܗܘܢ ܚܘܒܝܟܘܢ. (3.3) ܕܠܡܐ ܐܙܠܝܢ ܬܪܝܢ ܐܟܚܕܐ ܐܠܐ ܐܢ ܐܬܘܥܕܘ. (3.4) ܕܠܡܐ ܢܗܡ ܐܪܝܐ ܒܥܒܐ ܡܐ ܕܠܝܬ ܠܗ ܛܪܦܐ. ܐܘ ܕܠܡܐ ܡܪܝܡ ܩܠܗ ܐܪܝܐ ܡܢ ܡܥܘܢܝܬܗ ܐܠܐ ܐܢ ܬܒܪ. (3.5) ܕܠܡܐ ܢܦܠܐ ܨܦܪܐ ܒܦܚܐ ܒܐܪܥܐ ܕܠܝܬ ܡܢ ܨܝܕܐ. ܐܘ ܕܠܡܐ ܫܘܪ ܦܚܐ ܡܢ ܐܪܥܐ ܘܐܚܕ. (3.6) ܕܠܡܐ ܡܬܩܥܐ ܫܝܦܘܪܐ ܒܡܕܝܢܬܐ ܘܥܡܐ ܠܐ ܙܐܥ ܐܘ ܕܠܡܐ ܗܘܝܐ ܒܝܫܬܐ ܒܡܕܝܢܬܐ ܕܡܪܝܐ ܠܐ ܥܒܕ. (3.7) ܡܛܠ ܕܠܐ ܥܒܕ ܡܪܝܐ ܡܪܘܬܐ ܡܕܡ. ܐܠܐ ܐܢ ܓܠܐ ܐܪܙܗ ܠܥܒܕܘܗܝ ܢܒܝܐ. (3.8) ܐܪܝܐ ܢܗܡ ܡܢ ܠܐ ܢܕܚܠ. ܡܪܝܐ ܡܪܘܬܐ ܡܠܠ ܡܢ ܠܐ ܢܬܢܒܐ. ⁘ (3.9) ܐܫܡܥܘ ܥܠ

ܒܝܪܢܝܬܗ ܕܐܫܘܪ. ܘܥܠ ܒܝܪܢܝܬܗ ܕܐܪܥܐ ܕܡܨܪܝܢ.
ܘܐܡܪܘ. ܐܬܟܢܫܘ ܥܠ ܛܘܪܐ ܕܫܡܪܝܢ. ܘܚܙܘ
ܕܘܠܚܐ ܣܓܝܐܐ ܕܒܓܘܗ. ܘܥܫܘܩܝܐ ܕܒܗ. (3.10) ܘܠܐ
ܝܕܥܘ ܠܡܥܒܕ ܡܟܐܢܘܬܐ ܐܡܪ ܡܪܝܐ. ܘܣܝܡܝܢ
ܚܛܘܦܝܐ ܘܒܙܬܐ ܒܒܝܪܢܝܬܗܘܢ. ܀ (3.11) ܡܛܠ ܕܗܟܢܐ
ܐܡܪ ܡܪܝܐ. ܐܘܠܨܢܐ ܢܚܕܪܝܗ ܠܐܪܥܐ. ܘܢܚܘܬ ܡܢܗ
ܥܘܫܢܗ ܘܢܬܒܙܢ ܒܝܪܢܝܬܗ. (3.12) ܗܟܢܐ ܐܡܪ ܡܪܝܐ.
ܐܝܟ ܕܡܦܨܐ ܪܥܝܐ ܡܢ ܦܘܡܐ ܕܐܪܝܐ ܬܪܬܝܢ ܟܪܥܝܢ
ܐܘ ܛܪܦܐ ܕܐܕܢܐ. ܗܟܢܐ ܢܬܦܨܘܢ ܒܢܝ ܐܝܣܪܝܠ
ܕܝܬܒܝܢ ܒܫܡܪܝܢ. ܒܣܘܛܪܐ ܕܡܢ ܥܠ ܘܒܕܡܫܩܐ ܕܡܢ
ܕܪܡܫܘܩ. ܀܀ (3.13) ܫܡܥܘ ܘܐܣܗܕܘ ܒܒܝܬܐ ܕܝܥܩܘܒ.
ܐܡܪ ܡܪܐ ܡܪܘܬܐ ܚܝܠܬܢܐ ܐܠܗܐ ܕܐܝܣܪܝܠ. (3.14)
ܡܛܠ ܕܒܝܘܡܐ ܕܦܩܕ ܐܢܐ ܚܘܒܗ ܕܐܝܣܪܝܠ ܥܠܘܗܝ.
ܐܦܩܘܕ ܥܠ ܡܕܒܚܐ ܕܒܝܬ ܐܝܠ. ܘܢܬܓܕܡܢ ܩܪܢܬܗܘܢ
ܕܡܕܒܚܐ ܘܢܦܠܢ ܥܠ ܐܪܥܐ. (3.15) ܘܐܘܒܕ ܒܝܬ ܣܬܘܐ
ܥܡ ܒܝܬ ܩܝܛܐ. ܘܢܐܒܕܘܢ ܒܬܐ ܕܫܢܐ. ܘܢܣܬܚܦܘܢ ܒܬܐ
ܣܓܝܐܐ ܐܡܪ ܡܪܝܐ ܀

[ܩܦܠܐܘܢ ܀ ܕ ܀]

(4.1) ܫܡܥܘ ܦܬܓܡܐ ܗܢܐ ܬܘܪܬܐ ܕܒܫܢ. ܕܒܛܘܪܐ
ܕܫܡܪܝܢ. ܕܛܠܡܝ ܠܡܣܟܢܐ ܘܐܥܠܝ ܠܒܝܫܐ. ܘܐܡܪܝ
ܠܡܪܝܗܘܢ ܐܝܬܘ ܠܢ ܢܫܬܐ. (4.2) ܝܡܐ ܡܪܐ ܡܪܘܬܐ

ܒܩܘܕܫܗ. ܕܗܐ ܝܘܡܬܐ ܐܬܝܢ ܥܠܝܟܝ. ܘܢܫܩܠܘܢܟܝ
ܒܙܝܢܐ. ܘܣܪܝܬܟܝ ܒܩܕܪܐ ܕܪܬܚܐ. (4.3) ܘܠܬܘܪܥܬܐ
ܬܦܩܢ ܐܢܬܬܐ ܠܩܘܒܠܗ. ܘܬܫܬܕܪܢ ܠܛܘܪܐ ܕܐܪܡܢܝ
ܐܡܪ ܡܪܝܐ. ܀ (4.4) ܥܘܠܘ ܠܒܝܬ ܐܝܠ ܘܐܥܠܘ.
ܘܒܓܠܓܠܐ ܐܣܓܘ ܠܡܥܠܘ. ܐܝܬܘ ܠܨܦܪܐ ܕܒܚܝܟܘܢ.
ܘܠܬܠܬܐ ܝܘܡܝܢ ܡܥܣܪܝܟܘܢ. (4.5) ܘܐܣܩܘ ܡܢ ܚܡܝܥܐ
ܬܘܕܝܬܐ. ܘܩܪܘ ܢܕܪܐ ܘܫܡܥܘ. ܡܛܠ ܕܗܟܢܐ ܪܚܡܬܘܢ
ܒܢܝ̈ ܐܝܣܪܝܠ ܐܡܪ ܡܪܝܐ. (4.6) ܐܦ ܐܢܐ ܝܗܒܬ ܠܟܘܢ
ܩܗܝܘܬ ܫܢܐ ܒܟܠܗܝܢ ܡܕܝܢܬܟܘܢ. ܘܚܣܝܪܘܬ ܠܚܡܐ
ܒܟܠܗܘܢ ܐܬܪܘܬܟܘܢ. ܘܠܐ ܐܬܦܢܝܬܘܢ ܠܘܬܝ ܐܡܪ
ܡܪܝܐ. (4.7) ܐܦ ܐܢܐ ܟܠܝܬ ܡܢܟܘܢ ܡܛܪܐ. ܡܩܕܡ ܬܠܬܐ
ܝܪ̈ܚܝܢ ܕܚܨܕܐ. ܘܐܡܛܪܬ ܡܛܪܐ ܥܠ ܡܕܝܢܬܐ ܚܕܐ ܘܥܠ
ܚܕܐ ܠܐ. ܘܥܠ ܦܠܓܘܬܐ ܚܕܐ ܢܚܬ ܥܠܝܗ ܡܛܪܐ.
ܘܡܢܬܐ ܕܠܐ ܢܚܬ ܥܠܝܗ ܡܛܪܐ ܬܐܒܫ. (4.8)
ܘܬܬܟܢܫܢ ܬܪܬܝܢ ܬܠܬ ܡܕ̈ܝܢܢ ܠܡܕܝܢܬܐ ܚܕܐ. ܕܢܫܬܘܢ
ܡܝܐ ܘܠܐ ܢܣܒܥܘܢ. ܘܠܐ ܐܬܦܢܝܬܘܢ ܠܘܬܝ ܐܡܪ
ܡܪܝܐ ܀. (4.9) ܡܚܝܬܟܘܢ ܒܫܘܒܐ ܘܒܝܪܩܢܐ ܘܒܒܪܕܐ.
ܘܣܘܓܐܐ ܕܦܪ̈ܕܝܣܝܟܘܢ ܘܕܟܪ̈ܡܝܟܘܢ ܘܕܬܐ̈ܢܝܟܘܢ
ܘܕܙܝ̈ܬܝܟܘܢ ܐܟܠ ܡܫܘܛܐ. ܘܠܐ ܐܬܦܢܝܬܘܢ ܠܘܬܝ ܐܡܪ
ܡܪܝܐ. (4.10) ܫܕܪܬ ܒܟܘܢ ܡܘܬܢܐ ܒܐܘܪܚܐ ܕܡܨܪܝܢ.
ܘܩܛܠܬ ܒܚܪܒܐ ܠܥܠܝ̈ܡܝܟܘܢ ܥܡ ܫܒܝܬܐ ܕܪ̈ܟܫܟܘܢ.
ܘܐܣܩܬ ܪܝܚ ܡܫܪܝܬܟܘܢ ܒܐܦܝܟܘܢ. ܘܠܐ ܐܬܦܢܝܬܘܢ
ܠܘܬܝ ܐܡܪ ܡܪܝܐ ܀. (4.11) ܗܦܟܬ ܒܟܘܢ ܐܝܟ ܕܗܦܟ

ܐܠܗܐ ܠܣܕܘܡ ܘܠܥܡܘܪܐ. ܘܗܘܝܬܘܢ ܐܝܟ ܐܘܕܐ
ܕܐܬܦܨܝ ܡܢ ܫܠܗܒܝܬܐ ܘܠܐ ܐܬܦܢܝܬܘܢ ܠܘܬܝ ܐܡܪ
ܡܪܝܐ. (4.12) ܡܛܠ ܗܠܝܢ ܗܟܢܐ ܐܥܒܕ ܠܟ ܐܝܣܪܝܠ
ܒܣܪܬܐ. ܡܛܠ ܕܗܕܐ ܥܒܕ ܐܢܐ ܠܟ. ܐܬܛܝܒ ܐܝܣܪܝܠ
ܕܬܦܢܐ ܠܐܠܗܟ. (4.13) ܡܛܠ ܕܗܐ ܕܒܪܐ ܛܘܪ̈ܐ ܘܒܪܐ
ܪܘܚܐ. ܘܡܚܘܐ ܠܒܢܝ ܐܢܫܐ ܡܢܐ ܗܝ ܬܫܒܘܚܬܗ ܥܒܕ
ܨܦܪܐ ܥܡܛܢܐ. ܘܕܪܟ ܥܠ ܪܘܡܗ ܕܐܪܥܐ. ܡܪܝܐ
ܐܠܗܐ ܚܝܠܬܢܐ ܫܡܗ.

[ܩܦܠܐܘܢ ⁘ ܗ ⁘]

(5.1) ܫܡܥܘ ܡܠܬܐ ܗܕܐ ܕܐܢܐ ܢܣܒ ܥܠܝܟܘܢ ܐܘܠܝܬܐ
ܒܝܬ ܐܝܣܪܝܠ. (5.2) ܢܦܠܬ ܘܠܐ ܬܘܣܦ ܠܡܩܡ ܒܬܘܠܬܐ
ܕܐܝܣܪܝܠ. ܐܫܬܒܩܬ ܥܠ ܐܪܥܐ ܘܠܝܬ ܕܡܩܝܡ ܠܗ. (5.3)
ܡܛܠ ܕܗܟܢܐ ܐܡܪ ܡܪܝܐ ܡܪ̈ܘܬܐ. ܡܕܝܢܬܐ ܕܢܦܩܐ
ܗܘܘ ܡܢܗ ܐܠܦ. ܢܫܬܚܪܘܢ ܒܗ ܡܐܐ. ܘܕܢܦܩܐ ܗܘܘ
ܡܢܗ ܡܐܐ. ܢܫܬܚܪܘܢ ܒܗ ܥܣܪܐ ܠܒܝܬ ܐܝܣܪܝܠ. (5.4)
ܡܛܠ ܕܗܟܢܐ ܐܡܪ ܡܪܝܐ ܠܒܝܬ ܐܝܣܪܝܠ. ܒܥܐܘܢ ܠܝ
ܘܚܝܘ. (5.5) ܘܠܐ ܬܒܥܘܢ ܠܒܝܬ ܐܝܠ. ܘܠܓܠܓܠܐ ܠܐ
ܬܐܙܠܘܢ. ܘܠܒܐܪܫܒܥ ܠܐ ܬܥܒܪܘܢ. ܡܛܠ ܕܓܠܓܠܐ ܡܫܬܒܝܐ
ܬܫܬܒܐ. ܘܒܝܬ ܐܝܠ ܢܗܘܐ ܐܝܟ ܕܠܐ ܐܬܘܗܝ. (5.6)
ܒܥܘ ܠܡܪܝܐ ܘܚܝܘ. ܕܠܐ ܢܐܚܕ ܐܝܟ ܢܘܪܐ ܒܝܬ ܝܘܣܦ.

ܘܐܬܒܗܠ ܠܒܒܗ ܥܠ ܘܠܝܬ ܕܡܪܝܗ. (5.7) ܕܗܦܟܝ ܕܝܠܗ
ܠܡܪܝܐ ܘܢܬܒܥܘܢܗ ܠܐܪܥܐ ܥܒܕܘܗ. (5.8) ܠܟܝ ܕܚܒܒ
ܩܪܢܐ ܘܚܨܘܨܪܬܐ. ܘܗܦܟܝ ܠܝܦܪܐ ܬܠܠܐ ܡܘܬܐ. ܘܐܡܬܡܐ
ܠܠܝܠܐ ܐܣܝܪ. ܕܡܪܐ ܠܩܢܐ ܕܡܠܐ. ܘܐܡܪ ܐܢܘܢ ܥܠ
ܐܦܝܢ ܕܐܪܥܐ. ܡܪܢܐ ܥܡܗ. (5.9) ܕܡܫܠܛ ܚܠܫܐ ܥܠ
ܥܡܝܐ. ܘܡܟܝܒܐ ܥܠ ܪܡܐ ܡܥܠܝܐ. (5.10) ܗܘܝ ܟܬܪܒܢܐ
ܠܡܫܢܝܐ. ܘܠܟܝ ܕܡܫܬܦܟ ܬܪܝܬܐ ܡܫܠܝ. (5.11) ܡܛܠ
ܗܢܐ ܚܠܦ ܕܦܣܩܘܗܝ ܠܡܫܢܝܐ. ܘܡܘܪܟܢܐ ܓܒܝܐ
ܢܗܒܢܘܗܝ ܡܢܗ. ܟܠܗܝ ܕܦܘܠܚܢܐ ܕܒܢܬܘܗܝ ܠܐ ܢܬܒܥܘܢ
ܟܢܘܢ. ܘܒܝܡܐ ܕܪܓܙܬܐ ܕܢܒܝܬܘܢ ܠܐ ܬܫܬܘܢ ܣܡܪܗܘܢ.
(5.12) ܡܛܠ ܕܢܒܪ ܐܢܐ ܕܢܦܝܩܢ ܬܘܟܠܗܘܢ ܘܥܫܝܢܝ
ܬܠܗܝܢܘܢ. ܐܬܠܝܘܗܝ ܕܐܙܠܬܐ ܢܦܫܗ ܫܘܚܪܐ. ܘܠܡܫܟܢܐ
ܒܬܪܟܐ ܝܠܗ. (5.13) ܡܛܠ ܗܢܐ ܟܝ ܕܡܫܬܟܠ ܟܐܒܢܐ
ܗܘ ܢܫܬܘܩ ܠܗ. ܡܛܠ ܕܐܒܢܐ ܗܘ ܕܒܥܬܐ. (5.14) ܟܕܘ
ܠܒܬܐ ܘܠܐ ܒܫܬܐ ܕܬܚܘܝ. ܘܢܗܘܐ ܗܒܢܐ ܡܪܢܐ
ܣܠܘܢܐ ܚܡܒܘܢ ܐܝܟ ܕܐܡܪܬܘܢ. (5.15) ܗܘܘ ܟܫܬܐ
ܘܪܣܡܘ ܠܒܬܐ. ܘܐܡܣܡܘ ܟܬܪܟܐ ܕܒܢܐ. ܟܒܪ ܢܪܫܡ
ܡܪܢܐ ܐܠܗܐ ܣܠܘܢܐ ܥܠ ܫܪܟܗ ܕܝܘܣܦ. (5.16) ܡܛܠ
ܕܗܒܢܐ ܐܡܪ ܡܪܢܐ ܐܠܗܐ ܣܠܘܢܐ. ܟܒܠܗܘܢ ܫܘܡܐ
ܡܬܡܒܬܐ. ܘܒܒܠܗܝ ܟܬܒܬܐ ܢܐܡܪܘܢ. ܗܘܝ ܗܘܝ.
ܘܢܡܪܘܢ ܠܐܟܪܬܐ ܠܐܒܠܐ ܘܠܡܬܡܒܬܐ ܘܠܬܒܪ ܐܩܠܝܬܐ.
(5.17) ܘܒܒܠܗܘܢ ܟܬܡܐ ܡܬܡܒܬܐ. ܡܛܠ ܕܚܒܪ ܐܢܐ
ܒܓܘܒ ܐܡܪ ܡܪܢܐ. ܀ (5.18) ܘܝ ܠܒܪܟܝ ܠܝܘܡܗ ܕܡܪܢܐ.

ܠܡܢܐ ܗܘܐ ܠܟܘܢ ܝܘܡܗ ܕܡܪܝܐ. ܕܚܫܘܟܐ ܗܘ ܘܠܐ
ܢܘܗܪܐ. (5.19) ܐܝܟ ܕܥܪܩ ܓܒܪܐ ܡܢ ܩܕܡ ܐܪܝܐ ܘܦܓܥܬܗ
ܒܗ ܕܒܐ. ܘܥܐܠ ܠܒܝܬܐ ܘܣܡܟ ܐܝܕܗ ܥܠ ܐܣܬܐ
ܘܢܟܬܬܗ ܚܘܝܐ. (5.20) ܗܟܢܐ ܗܘ ܝܘܡܗ ܕܡܪܝܐ. ܚܫܘܟܐ
ܗܘ ܘܠܐ ܢܘܗܪܐ. ܥܡܛܢܐ ܗܘ ܘܠܝܬ ܒܗ ܙܠܝܩܐ. ÷ (5.21)
ܣܢܝܬ ܘܐܣܠܝܬ ܥܐܕܝܟܘܢ. ܘܠܐ ܐܪܝܚ ܒܟܢܘܫܬܟܘܢ.
(5.22) ܘܐܢ ܬܣܩܘܢ ܠܝ ܩܘܪܒܢܐ ܥܠܘܬܐ. ܒܩܘܪܒܢܝܟܘܢ ܠܐ
ܐܬܪܥܐ. ܘܒܢܟܣܬܐ ܕܬܘܕܝܬܟܘܢ ܠܐ ܐܚܘܪ. (5.23)
ܐܥܒܪ ܡܢܝ ܩܠܐ ܕܙܡܪܝܟ. ܘܩܝܬܪܐ ܕܢܒܠܝܟ ܬܘܒ ܠܐ
ܐܫܡܥ. (5.24) ܘܢܬܓܠܐ ܕܝܢܐ ܐܝܟ ܡܝܐ. ܘܙܕܝܩܘܬܐ
ܐܝܟ ܢܚܠܐ ܚܣܝܢܐ. (5.25) ܕܠܡܐ ܕܒܚܐ ܘܩܘܪܒܢܐ
ܩܪܒܬܘܢ ܠܝ ܐܪܒܥܝܢ ܫܢܝܢ ܒܡܕܒܪܐ ܒܝܬ ܐܝܣܪܐܝܠ.
(5.26) ܐܠܐ ܫܩܠܬܘܢ ܡܫܟܢܗ ܕܡܠܟܘܡ ܘܟܘܢ ܨܠܡܝܟܘܢ.
ܟܘܟܒܐ ܕܥܒܕܬܘܢ ܠܟܘܢ ܐܠܗܐ. (5.27) ܐܫܒܝܟܘܢ ܠܗܠ
ܡܢ ܕܪܡܣܘܩ. ܐܡܪ ܡܪܝܐ ܐܠܗܐ ܚܝܠܬܢܐ ܫܡܗ.

[ܦܣܩܐ ÷ ܘ ÷]

(6.1) ܘܝ ܠܕܫܝܢܝܢ ܒܨܗܝܘܢ. ܘܬܟܝܠܝܢ ܥܠ ܛܘܪܐ ܕܫܡܪܝܢ
ܦܪܝܫܐ ܠܪܝܫܐ ܕܥܡܡܐ. ܘܥܠܘ ܠܗܘܢ ܒܝܬ ܐܝܣܪܐܝܠ. (6.2)
ܥܒܪܘ ܠܟܠܢܐ ܘܚܙܘ. ܘܙܠܘ ܡܢ ܬܡܢ ܠܚܡܬ ܪܒܬܐ. ܘܚܘܬܘ
ܠܓܬ ܕܦܠܫܬܝܐ. ܕܛܒܐ ܡܢ ܟܠܗܝܢ ܡܠܟܘܬܐ ܗܠܝܢ.

ܐܝܟ ܣܓܝ ܛܘܒܘܗܝ ܡܢ ܬܘܟܠܢܗܘܢ. (6.3) ܕܡܫܡܫܝܢ
ܠܢܡܘܣܐ ܒܝܫܐ. ܘܡܫܥܒܕܝܢ ܠܥܒܕܘܬܐ ܕܚܛܝܬܐ. (6.4)
ܘܡܓܕܦܝܢ ܥܠ ܟܗܢܘܬܐ ܕܝܫܘܥ. ܘܡܬܠܚܡܝܢ ܥܠ ܬܫܡܫܬܗܘܢ.
ܕܐܟܠܝܢ ܡܩܛܠܬܐ ܡܢ ܚܝܐ. ܘܬܟܠܐ ܡܢ ܠܗ ܟܡܪܐ.
(6.5) ܕܢܦܫܝ ܥܠ ܦܘܡܐ ܕܟܢܪܐ. ܘܐܝܟ ܕܘܝܕ ܣܥܕܝܢ
ܠܗܘܢ ܡܫܕܪ ܙܡܪܐ. (6.6) ܕܐܬܝ ܣܡܪܐ ܡܢ ܠܠܝܐ.
ܘܡܫܒܚܐ ܕܫܝܢܐ ܡܫܝܢ. ܘܠܐ ܟܗܢܐ ܠܗܘܢ ܥܠ ܬܟܪܗ
ܕܢܘܡܘܣ. (6.7) ܡܛܠ ܗܢܐ ܢܬܬܟܠ ܟܪܝܐ ܫܟܝܢܬܐ. ܘܢܬܬܟܠ
ܕܘܢܐ ܡܢ ܬܠܡܝܕܘܗܝ. (6.8) ܡܢܐ ܡܪܐ ܡܪܘܬܐ ܒܢܦܫܗ.
ܘܐܡܪ ܡܪܝܐ ܐܠܗܐ ܫܠܝܛܐ. ܕܡܫܠܡ ܐܢܐ ܠܟܢܫܪܗ
ܕܝܗܘܒ. ܘܠܡܫܪܬܗ ܡܫܟܚ ܘܐܫܠܡ ܡܕܝܢܬܐ ܒܡܠܟܗ.
(6.9) ܘܐܝܟ ܢܬܒܪܘܢ ܟܡܪܐ ܓܒܪܐ ܟܒܝܬܐ ܚܕ ܢܨܘܚܘܢ.
(6.10) ܘܢܫܠܡܘܢܝ ܕܝܗ ܐܘ ܡܢ ܕܡܪܝܕ ܠܗ ܕܢܦܩ ܓܒܪܐ
ܡܢ ܟܝܬܐ. ܘܢܐܡܪ ܠܟܢ ܕܐܝܟ ܟܗ ܟܒܝܬܐ. ܐܝܟ ܐܢܫ
ܬܘܒ ܟܡܢ ܟܒܝܬܐ ܘܢܐܡܪ ܠܗ ܠܟ. ܡܛܠ ܕܫܦܘ ܠܗܘܢ
ܟܠ ܕܠܐ ܡܕܟܪܝܢ ܗܘܘ ܟܫܡܗ ܕܡܪܝܐ. (6.11) ܡܛܠ
ܕܗܘܐ ܡܪܝܐ ܢܦܩ. ܘܢܡܣܐ ܠܟܝܬܐ ܕܡܐ ܘܢܟܠܘܢܝ.
ܘܠܟܝܬܐ ܕܟܘܪܐ ܘܢܝܕܥܘܢܝ. (6.12) ܕܠܡܐ ܕܗܘܝܢ ܟܠ
ܫܘܠܡܐ ܕܒܫܐ. ܐܘ ܕܒܪܝ ܟܗܘܢ ܦܓܪܐ. ܡܛܠ ܕܗܦܟܬܘܢ
ܕܝܢܐ ܠܡܪܕܐ. ܘܦܐܪܐ ܕܙܕܝܩܘܬܐ ܠܙܕܕܐ. (6.13)
ܕܚܙܝ ܟܠ ܠܐ ܡܪܡ. ܘܐܡܪܝܢ. ܕܠܡܐ ܠܐ ܗܘܐ ܒܚܠܡ
ܢܫܒܝ ܠܝ ܡܪܝܬܐ. (6.14) ܡܛܠ ܕܗܐ ܐܢܐ ܡܫܡ ܐܢܐ
ܟܠܟܘܢ ܟܝܬ ܐܝܣܪܝܠ. ܟܡܐ ܐܡܪ ܡܪܝܐ ܐܠܗܐ

ܚܝܠܬܐ. ܘܢܕܚܩܘܢܟܘܢ ܡܢ ܡܥܠܢܐ ܕܚܡܬ. ܘܥܕܡܐ
ܠܢܚܠܐ ܕܥܪܒܬܐ.

[ܦܘܣܩܐ ∴ ܙ ∴]

(7.1) ܗܟܢܐ ܚܘܝܢܝ ܡܪܝܐ ܡܪ̈ܘܬܐ. ܒܪܝܬܐ ܕܩܡܨܐ ܒܪܫ
ܡܣܩܬܐ ܕܠܩܝܫܐ. ܘܗܘ ܠܩܝܫܐ ܒܬܪ ܓܙܐ ܗܘܐ ܕܡܠܟܐ.
(7.2) ܘܟܕ ܓܡܪ ܠܡܐܟܠܗ ܠܥܣܒܐ ܕܐܪܥܐ ܐܡܪܬ.
ܡܪܝܐ ܡܪ̈ܘܬܐ ܫܒܘܩ. ܡܢܘ ܢܩܝܡܝܘܗܝ ܠܝܥܩܘܒ ܡܛܠ
ܕܙܥܘܪ ܗܘ. (7.3) ܐܬܗܦܟܢ ܡܪܝܐ ܠܗܕܐ ܘܠܐ ܬܗܘܐ.
(7.4) ܗܟܢܐ ܚܘܝܢܝ ܡܪܝܐ ܡܪ̈ܘܬܐ. ܘܗܐ ܩܪܐ ܠܡܕܢ
ܒܢܘܪܐ ܡܪܝܐ ܡܪ̈ܘܬܐ. ܘܐܟܠܬ ܠܬܗܘܡܐ ܪܒܐ ܘܐܟܠܬ
ܠܦܠܓܘܬܐ. (7.5) ܘܐܡܪܬ. ܡܪܝܐ ܡܪ̈ܘܬܐ. ܫܒܘܩ. ܡܢܘ
ܢܩܝܡܝܘܗܝ ܠܝܥܩܘܒ ܡܛܠ ܕܙܥܘܪ ܗܘ. (7.6) ܐܬܗܦܟܢ
ܡܪܝܐ ܠܗܕܐ ܘܐܦ ܗܝ ܠܐ ܬܗܘܐ. (7.7) ܗܟܢܐ ܚܘܝܢܝ.
ܘܗܐ ܡܪܝܐ ܩܐܡ ܥܠ ܫܘܪܐ ܕܐܕܡܘܣ. ܘܒܐܝܕܗ
ܐܕܡܘܣ. (7.8) ܘܐܡܪ ܠܝ ܡܪܝܐ. ܡܢܐ ܚܙܬ ܥܡܘܣ.
ܘܐܡܪܬ ܐܕܡܘܣ. ܘܐܡܪ ܠܝ ܡܪܝܐ. ܗܐ ܐܢܐ ܣܐܡ
ܐܢܐ ܐܕܡܘܣ ܒܓܘ ܥܡܝ ܐܝܣܪܝܠ. ܘܠܐ ܐܘܣܦ ܬܘܒ
ܕܐܥܒܪ ܥܠܘܗܝ. (7.9) ܘܢܬܚܒܠܢ ܦܬܟܪܐ ܕܓܚܟܐ. ܘܡܩܕܫܐ
ܕܐܝܣܪܝܠ ܢܚܪܒܘܢ. ܘܐܩܘܡ ܥܠ ܒܝܬ ܝܘܪܒܥܡ ܒܚܪܒܐ.
(7.10) ܘܫܠܚ ܐܡܘܨܝܐ ܟܘܡܪܐ ܕܒܝܬ ܐܝܠ ܠܘܬ ܝܘܪܒܥܡ

ܡܠܟܐ ܕܐܣܛܪܛܠ ܘܐܡܪ ܠܗ. ܡܪܝ ܟܠܝܢ ܒܟܘܣ ܟܬܒܗ ܟܬܒ
ܐܣܛܪܛܠ. ܘܠܐ ܡܫܟܚܐ ܐܪܥܐ ܠܡܫܟܚܘ ܡܠܘܗܝ. (7.11)
ܡܛܠ ܕܗܢܐ ܐܡܪ ܒܟܘܣ ܕܒܚܪܟܐ ܢܬܡܛܠ ܢܘܪܒܡ
ܘܐܣܛܪܛܠ ܟܫܒܝܐ ܢܫܬܒܐ ܡܢ ܐܪܥܗ. (7.12) ܘܐܡܪ
ܐܡܘܪܝܐ ܠܒܟܘܣ. ܚܙܝܐ. ܒܪܡ ܙܠ ܠܟ ܠܐܪܥܐ
ܕܡܘܗܒܐ. ܘܐܬܦܠ ܥܡܝ ܠܚܝܐ ܘܛܡܝ ܥܛܢܝܬܐ. (7.13)
ܘܟܬܒ ܐܝܠ ܠܐ ܬܘܣܦ ܥܘܕ ܠܡܬܢܝܘ. ܡܛܠ ܕܡܡܪܫܐ
ܗܘ ܕܡܠܟܐ ܘܟܬܒ ܡܠܟܘܬܐ ܗܘ. (7.14) ܘܟܝܐ ܒܟܘܣ
ܘܐܡܪ ܠܐܡܘܪܝܐ. ܐܢܐ ܠܐ ܗܘܝܬ ܢܟܝܐ ܐܦ ܠܐ ܒܪ
ܢܟܝܐ. ܐܠܐ ܪܟܝܐ ܐܢܐ ܘܠܡܛ ܫܩܡܐ. (7.15) ܘܕܒܪܗ
ܡܪܝܐ ܡܢ ܟܫܠܪ ܟܝܐ. ܘܐܡܪ ܠܝ ܡܪܝܐ. ܙܠ ܐܬܛܢܟܐ
ܟܠ ܟܡܐ ܐܣܛܪܛܠ. (7.16) ܡܟܝܠ ܫܡܥ ܡܠܬܗ ܕܡܪܝܐ.
ܐܝܬ ܐܡܪܬ ܕܠܐ ܬܬܢܟܐ ܟܠ ܕܟܬܒ ܐܣܛܪܛܠ. ܘܠܐ
ܬܠܦ ܠܟܬܒ ܐܣܟܡ.܀ (7.17) ܡܛܠ ܗܢܐ ܗܟܢܐ ܐܡܪ
ܡܪܝܐ. ܐܝܬܝܟ ܟܡܕܝܢܬܟ ܥܘܢܝܐ. ܘܟܢܬܟ ܘܟܬܬܟ
ܟܚܪܟܐ ܢܦܠܘ. ܘܐܪܟܟ ܟܫܘܢܬܐ ܬܬܦܠܓ. ܘܐܝܬ
ܟܐܪܟܐ ܠܡܐܬܐ ܬܡܘܬ. ܘܐܣܛܪܛܠ ܟܫܒܝܐ ܢܫܬܒܐ
ܡܢ ܐܪܥܗ.

[ܩܦܠܐܘܢ ܀ ܚ ܀]

(8.1) ܗܟܢܐ ܚܘܝ ܡܪܐ ܡܬܘܬܐ. ܘܗܘܐ ܢܫܐ ܕܡܝܐ.

(8.2) ܘܐܡܪ ܠܝ ܡܪܝܐ. ܡܢܐ ܚܙܐܬ ܥܡܘܣ. ܘܐܡܪܬ ܣܠܐ
ܕܩܝܛܐ. ܘܐܡܪ ܠܝ ܡܪܝܐ. ܡܛܐ ܩܨܐ ܥܠ ܥܡܝ ܐܝܣܪܝܠ.
ܘܠܐ ܐܘܣܦ ܬܘܒ ܠܡܥܒܪܘܬܗ ܡܢܗܘܢ. (8.3) ܘܢܝܠܠܢ
ܬܫܒܚܬܗ ܕܗܝܟܠܐ ܒܝܘܡܐ ܗܘ ܀ ܒܗ ܒܝܘܡܐ ܗܘ
ܐܡܪ ܡܪܝܐ ܡܪܘܬܐ. ܢܦܠܝܢ ܦܓܪܐ ܒܟܠ ܐܬܪ.
ܘܢܫܬܕܪܘܢ ܠܐܒܕܢܐ. (8.4) ܫܡܥܘ ܗܠܝܢ ܕܫܠܛܝܢ
ܠܡܣܟܢܐ. ܘܡܒܛܠܝܢ ܠܒܫܝܐ ܕܐܪܥܐ. (8.5) ܘܐܡܪܝܢ
ܕܐܡܬܝ ܢܥܒܪ ܝܪܚܐ ܘܢܙܒܢ ܥܒܘܪܐ. ܘܬܥܒܪ ܫܒܬܐ
ܘܢܦܬܚ ܐܘܨܪܐ. ܘܢܒܨܪ ܟܝܠܬܐ ܘܢܘܪܒ ܡܬܩܠܐ. ܘܢܥܒܕ
ܡܣܐܬܐ ܕܢܟܠܐ. (8.6) ܘܢܙܒܢ ܒܟܣܦܐ ܠܡܣܟܢܐ.
ܘܒܫܢܐ ܚܠܦ ܡܣܐܢܐ. ܘܫܒܬ ܐܘܨܪܐ ܢܙܒܢ. (8.7) ܝܡܐ
ܡܪܝܐ ܒܬܘܩܦܗ ܕܝܥܩܘܒ. ܕܠܐ ܐܛܥܐ ܠܥܠܡ ܟܠܗܘܢ
ܥܒܕܝܗܘܢ. (8.8) ܡܛܠ ܗܠܝܢ ܠܐ ܬܙܘܥ ܐܪܥܐ. ܘܢܬܐܒܠܘܢ
ܟܐܒܠܐ ܒܠܗܘܢ ܥܡܘܪܝܗ. ܘܢܣܩ ܩܝܗ ܐܝܟ ܢܗܪܐ.
ܘܢܕܚܘܩ ܘܢܫܘܒ ܐܝܟ ܢܗܪܐ ܕܡܨܪܝܢ. ܀ ܀ (8.9) ܘܢܗܘܐ
ܒܝܘܡܐ ܗܘ ܐܡܪ ܡܪܝܐ. ܐܥܪܒ ܫܡܫܐ ܒܛܗܪܐ.
ܘܐܚܫܟ ܠܐܪܥܐ ܒܝܘܡܐ ܢܗܝܪܐ. (8.10) ܘܐܗܦܘܟ
ܥܐܕܝܟܘܢ ܠܐܒܠܐ. ܘܟܠܗܝܢ ܙܡܝܪܬܟܘܢ ܠܐܘܠܝܬܐ.
ܘܐܣܩ ܣܩܐ ܒܟܠܗܘܢ ܚܨܝܟܘܢ. ܘܒܟܠܗܘܢ ܪܫܝܟܘܢ
ܩܪܝܚܘܬܐ. ܘܐܥܒܕܝܗ ܐܝܟ ܐܒܠܐ ܕܝܚܝܕܐ. ܘܚܪܬܗ
ܐܝܟ ܝܘܡܐ ܡܪܝܪܐ. (8.11) ܗܐ ܝܘܡܬܐ ܐܬܝܢ ܐܡܪ
ܡܪܝܐ. ܘܐܫܕܪ ܟܦܢܐ ܒܐܪܥܐ. ܠܐ ܕܟܦܢ ܠܠܚܡܐ ܘܠܐ
ܕܨܗܝܐ ܠܡܝܐ. ܐܠܐ ܠܡܫܡܥ ܦܬܓܡܗ ܕܡܪܝܐ. (8.12)

ܘܢܬܬܙܝܥܘܢ ܡܢ ܝܡܐ ܘܥܕܡܐ ܠܝܡܐ. ܘܡܢ ܓܪܒܝܐ ܘܥܕܡܐ ܠܡܕܢܚܐ. ܘܢܗܕܟܘܢ ܠܡܒܥܐ ܦܬܓܡܗ ܕܡܪܝܐ ܘܠܐ ܢܫܟܚܘܢ. (8.13) ܒܗ ܒܝܘܡܐ ܗܘ. ܢܬܥܠܦܢ ܒܬܘܠܬܐ ܫܦܝܪ̈ܬܐ ܘܥܠܝܡ̈ܐ ܒܨܗܝܐ. (8.14) ܕܝܡܝܢ ܗܘܘ ܒܚܘܒ̈ܬܐ ܕܫܡܪܝܢ ܘܐܡܪܝܢ. ܚܝ ܐܠܗܟ ܕܢ. ܘܚܝܐ ܐܘܪܚܐ ܕܒܐܪܫܒܥ. ܘܢܦܠܘܢ ܘܠܐ ܢܩܘܡܘܢ ܀

[ܩܦܠܐܘܢ ܀ ܛ ܀]

(9.1) ܚܙܝܬܗ ܠܡܪܝܐ ܕܩܐܡ ܥܠ ܡܕܒܚܐ. ܘܐܡܪ. ܡܚܝ ܠܣܘܦܐ ܘܢܙܘܥܘܢ ܐܣܩܘܦܬܐ. ܘܒܨܥܗܘܢ ܒܪܫ ܟܠܗܘܢ. ܘܚܪܬܗܘܢ ܒܚܪܒܐ ܐܩܛܘܠ. ܠܐ ܢܥܪܘܩ ܡܢܗܘܢ ܕܥܪܩ. ܘܠܐ ܢܫܬܘܙܒ ܡܢܗܘܢ ܕܡܬܦܠܛ. (9.2) ܐܢ ܢܚܦܪܘܢ ܠܫܝܘܠ. ܡܢ ܬܡܢ ܬܕܒܪ ܐܢܘܢ ܐܝܕܝ. ܘܐܢ ܢܣܩܘܢ ܠܫܡܝܐ ܡܢ ܬܡܢ ܐܚܬ ܐܢܘܢ. (9.3) ܘܐܢ ܢܛܫܘܢ ܒܪܫܗ ܕܟܪܡܠܐ. ܡܢ ܬܡܢ ܐܒܨܐ ܘܐܣܒ ܐܢܘܢ. ܘܐܢ ܢܛܫܘܢ ܡܢ ܩܕܡ ܥܝܢܝ. ܒܬܗܘܡܘܗܝ ܕܝܡܐ. ܬܡܢ ܐܦܩܘܕ ܠܚܘܝܐ ܘܢܟܬ ܐܢܘܢ. (9.4) ܘܐܢ ܢܐܙܠܘܢ ܒܫܒܝܐ ܩܕܡ ܒܥܠܕܒܒܝܗܘܢ. ܬܡܢ ܐܦܩܘܕ ܠܣܝܦܐ ܘܢܩܛܘܠ ܐܢܘܢ. ܘܐܣܝܡ ܥܝܢܝ ܥܠܝܗܘܢ ܠܒܝܫܬܐ ܘܠܐ ܠܛܒܬܐ. (9.5) ܐܡܪ ܡܪܝܐ ܡܪܘܬܐ ܚܝܠܬܢܐ. ܕܡܩܪܒ ܠܐܪܥܐ ܘܙܐܥܐ. ܘܢܬܐܒܠܘܢ ܟܠܗܘܢ ܥܡܘܪ̈ܝܗ̇. ܘܣܠܩ ܟܠܗ̇ ܐܝܟ ܢܗܪܐ ܘܢܚܬ ܐܝܟ

ܢܗܪܐ ܕܡܨܪܝܢ. (9.6) ܕܒܢܐ ܒܫܡܝܐ ܡܣܩܬܗ̈ܝ
ܘܡܘܠܟܢܗ ܒܐܪܥܐ ܣܡܗ. ܕܩܪܐ ܠܡܝ̈ܐ ܕܝܡܐ ܘܐܫܕ
ܠܗܘܢ ܥܠ ܐܦܘܗܝ ܕܐܪܥܐ ܡܪܝܐ ܚܝܠܬܢܐ ܫܡܗ. (9.7) ܗܐ
ܐܝܟ ܒܢܝ̈ ܟܘܫܝܐ ܐܢܬܘܢ ܠܝ ܒܢܝ̈ ܐܝܣܪܝܠ ܐܡܪ ܡܪܝܐ.
ܗܐ ܠܐܝܣܪܝܠ ܐܣܩܬ ܡܢ ܐܪܥܐ ܕܡܨܪܝܢ. ܘܠܦܠܫܬܝ̈ܐ
ܡܢ ܩܦܘܩ ܘܠܐܪܡ ܡܢ ܩܝܪ. (9.8) ܗܐ ܥܝܢܘܗܝ ܕܡܪܝܐ
ܡܪܘܬܐ ܒܡܠܟܘܬܐ ܚܛܝܬܐ ܘܐܘܒܕܝܗ ܡܢ ܐܦܘܗܝ
ܕܐܪܥܐ. ܒܪܡ ܠܐ ܡܚܒܠܐ ܐܘܒܕܝܘܗܝ ܠܒܝܬܗ ܕܝܥܩܘܒ
ܐܡܪ ܡܪܝܐ. ܆ (9.9) ܡܛܠ ܕܗܐ ܐܢܐ ܦܩܕ ܐܢܐ.
ܘܐܕܪܐ ܒܟܠܗܘܢ ܥܡܡܐ ܠܒܝܬ ܐܝܣܪܝܠ. ܐܝܟ ܕܕܪܝܢ
ܒܕܪܘܠܐ. ܘܠܐ ܢܦܠ ܕܣܡܗܘܢ ܥܠ ܐܪܥܐ. (9.10) ܒܣܝܦܐ
ܢܦܠܘܢ ܟܠ ܚܛܝ̈ܘܗܝ ܕܥܡܝ. ܕܐܡܪܝܢ ܠܐ ܬܩܪܘܒ ܘܠܐ
ܬܡܛܝܢ ܒܝܫܬܐ. (9.11) ܒܗ ܒܝܘܡܐ ܗܘ. ܐܩܝܡ ܡܫܟܢܗ
ܕܕܘܝܕ ܐܝܢܐ ܕܢܦܠ. ܘܐܣܝܓ ܬܘܪ̈ܥܝܗܝ. ܘܡܚܪ̈ܒܬܗ
ܐܩܝܡ ܘܐܒܢܝܗ ܐܝܟ ܝܘܡܬܐ ܕܥܠܡ. ܘܐܝܟ ܫܢܝ̈ܐ
ܕܕܪ̈ܕܪܝܢ. (9.12) ܡܛܠ ܕܢܐܪܬܘܢ ܫܪܟܐ ܕܐܕܘܡ.
ܘܟܠܗܘܢ ܥܡܡܐ ܕܐܬܩܪܝ ܫܡܝ ܥܠܝܗܘܢ. ܐܡܪ ܡܪܝܐ
ܕܥܒܕ ܗܠܝܢ. (9.13) ܗܐ ܝܘܡܬܐ ܐܬܝܢ ܐܡܪ ܡܪܝܐ.
ܘܢܕܪܟ ܟܪܒܐ ܠܚܨܕܐ. ܘܥܨܪܐ ܕܥܢܒܐ ܠܙܪܥܐ. ܘܢܪܕܘܢ
ܛܘܪ̈ܐ ܚܠܝܬܐ. ܘܓܠܡܬܐ ܢܬܦܫܛܢ. (9.14)
ܘܐܗܦܟ ܫܒܝܬܐ ܕܥܡܝ ܐܝܣܪܝܠ. ܘܢܒܢܘܢ ܡܕܝܢ̈ܬܐ
ܚܪ̈ܒܬܐ ܘܢܬܒܘܢ. ܘܢܨܒܘܢ ܟܪ̈ܡܐ ܘܢܫܬܘܢ ܚܡܪܗܘܢ.
ܘܢܥܒܕܘܢ ܦܪ̈ܕܝܣܐ ܘܢܐܟܠܘܢ ܦܐܪ̈ܝܗܘܢ. (9.15) ܘܐܨܘܒ

ܐܢܘܢ ܠܐܪܥܗܘܢ. ܘܠܐ ܢܬܟܢܫܘܢ ܬܘܒ ܡܢ ܐܪܥܗܘܢ
ܕܡܟܢܫ ܠܗܘܢ. ܐܡܪ ܡܪܝܐ ܐܠܗܟ ܀

܀ ܫܠܡܬ ܢܒܝܘܬܗ ܕܢܚܘܡ ܀

ܬܘܒ ܢܒܝܘܬܗ ܕܥܒܕܝܐ

(1) ܚܙܘܐ ܕܥܒܕܝܐ. ܗܟܢܐ ܐܡܪ ܡܪܝܐ ܡܪܘܬܐ
ܠܐܕܘܡ. ܛܒܐ ܫܡܥܢ ܡܢ ܩܕܡ ܡܪܝܐ ܘܐܝܙܓܕܐ
ܠܥܡܡܐ ܐܫܬܠܚ. ܩܘܡܘ ܘܢܩܘܡ ܥܠܝܗ ܠܩܪܒܐ. (2) ܗܐ
ܙܥܘܪܐ ܝܗܒܬܟ ܒܥܡܡܐ. ܘܫܝܛ ܐܢܬ ܛܒ. (3)
ܫܘܒܗܪܗ ܕܠܒܟ ܐܛܥܝܟ. ܕܫܪܐ ܒܫܘܥܐ ܕܫܘܩܦܐ
ܘܒܪܘܡܐ ܡܘܬܒܗ. ܘܐܡܪ ܒܠܒܗ ܡܢܘ ܢܚܬܢܝ ܠܐܪܥܐ.
(4) ܐܢ ܬܬܬܪܝܡ ܐܝܟ ܢܫܪܐ. ܘܐܢ ܒܝܬ ܟܘܟܒܐ ܬܣܝܡ
ܩܢܟ. ܡܢ ܬܡܢ ܐܚܬܟ ܐܡܪ ܡܪܝܐ. (5) ܐܢ ܓܢܒܐ
ܐܬܘ ܥܠܝܟ ܐܘ ܒܙܘܙܐ ܒܠܠܝܐ. ܐܝܟܢܐ ܫܬܩܬ ܥܕܡܐ
ܕܓܢܒܘ ܡܣܬܝܗܘܢ. ܘܐܢ ܩܛܘܦܐ ܐܬܘ ܥܠܝܟ. ܠܐ ܫܒܩܝܢ
ܗܘܘ ܥܘܠܠܐ. (6) ܐܝܟܢܐ ܐܬܒܨܝ ܥܣܘ ܘܢܒܥ
ܡܛܫܝܬܗ. (7) ܥܕܡܐ ܠܬܚܘܡܐ ܫܕܪܘܟ. ܟܠܗܘܢ ܓܒܪܐ
ܕܩܝܡܟ ܐܛܥܝܘܟ ܘܐܬܡܨܝܘ ܥܠܟ. ܓܒܪܐ ܕܫܠܡܟ
ܘܕܠܚܡܟ. ܣܡܘ ܒܡܐܟܠܐ ܬܘܩܠܬܟ. ܕܠܝܬ ܒܗ ܣܘܟܠܐ.
(8) ܒܗ ܒܝܘܡܐ ܗܘ ܐܡܪ ܡܪܝܐ. ܐܘܒܕ ܚܟܝܡܐ ܡܢ
ܐܕܘܡ. ܘܣܘܟܠܬܢܐ ܡܢ ܛܘܪܐ ܕܥܣܘ. (9) ܘܢܬܒܪܘܢ
ܓܢܒܪܝܟ ܬܝܡܢ. ܘܢܐܒܕ ܐܢܫܐ ܡܢ ܛܘܪܐ ܕܥܣܘ. (10)
ܡܢ ܩܛܠܐ ܘܡܢ ܚܛܘܦܝܐ ܕܐܚܘܟ ܝܥܩܘܒ. ܬܟܣܝܟ
ܒܗܬܬܐ ܘܬܐܒܕ ܠܥܠܡ. (11) ܒܝܘܡܐ ܕܩܡܬ ܠܩܘܒܠܗ.
ܒܝܘܡܐ ܕܫܒܘ ܢܘܟܪܝܐ ܚܝܠܗ. ܘܢܘܟܪܝܐ ܥܠܘ ܒܬܪܥܘܗܝ.

ܘܥܠ ܐܘܪܫܠܡ ܐܪܡܝܘ ܦܣܐ. ܘܐܦ ܐܢܬ ܐܝܟ ܚܕ ܡܢܗܘܢ
ܗܘܝܬ. (12) ܘܠܐ ܬܚܙܐ ܒܝܘܡܐ ܕܐܚܘܟ ܒܝܘܡܐ
ܕܢܘܟܪܝܐ. ܘܠܐ ܬܚܕܐ ܠܒܢܝ ܝܗܘܕܐ ܒܝܘܡܐ
ܕܐܒܕܢܗܘܢ. ܘܠܐ ܬܪܘܒ ܦܘܡܟ ܒܝܘܡܐ ܕܐܘܠܨܢܐ.
(13) ܘܠܐ ܬܥܘܠ ܒܬܪܥܗ ܕܥܡܝ ܒܝܘܡܐ ܕܬܒܪܗܘܢ. ܘܠܐ
ܬܚܙܐ ܐܦ ܐܢܬ ܒܒܝܫܬܗ ܒܝܘܡܐ ܕܬܒܪܗ. ܘܠܐ
ܬܫܬܠܛܘܢ ܒܚܝܠܗ ܒܝܘܡܐ ܕܬܒܪܗ. (14) ܘܠܐ ܬܩܘܡ
ܥܠ ܡܦܩܬܐ ܠܡܘܒܕܘ ܠܡܫܘܙܒܢܘܗܝ. ܘܠܐ ܬܫܠܡ
ܫܪܟܢܘܗܝ ܒܝܘܡܐ ܕܐܘܠܨܢܐ. (15) ܡܛܠ ܕܩܪܝܒ ܗܘ
ܝܘܡܗ ܕܡܪܝܐ ܥܠ ܟܠܗܘܢ ܥܡܡܐ. ܐܝܟ ܕܥܒܕܬ ܗܟܢܐ
ܢܬܥܒܕ ܠܟ ܘܦܘܪܥܢܟ ܢܬܗܦܟ ܥܠ ܪܫܟ. (16) ܡܛܠ
ܕܐܝܟܢܐ ܕܐܫܬܝܬܘܢ ܥܠ ܛܘܪܐ ܕܩܘܕܫܝ. ܢܫܬܘܢ ܟܠܗܘܢ
ܥܡܡܐ ܐܡܝܢܐܝܬ. ܢܫܬܘܢ ܘܢܬܕܘܕܘܢ ܘܢܬܛܪܦܘܢ. ܘܢܗܘܘܢ
ܐܝܟ ܕܠܐ ܗܘܘ. (17) ܘܒܛܘܪܐ ܕܨܗܝܘܢ ܬܗܘܐ
ܡܫܘܙܒܘܬܐ. ܘܢܗܘܐ ܩܕܝܫ. ܘܢܐܪܬܘܢ ܕܒܝܬ ܝܥܩܘܒ
ܠܐܝܠܝܢ ܕܝܪܬܘ ܐܢܘܢ. (18) ܘܢܗܘܐ ܒܝܬ ܝܥܩܘܒ ܢܘܪܐ.
ܘܒܝܬ ܝܘܣܦ ܫܠܗܒܝܬܐ ܘܒܝܬ ܥܣܘ ܚܨܕܐ. ܘܢܐܩܕܘܢ
ܒܗܘܢ ܘܢܐܟܠܘܢ ܐܢܘܢ. ܘܠܐ ܢܗܘܐ ܫܪܟܐ ܠܒܝܬܐ
ܕܥܣܘ. ܡܛܠ ܕܡܪܝܐ ܡܠܠ. (19) ܘܢܐܪܬܘܢ ܕܬܝܡܢܐ
ܠܛܘܪܐ ܕܥܣܘ. ܘܕܫܦܝܠܬܐ ܠܦܠܫܬܝܐ. ܘܢܐܪܬܘܢ ܚܩܠܐ
ܕܐܦܪܝܡ ܘܚܩܠܐ ܕܫܡܪܝܢ. ܘܒܢܝܡܝܢ ܠܓܠܥܕ. (20)
ܘܫܒܝܬܐ ܡܕܝܢܬܐ ܗܕܐ ܠܒܢܝ ܐܝܣܪܝܠ ܕܡܢ ܟܢܥܢ
ܘܥܕܡܐ ܠܨܪܦܬ. ܘܫܒܝܬܐ ܕܐܘܪܫܠܡ ܕܒܐܣܦܪܢܐ.

ܢܐܪܬܘܢ ܠܡܕ̈ܝܢܬܐ ܕܬܝܡܢܐ. (21) ܘܢܣܩܘܢ ܦܪ̈ܘܩܐ
ܠܛܘܪܐ ܕܨܗܝܘܢ. ܠܡܕܢ ܠܛܘܪܐ ܕܥܣܘ. ܘܬܗܘܐ
ܡܠܟܘܬܐ ܕܡܪܝܐ.

⁘ ܫܠܡܬ ܢܒܝܘܬܗ ܕܥܘܒܕܝܐ ܢܒܝܐ ⁘

⁘ ܬܘܒ ܢܒܝܘܬܗ ܕܝܘܢܢ ⁘

[ܩܦܠܐܘܢ ⁘ ܐ ⁘]

(1.1) ܘܗܘܐ ܦܬܓܡܗ ܕܡܪܝܐ ܥܠ ܝܘܢܢ ܒܪ ܡܬܝ ܠܡܐܡܪ.
(1.2) ܩܘܡ ܙܠ ܠܢܝܢܘܐ ܡܕܝܢܬܐ ܪܒܬܐ. ܘܐܟܪܙ ܥܠܝܗ.
ܡܛܠ ܕܣܠܩܬ ܒܝܫܘܬܗܘܢ ܩܕܡܝ. (1.3) ܘܩܡ ܝܘܢܢ ܠܡܥܪܩ
ܠܬܪܫܝܫ ܡܢ ܩܕܡ ܡܪܝܐ. ܘܢܚܬ ܠܝܘܦܐ. ܘܐܫܟܚ ܐܠܦܐ
ܕܐܙܠܐ ܠܬܪܫܝܫ. ܘܝܗܒ ܐܓܪܐ ܘܢܚܬ ܠܗ. ܠܡܐܙܠ
ܥܡܗܘܢ ܠܬܪܫܝܫ ܠܡܥܪܩ ܡܢ ܩܕܡ ܡܪܝܐ. (1.4) ܘܡܪܝܐ
ܐܪܡܝ ܪܘܚܐ ܪܒܬܐ ܒܝܡܐ. ܘܗܘܐ ܡܫܘܠܐ ܪܒܐ
ܒܝܡܐ. ܘܐܠܦܐ ܡܬܒܥܝܐ ܗܘܬ ܠܡܬܬܒܪܘ. (1.5)
ܘܕܚܠܘ ܡܠܚܐ. ܘܩܥܘ ܐܢܫ ܠܘܬ ܐܠܗܗ. ܘܫܕܘ ܡܐܢܐ
ܡܢ ܐܠܦܐ ܒܝܡܐ ܕܢܩܠܘܢ ܡܢܗܘܢ. ܝܘܢܢ ܕܝܢ ܢܚܬ ܠܗ
ܠܐܫܝܬܗ ܕܐܠܦܐ ܘܕܡܟ. (1.6) ܘܩܪܒ ܠܘܬܗ ܪܒ ܡܠܚܐ
ܘܐܡܪ ܠܗ. ܡܢܐ ܕܡܟ ܐܢܬ. ܩܘܡ ܩܪܝ ܠܐܠܗܟ. ܟܒܪ
ܢܦܨܝܢ ܐܠܗܐ ܘܠܐ ܢܐܒܕ. (1.7) ܘܐܡܪܘ ܓܒܪ ܠܚܒܪܗ.
ܬܘ ܢܪܡܐ ܦܣܐ. ܘܢܕܥ ܒܥܠܬܐ ܗܕܐ ܡܛܠ ܡܢ ܐܬܬ
ܥܠܝܢ. ܘܐܪܡܝܘ ܦܣܐ. ܘܢܦܠܬ ܦܣܬܗ ܕܝܘܢܢ. (1.8)
ܘܐܡܪܘ ܠܗ. ܚܘܝܢ ܒܥܠܬܐ ܗܕܐ ܡܛܠ ܡܢܐ ܐܬܬ ܥܠܝܢ.
ܡܢܘ ܥܒܕܟ. ܘܡܢ ܐܝܟܐ ܐܬܝܬ. ܘܐܝܕܐ ܗܝ ܐܪܥܟ.
ܘܡܢ ܐܝܢܐ ܥܡܐ ܐܢܬ. (1.9) ܐܡܪ ܠܗܘܢ ܝܘܢܢ ܥܒܪܝܐ
ܐܢܐ. ܘܠܡܪܝܐ ܐܠܗܐ ܕܫܡܝܐ ܕܚܠ ܐܢܐ. ܕܥܒܕ ܝܡܐ
ܘܝܒܫܐ. (1.10) ܘܕܚܠܘ ܓܒܪܐ ܗܢܘܢ ܕܚܠܬܐ ܪܒܬܐ.

ܘܐܡܪܘ ܠܗ ܡܢܐ ܥܒܕܬ. ܡܛܠ ܕܝܕܥܘ ܐܢܫܐ ܗܢܘܢ ܕܡܢ
ܩܕܡ ܡܪܝܐ ܥܪܩ. (1.11) ܘܟܕ ܚܘܝ ܐܢܘܢ ܐܡܪܝܢ ܠܗ.
ܡܢܐ ܢܥܒܕ ܠܟ ܘܢܫܠܐ ܝܡܐ ܡܢܢ. ܡܛܠ ܕܝܡܐ ܗܘܐ ܐܙܠ
ܘܡܬܬܪܝܣ ܥܠܝܢ. (1.12) ܐܡܪ ܠܗܘܢ ܝܘܢܢ. ܫܩܘܠܘܢܝ
ܘܐܪܡܐܘܢܝ ܒܝܡܐ. ܘܢܫܠܐ ܝܡܐ ܡܢܟܘܢ. ܡܛܠ ܕܝܕܥ
ܐܢܐ ܕܗܘܢܐ ܡܫܥܘܠܐ ܪܒܐ. ܡܛܠܬܝ ܗܘ ܗܘܐ ܥܠܝܟܘܢ.
(1.13) ܘܐܬܟܬܫܘ ܐܢܫܐ ܗܢܘܢ ܕܢܗܦܟܘܢ ܠܝܒܫܐ ܘܠܐ
ܐܫܟܚܘ. ܡܛܠ ܕܝܡܐ ܐܙܠ ܗܘܐ ܘܡܬܬܪܝܣ ܥܠܝܗܘܢ. (1.14)
ܘܩܪܘ ܠܡܪܝܐ ܘܐܡܪܘ. ܐܘ ܡܪܝܐ. ܠܐ ܢܐܒܕ ܒܢܦܫܗ
ܕܓܒܪܐ ܗܢܐ. ܘܠܐ ܬܚܫܘܒ ܥܠܝܢ ܕܡܐ ܙܟܝܐ. ܡܛܠ
ܕܐܢܬ ܗܘ ܡܪܝܐ. ܘܐܝܟ ܕܨܒܝܐ ܐܢܬ ܥܒܕ ܐܢܬ. (1.15)
ܘܫܩܠܘܗܝ ܠܝܘܢܢ ܘܫܕܐܘܗܝ ܒܝܡܐ. ܘܐܬܬܢܝܚ ܝܡܐ ܡܢ
ܡܫܥܘܠܗ. (1.16) ܘܕܚܠܘ ܐܢܫܐ ܗܢܘܢ ܕܚܠܬܐ ܪܒܬܐ
ܡܢ ܡܪܝܐ. ܘܕܒܚܘ ܕܒܚܐ ܠܡܪܝܐ ܘܢܕܪܘ ܢܕܪܐ.※

[ܩܦܠܐܘܢ ∴ ܒ ∴]

(2.1) ܘܛܝܒ ܡܪܝܐ ܢܘܢܐ ܪܒܐ ܘܒܠܥܗ ܠܝܘܢܢ. ܘܗܘܐ
ܝܘܢܢ ܒܟܪܣܗ ܕܢܘܢܐ. ܬܠܬܐ ܐܝܡܡܝܢ ܘܬܠܬܐ ܠܠܝܘܢ.
(2.2) ܨܠܘܬܗ ܕܝܘܢܢ. ܘܨܠܝ ܝܘܢܢ ܩܕܡ ܡܪܝܐ ܐܠܗܗ ܡܢ
ܟܪܣܗ ܕܢܘܢܐ. (2.3) ܘܐܡܪ. ܩܪܝܬ ܠܡܪܝܐ ܒܥܩܬܝ
ܘܥܢܢܝ. ܡܢ ܟܪܣܗ ܕܫܝܘܠ ܩܥܝܬ ܘܫܡܥܬ ܩܠܝ. (2.4)
ܘܐܪܡܝܬܢܝ ܒܥܘܡܩܐ ܒܠܒܗ ܕܝܡܐ. ܘܢܗܪܐ ܚܕܪܢܝ.

ܟܠܗܘܢ ܡܫܒܪܝܟ ܘܓܠܠܝܟ ܥܠܝ ܥܒܪܘ. (2.5) ܐܢܐ ܕܝܢ
ܐܡܪܬ. ܕܐܬܛܪܕܬ ܡܢ ܩܕܡ ܥܝܢܝܟ. ܡܟܝܠ ܡܘܣܦ ܐܢܐ
ܠܡܚܙܐ ܠܗܝܟܠܟ ܩܕܝܫܐ. (2.6) ܚܕܪܘܢܝ ܡܝܐ ܥܕܡܐ
ܠܢܦܫܐ. ܘܬܗܘܡܐ ܚܕܪܢܝ. ܘܒܐܪܥܬܗ ܕܝܡܐ ܐܬܚܒܫ
ܪܫܝ. (2.7) ܘܠܐܫܬܐܣܘܗܝ ܕܛܘܪ̈ܐ ܢܚܬܬ. ܘܐܪܥܐ ܐܚܝܕܬ
ܡܘܟܠܝܗ̇ ܒܐܦܝ ܠܥܠܡ. ܘܐܣܩܬ ܚܝܝ ܡܢ ܚܒܠܐ ܡܪܝܐ
ܐܠܗܝ. (2.8) ܟܕ ܐܬܬܥܝܩܬ ܢܦܫܝ ܠܡܪܝܐ ܐܬܕܟܪܬ. ܘܨܠܘܬܝ
ܩܕܡܝܟ ܥܠܬ ܠܗܝܟܠܟ ܩܕܝܫܐ. (2.9) ܟܠ ܕܢܛܪܝܢ
ܕܣܠܝܬܐ ܣܪܝܩܬܐ ܡܢ ܚܣܝܘܬܟ ܫܒܩܝܢ. (2.10) ܐܢܐ ܕܝܢ
ܒܩܠܐ ܕܬܘܕܝܬܐ ܐܕܒܚ ܠܟ. ܘܡܕܡ ܕܢܕܪܬ ܐܫܠܡ
ܦܘܪܩܢܐ ܠܡܪܝܐ. ܀ (2.11) ܘܦܩܕ ܡܪܝܐ ܠܢܘܢܐ. ܘܦܠܛܗ
ܠܝܘܢܢ ܠܝܒܫܐ.

[ܩܦܠܐܘܢ ∴ ܓ ∴]

(3.1) ܘܗܘܐ ܦܬܓܡܗ ܕܡܪܝܐ ܥܠ ܝܘܢܢ ܕܬܪܬܝܢ ܙܒܢܝܢ
ܠܡܐܡܪ. (3.2) ܩܘܡ ܙܠ ܠܢܝܢܘܐ ܡܕܝܢܬܐ ܪܒܬܐ. ܘܐܟܪܙ
ܥܠܝܗ̇ ܟܪܘܙܘܬܐ ܕܐܡܪ ܐܢܐ ܠܟ. (3.3) ܘܩܡ ܝܘܢܢ ܘܐܙܠ
ܠܢܝܢܘܐ ܐܝܟ ܡܠܬܗ ܕܡܪܝܐ. ܘܢܝܢܘܐ ܡܕܝܢܬܐ ܗܘܬ
ܪܒܬܐ ܠܐܠܗܐ ܡܪܕܐ ܬܠܬܐ ܝܘܡܝܢ. (3.4) ܘܫܪܝ ܝܘܢܢ
ܠܡܥܠ ܠܢܝܢܘܐ ܡܪܕܐ ܝܘܡܐ ܚܕ ܘܐܟܪܙ ܘܐܡܪ. ܡܟܐ
ܠܐܪܒܥܝܢ ܝܘܡܝܢ ܢܝܢܘܐ ܡܬܗܦܟܐ. (3.5) ܘܗܝܡܢܘ ܐܢܫܝܗ̇
ܕܢܝܢܘܐ ܒܐܠܗܐ. ܘܩܪܘ ܨܘܡܐ ܘܠܒܫܘ ܣܩܐ. ܡܢ

ܕܪܘܪܒܢܝܗܘܢ ܘܥܕܡܐ ܠܙܥܘܪܝܗܘܢ. (3.6) ܘܡܛܬ ܡܠܬܐ
ܠܡܠܟܐ ܕܢܝܢܘܐ. ܘܩܡ ܡܢ ܟܘܪܣܝܗ ܘܥܒܪ ܬܟܣܝܬܗ ܡܢܗ.
ܘܠܒܫ ܣܩܐ ܘܝܬܒ ܥܠ ܩܛܡܐ. (3.7) ܘܐܟܪܙ ܘܐܡܪ
ܒܢܝܢܘܐ. ܡܢ ܦܘܩܕܢܐ ܕܡܠܟܐ ܘܕܪܘܪܒܢܘܗܝ. ܒܢ̈ܝ ܐ̈ܢܫܐ
ܘܒܥܝܪܐ ܘܬܘܪ̈ܐ ܘܥܢܐ. ܠܐ ܢܛܥܡܘܢ ܡܕܡ ܘܠܐ ܢܪܥܘܢ.
ܐܦ ܠܐ ܡ̈ܝܐ ܢܫܬܘܢ. (3.8) ܐܠܐ ܢܬܟܣܘܢ ܣ̈ܩܐ ܒܢ̈ܝ
ܐ̈ܢܫܐ ܘܒܥܝܪܐ. ܘܢܩܪܘܢ ܠܐܠܗܐ ܒܚܣܝܢܬܐ. ܘܢܗܦܟܘܢ
ܐ̈ܢܫ ܡܢ ܐܘܪܚܗ ܒܝܫܬܐ ܘܡܢ ܚܛܘܦܝܐ ܕܐܝܬ
ܒܐ̈ܝܕܝܗܘܢ. (3.9) ܡܢ ܝܕܥ ܐܢ ܡܬܦܢܐ ܐܠܗܐ ܘܡܪܚܡ
ܥܠܝܢ. ܘܡܗܦܟ ܡܢܢ ܚܡܬܐ ܕܪܘܓܙܗ ܕܠܐ ܢܐܒܕ܀.
(3.10) ܘܚܙܐ ܐܠܗܐ ܥܒ̈ܕܝܗܘܢ ܕܬܒܘ ܡܢ ܐܘܪ̈ܚܬܗܘܢ
ܒܝ̈ܫܬܐ. ܘܐܗܦܟ ܡܢܗܘܢ ܚܡܬܐ ܕܪܘܓܙܗ ܘܠܐ ܐܘܒܕ
ܐܢܘܢ.

[ܩܦܠܐܘܢ ⁘ ܕ ⁘]

(4.1) ܘܒܐܫܬ ܠܝܘܢܢ ܒܝܫܬܐ ܪܒܬܐ. ܘܥܩܬ ܠܗ ܛܒ.
(4.2) ܘܨܠܝ ܩܕܡ ܡܪܝܐ ܘܐܡܪ. ܐܘ ܡܪܝܐ. ܠܐ ܗܘܬ
ܗܕܐ ܡܠܬܝ ܟܕ ܐܢܐ ܒܐܪܥܝ. ܘܡܛܠ ܗܢܐ ܩܕܡܬ ܗܘܝܬ
ܥܪܩܬ ܠܝ ܠܬܪܫܝܫ. ܝܕܥ ܗܘܝܬ ܓܝܪ. ܕܐܠܗܐ ܐܢܬ
ܡܪܚܡܢܐ ܘܡܪܚܦܢܐ. ܘܢܓܝܪ ܪܘܚܟ ܘܣܓܝܐܐ
ܛܝܒܘܬܟ. ܘܡܗܦܟ ܐܢܬ ܒܝܫܬܐ. (4.3) ܡܟܝܠ ܡܪܝ ܣܒ
ܢܦܫܝ ܡܢܝ. ܡܛܠ ܕܦܩܚ ܠܝ ܠܡܡܬ ܛܒ ܡܢ ܕܠܡܚܝܐ. (4.4)

ܘܐܡܪ ܠܗ ܡܪܝܐ ܛܒ ܟܪܝܬ ܠܟ. (4.5) ܘܢܦܩ ܝܘܢܢ ܠܒܪ
ܡܢ ܡܕܝܢܬܐ. ܘܝܬܒ ܠܗ ܒܡܕܢܚܗ ܕܡܕܝܢܬܐ. ܘܥܒܕ
ܠܗ ܡܛܠܬܐ ܬܡܢ. ܘܝܬܒ ܬܚܘܬܗ ܒܛܠܠܐ. ܕܢܚܙܐ
ܡܢܐ ܢܗܘܐ ܠܗ ܠܡܕܝܢܬܐ. (4.6) ܘܦܩܕ ܡܪܝܐ ܐܠܗܐ
ܠܫܪܘܥܐ ܕܩܪܐܐ. ܘܣܠܩ ܘܐܛܠܠ ܠܥܠ ܡܢ ܝܘܢܢ. ܘܗܘܐ
ܛܠܠܐ ܥܠ ܪܫܗ. ܘܐܪܘܚ ܠܗ ܡܢ ܒܝܫܬܗ. ܘܚܕܝ ܝܘܢܢ
ܒܗ ܒܫܪܘܥܐ ܕܩܪܐܐ ܚܕܘܬܐ ܪܒܬܐ. ⁘⁘⁘ (4.7)
ܘܠܝܘܡܐ ܐܚܪܢܐ. ܦܩܕ ܡܪܝܐ ܐܠܗܐ ܠܬܘܠܥܬܐ ܒܡܣܩ
ܨܦܪܐ. ܘܡܚܬܗ ܠܫܪܘܥܐ ܕܩܪܐܐ ܘܝܒܫܬܗ. (4.8) ܘܟܕ
ܕܢܚ ܫܡܫܐ. ܦܩܕ ܡܪܝܐ ܐܠܗܐ ܠܪܘܚܐ ܕܫܘܒܐ.
ܘܐܘܒܫܬܗ ܠܩܪܐܐ. ܘܡܚܬ ܫܡܫܐ ܒܪܫܗ ܕܝܘܢܢ
ܘܐܬܛܪܦ. ܘܫܐܠ ܡܘܬܐ ܠܢܦܫܗ ܘܐܡܪ. ܡܛܠܐ ܒܥܒܕܝ
ܡܪܝܐ ܠܡܣܒ ܢܦܫܝ ܡܢܝ. ܡܛܠ ܕܠܐ ܗܘܝܬ ܛܒ ܐܢܐ ܡܢ
ܐܒܗܝ. (4.9) ܘܐܡܪ ܡܪܝܐ ܐܠܗܐ ܠܝܘܢܢ. ܛܒ ܟܪܝܬ ܠܟ
ܥܠ ܫܪܘܥܐ ܕܩܪܐܐ. ܘܐܡܪ ܝܘܢܢ. ܛܒ ܟܪܝܬ ܠܝ ܥܕܡܐ
ܠܡܘܬܐ. (4.10) ܐܡܪ ܠܗ ܡܪܝܐ. ܐܢܬ ܚܣܬ ܥܠ ܫܪܘܥܐ
ܕܩܪܐܐ. ܕܠܐ ܠܐܝܬ ܒܗ ܘܠܐ ܪܒܝܬܝܗܝ. ܕܒܪ ܠܠܝܗ
ܗܘܐ ܘܒܪ ܠܠܝܗ ܐܒܕ. (4.11) ܐܢܐ ܕܝܢ ܠܐ ܐܚܘܣ ܥܠ
ܢܝܢܘܐ ܡܕܝܢܬܐ ܪܒܬܐ. ܕܐܝܬ ܒܗ ܝܬܝܪ ܡܢ
ܬܪܬܥܣܪܐ ܪܒܘ ܒܢܝܢܫܐ. ܕܠܐ ܝܕܥܝܢ ܒܝܬ ܝܡܝܢܗܘܢ
ܠܣܡܠܗܘܢ. ܘܒܥܝܪܐ ܕܣܓܝܐܐ.

⁛ ܫܠܡܬ ܢܒܝܘܬܗ ܕܝܘܢܢ ܢܒܝܐ ⁛

܀ ܬܘܒ ܢܒܝܘܬܐ ܕܡܝܟܐ ܀

[ܩܦܠܐܘܢ ܀ ܐ̄ ܀]

(1.1) ܦܬܓܡܗ ܕܡܪܝܐ ܕܗܘܐ ܥܠ ܡܝܟܐ ܡܐܪܫܝܐ.
ܒܝܘܡܘܗܝ ܕܝܘܬܡ ܘܕܐܚܙ ܘܕܚܙܩܝܐ ܡ̈ܠܟܐ ܕܝܗܘܕܐ.
ܕܚܙܐ ܥܠ ܫܡܪܝܢ ܘܥܠ ܐܘܪܫܠܡ. (1.2) ܫܡܥܘ ܟܠܟܘܢ
ܥܡܡ̈ܐ. ܘܨܘܬܝ ܐܪܥܐ ܒܡܠܐܗ̇. ܘܢܗܘܐ ܒܟܘܢ ܡܪܝܐ
ܠܣܗܕܘܬܐ ܣܗܕܐ. ܡܪܝܐ ܡܢ ܗܝܟܠܐ ܕܩܘܕܫܗ. (1.3)
ܡܛܠ ܕܗܐ ܡܪܝܐ ܢܦܩ ܡܢ ܐܬܪܗ. ܘܢܚܬ ܘܕܪܟ ܥܠ
ܪܘܡܗ̇ ܕܐܪܥܐ. (1.4) ܘܢܬܦܫܪܘܢ ܛܘܪ̈ܐ ܬܚܝܬܘܗܝ
ܘܒܩܥܬܐ ܢܬܬܠܚܘܢ. ܐܝܟ ܫܥܘܬܐ ܡܢ ܩܕܡ ܢܘܪܐ.
ܘܐܝܟ ܡܝܐ ܕܢܚܬܝܢ ܒܡܚܕܘܬܐ. (1.5) ܗܠܝܢ ܟܠܗܝܢ
ܡܛܠ ܥܘܠܗ ܕܝܥܩܘܒ. ܘܡܛܠ ܚܛܗܐ ܕܒܝܬ ܐܝܣܪܐܝܠ.
ܡܢܘ ܗܘ ܥܘܠܗ ܕܝܥܩܘܒ ܐܠܐ ܐܢ ܫܡܪܝܢ. ܘܡܢܘ ܗܝ
ܚܛܝܬܗ ܕܝܗܘܕܐ ܐܠܐ ܐܢ ܐܘܪܫܠܡ. (1.6) ܘܐܥܒܕܝܗ̇
ܠܫܡܪܝܢ ܐܝܟ ܕܒܪܐ ܕܚܩܠܐ ܘܢܨܒܬܐ ܕܟܪܡܐ.
ܘܐܒܫܐ ܒܟܐܦܝܗ̇ ܟܐܦܐ. ܘܐܓܠܐ ܫܬܐܣܝܗ̇. (1.7)
ܘܟܠܗܘܢ ܓܠܝܦܝܗ̇ ܢܬܬܒܪܘܢ. ܘܟܠܗܝܢ ܕܫܠܛܢܗ̇
ܢܐܩܕܢ ܒܢܘܪܐ. ܘܟܠܗܘܢ ܦܬܟܪܝܗ̇ ܐܥܒܕ ܠܚܒܠܐ. ܡܛܠ
ܕܡܢ ܐܓܪܐ ܕܙܢܝܘܬܐ ܐܬܟܢܫܘ. ܘܠܐܓܪܐ ܕܙܢܝܘܬܐ
ܢܗܦܟܘܢ. (1.8) ܥܠ ܗܠܝܢ ܐܪܩܕ ܘܐܝܠܠ ܘܐܗܠܟ ܫܠܝܚ
ܘܥܪܛܠ. ܘܐܥܒܕ ܡܪܩܕܬܐ ܐܝܟ ܕܝܪܘܪܐ. ܘܐܒܠܐ

ܐܝܟ ܕܒܪܬ ܢܘܪܐ. (1.9) ܡܛܠ ܕܒܝܬܐ ܗܘ ܡܫܘܬܗ
ܘܡܛܠܬ ܠܫܘܒܪܐ. ܘܡܢܟܬ ܒܒܪܡܐ ܠܬܪܥܗ ܕܒܝܬ ܠܐܘܪܫܠܡ.
(1.10) ܟܢܫܬ ܠܗ ܬܫܪܘ. ܘܡܒܝܬܐ ܠܗ ܬܒܝܬܘ. ܟܒܬܐ
ܕܟܘܦܪܐ ܐܬܦܠܦܠܘ ܟܕܦܪܐ. (1.11) ܒܒܪܝ ܠܒܝ
ܟܡܘܪܬܐ ܕܥܦܪ. ܒܪܛܠ ܢܦܫܬ ܘܠܐ ܒܗܬܬ ܟܡܘܪܬܐ
ܕܝܟܝ. ܡܪܡܘܪܬܐ ܕܒܝܬ ܐܘܝܠ ܬܗܒ ܡܢܒܘ ܡܫܘܬܗ.
(1.12) ܡܛܠ ܕܐܬܒܪܗܬ ܠܛܒܬܐ ܟܡܘܪܬܐ ܕܡܪܕܬ. ܟܠ
ܕܢܣܬܬ ܟܥܬܗ ܡܢ ܡܕܡ ܡܪܝܐ. ܟܠ ܬܪܥܝܗ ܕܐܘܪܫܠܡ.
(1.13) ܦܓܪܬ ܡܪܟܒܬܐ ܕܪܒܥܐ ܟܡܘܪܬܐ ܕܠܒܝܥ. ܕܥ
ܫܛܝܬܐ ܗܘ ܠܒܪܬ ܨܗܝܘ. ܡܛܠ ܕܒܒܝ ܐܥܬܒܝܘ
ܬܛܠܘܗܝ ܕܐܝܣܪܝܠ. (1.14) ܡܛܠ ܗܢܐ ܬܬܠܝ ܥܘܒܕܐ
ܠܢܬܘܬܐ ܕܒܬ. ܟܬܬ ܕܣܪܝܩܘܬܐ ܗܘܘ ܠܣܪܝܩܘܬܐ
ܠܡܠܟܐ ܕܐܝܣܪܝܠ. (1.15) ܐܢܬܐ ܠܒܝ ܬܘܒ ܢܛܘܬܐ
ܟܡܘܪܬܐ ܕܡܐܪܥܐ. ܒܒܪܡܐ ܠܟܠܡ ܢܟܠܐ ܐܢܫܪܗ
ܕܐܝܣܪܝܠ. (1.16) ܡܪܘܛܝ ܘܓܙܘܝ ܟܠ ܟܬܝ ܡܦܝܣܘܬܒܝ.
ܐܣܟܝ ܡܪܛܒܝ ܐܝܟ ܕܢܫܪܐ. ܡܛܠ ܕܐܥܬܒܝܘ ܡܢܒܝ. ⁘

[ܦܩܠܐܘܢ ⁘ ܒ ⁘]

(2.1) ܘܝ ܠܐܠܝ ܕܡܬܚܣܒܝ ܒܬܐ. ܘܒܒܪܝ ܟܥܬܐ ܒܠ
ܡܥܟܒܗܘ. ܘܡܩܪܡܝ ܟܝܦܪܐ ܘܒܒܪܝ ܡܪܡ ܕܐܬܚܣܒܘ.
ܘܥܡܠܝ ܐܢܒܬܗܘ ܠܘܬ ܐܠܗܐ. (2.2) ܘܪܓܝ ܚܩܠܬܐ
ܘܒܬܐ ܘܢܣܟܝ ܠܗܘ ܟܡܛܪܐ. ܘܛܠܡܝ ܠܓܒܪܐ

ܒܥܫܝܢܗ ܘܒܝܪܬܘܬܗ. (2.3) ܡܛܠ ܗܟܢ ܗܟܢܐ ܐܡܪ
ܡܪܝܐ ܐܠܗܐ. ܗܐ ܡܬܚܫܒ ܐܢܐ ܒܝܫܬܐ ܥܠ ܫܪܒܬܐ
ܗܕܐ. ܕܠܐ ܬܥܒܪܘܢ ܡܢܗ ܨܘܪܝܟܘܢ. ܘܠܐ ܬܗܠܟܘܢ
ܒܩܘܡܬܐ ܙܩܝܦܬܐ. ܡܛܠ ܕܙܒܢܐ ܗܘ ܕܒܝܫܬܐ. ܀ ܀
(2.4) ܒܗ ܒܝܘܡܐ ܗܘ ܢܣܒܘܢ ܥܠܝܟܘܢ ܡܬܠܐ. ܘܒܟܝܬܐ
ܢܐܠܐ ܐܘܠܝܬܐ. ܘܢܐܡܪ ܒܙܘܙܐ ܒܙܝܢ. ܘܦܠܓܘܬܗ ܕܥܡܝ
ܒܫܘܚܠܦܐ ܢܦܠܬ. ܘܠܝܬ ܕܡܗܦܟ ܫܩܠܬ ܒܫܘܚܠܦܐ. (2.5)
ܡܛܠ ܗܢܐ ܠܐ ܢܗܘܐ ܠܟ ܕܡܪܡܐ ܚܒܠܐ ܘܡܦܠܓ
ܒܦܣܐ. ܒܟܢܘܫܬܗ ܕܡܪܝܐ. (2.6) ܠܐ ܬܬܢܒܘܢ ܕܢܒܐ.
ܘܠܐ ܬܬܢܒܘܢ ܥܠ ܗܠܝܢ. ܕܠܐ ܢܬܪܦܘܢ ܚܣܕܐ (2.7)
ܕܐܡܪ ܥܠ ܒܝܬܗ ܕܝܥܩܘܒ. ܕܐܬܟܪܝ ܪܘܚܗ ܕܡܪܝܐ
ܒܗܠܝܢ ܨܒܝܢܘܗܝ. ܗܐ ܡܠܝ ܡܬܩܒܠܢ ܥܡ ܬܪܝܨܐ ܕܐܙܠ
(2.8) ܘܐܬܗܠܟ. ܥܡܝ ܐܝܟ ܒܥܠܕܒܒܐ ܩܡ ܗܘܐ ܠܘܩܒܠ
ܫܠܡܗ. ܀ ܡܫܟܗ ܫܠܚܘ ܕܥܒܪܝܢ ܒܣܬܪܗ. ܘܬܗܦܟܘܢ
ܩܪܒܐ. (2.9) ܢܫܐ ܕܥܡܝ ܫܠܚܘ ܡܢ ܒܝܬ ܦܘܢܩܗܝܢ.
ܘܡܢ ܥܘܠܠܝܗܝܢ ܫܩܠܬܘܢ ܫܘܒܚܝ ܠܥܠܡ. (2.10) ܩܘܡܘ ܘܙܠܘ
ܡܛܠ ܕܠܐ ܗܘܬ ܗܕܐ ܢܝܚܬܐ. ܡܛܠ ܕܛܢܦܬܐ ܬܚܒܠ
ܚܒܠܐ. ܘܚܒܠܗ ܢܦܫܐ. (2.11) ܓܒܪܐ ܕܗܠܟ ܒܪܘܚܐ
ܕܓܠܐܝܬ ܘܟܕܒܐܝܬ. ܐܛܦ ܠܟ ܚܡܪܐ ܘܪܘܝܘܬܐ.
ܘܬܗܘܐ ܡܢ ܡܛܘܦܬܗ ܕܥܡܐ ܗܢܐ. (2.12) ܡܟܢܫܘ
ܐܟܢܫܟ ܠܟܠܟ ܝܥܩܘܒ ܘܡܩܪܒܘ ܐܩܪܒܟ ܫܪܟܗ
ܕܐܝܣܪܐܝܠ ܐܟܚܕܐ. ܘܐܥܒܕܝܘܗܝ ܐܝܟ ܥܢܐ ܒܐܘܠܝܢܐ.
ܘܐܝܟ ܓܙܪܐ ܒܓܘ ܕܒܪܗ ܕܡܬܘܠ ܡܢ ܐܢܫܐ. (2.13) ܣܠܩ

ܬܪܘܥܐ ܩܕܡܝܗܘܢ. ܬܪܥܘ ܬܘܪܥܬܐ ܘܥܒܪܘ ܘܢܦܩܘ ܒܗ.
ܘܥܒܪ ܡܠܟܗܘܢ ܩܕܡܝܗܘܢ ܘܡܪܝܐ ܒܪܫܗܘܢ.

[ܩܦܠܐܘܢ ⁘ ܓ ⁘]

(3.1) ܘܐܡܪܬ ܫܡܥܘ ܗܟܝܠ ܪ̈ܫܐ ܕܒܝܬ ܝܥܩܘܒ.
ܘܩܛܝܢ̈ܐ ܕܒܝܬ ܐܝܣܪܝܠ. ܠܐ ܗܘܐ ܠܟܘܢ ܗܘ ܠܡܕܥ
ܕܝܢܐ. (3.2) ܣܢܝܢ ܛܒܬܐ ܘܪܚܡܝܢ ܒܝܫܬܐ. ܕܓܙܠܝܢ
ܐܢܬܘܢ ܡܫ̈ܟܝܗܘܢ ܡܢܗܘܢ. ܘܒܣܪܗܘܢ ܡܢ ܓܪ̈ܡܝܗܘܢ. (3.3)
ܕܐܟܠܘ ܒܣܪܗ ܕܥܡܝ. ܘܡܫܟܗܘܢ ܡܢܗܘܢ ܐܫܠܚܘ.
ܘܓܪ̈ܡܝܗܘܢ ܬܒܪܘ ܘܦܪܡܘ ܐܝܟ ܕܒܩܕܪܐ. ܘܐܝܟ
ܒܣܪܐ ܒܩܕܪܐ. (3.4) ܗܝ ܕܝܢ ܢܩܥܘܢ ܠܘܬ ܡܪܝܐ ܘܠܐ
ܢܥܢܐ ܐܢܘܢ. ܘܢܗܦܘܟ ܐܦ̈ܘܗܝ ܡܢܗܘܢ ܒܥܕܢܐ ܗܘ. ܟܠ
ܕܐܒܐܫܘ ܒܥܒ̈ܕܝܗܘܢ ⁘ (3.5) ܗܟܢܐ ܐܡܪ ܡܪܝܐ. ܥܠ
ܢܒ̈ܝܐ ܕܡܛܥܝܢ ܠܥܡܝ. ܕܢܟܬܝܢ ܒܫܢ̈ܝܗܘܢ ܘܡܩܪܝܢ
ܫܠܡܐ. ܘܡܢ ܕܠܐ ܝܗܒ ܒܦܘܡܗܘܢ ܡܩܕܫܝܢ ܥܠܘܗܝ
ܩܪܒܐ. (3.6) ܡܛܠ ܗܢܐ ܠܠܝܐ ܠܟܘܢ ܡܢ ܚܙܘܐ. ܘܬܚܫܟ
ܠܟܘܢ ܡܢ ܩܣܡܐ. ܘܬܥܪܒ ܫܡܫܐ ܥܠ ܢܒ̈ܝܐ. ܘܢܩܕܪ
ܥܠܝܗܘܢ ܝܘܡܐ. (3.7) ܘܢܒܗܬܘܢ ܐܝܠܝܢ ܕܚܙܝܢ ܚܙ̈ܘܢܐ.
ܘܢܚܦܪܘܢ ܩ̈ܣܘܡܐ. ܘܢܬܟܠܡܘܢ ܟܠܗܘܢ ܥܠ ܣܦܘܬܗܘܢ.
ܡܛܠ ܕܠܐ ܥܢܐ ܠܗܘܢ ܐܠܗܐ. (3.8) ܒܪܡ ܕܝܢ ܐܢܐ
ܡܠܐ ܐܢܐ ܚܝܠܐ ܕܪܘܚܗ ܕܡܪܝܐ. ܘܕܝܢܐ ܘܓܢܒܪܘܬܐ.
ܕܐܚܘܐ ܠܝܥܩܘܒ ܥܘܠܗ ܘܠܐܝܣܪܝܠ ܚܛܝܬܗ. (3.9) ܫܡܥܘ

ܫܡܥܘ ܗܕܐ ܪ̈ܫܐ ܕܒܝܬ ܝܥܩܘܒ. ܘܫ̈ܠܝܛܢܐ ܕܒܝܬ
ܐܝܣܪܐܝܠ. ܕܡܣܠܝܢ ܕܝܢܐ ܘܡܥܩܡܝܢ ܟܠܗܝܢ ܬܪ̈ܝܨܬܐ.
(3.10) ܕܒܢܝܢ ܠܨܗܝܘܢ ܒܕܡܐ ܘܠܐܘܪܫܠܡ ܒܥܘܠܐ. (3.11)
ܪ̈ܫܝܗ ܒܫܘܚܕܐ ܕܝܢܝܢ. ܘܟܗ̈ܢܝܗ ܒܐܓܪܐ ܡܠܦܝܢ.
ܘܢܒ̈ܝܝܗ ܒܟܣܦܐ ܩܣܡܝܢ. ܘܥܠ ܡܪܝܐ ܡܬܬܟܠܝܢ
ܘܐܡܪܝܢ. ܗܐ ܡܪܝܐ ܒܝܢܬܢ. ܠܐ ܐܬܝܐ ܥܠܝܢ ܒܝܫܬܐ.
(3.12) ܡܛܠ ܡܛܠܬܟܘܢ ܨܗܝܘܢ ܚܩܠܐ ܬܬܕܒܪ. ܘܐܘܪܫܠܡ
ܚܪܒܬܐ ܬܗܘܐ. ܘܛܘܪ ܒܝܬܐ ܠܒܝܬ ܥܒܐ.

[ܩܦܠܐܘܢ ܀ ܕ ܀]

(4.1) ܘܢܗܘܐ ܒܝܘ̈ܡܬܐ ܐܚܪ̈ܝܐ. ܛܘܪ ܒܝܬܗ ܕܡܪܝܐ
ܡܬܩܢ ܒܪܫ ܛܘܪ̈ܐ ܘܪܡ ܡܢ ܪ̈ܡܬܐ. ܘܢܬܟܢܫܘܢ ܠܗ
ܟܠܗܘܢ ܥܡ̈ܡܐ. (4.2) ܘܢܐܙܠܘܢ ܥܡ̈ܡܐ ܣܓܝ̈ܐܐ
ܘܢܐܡܪܘܢ. ܬܘ ܢܣܩ ܠܛܘܪܗ ܕܡܪܝܐ. ܘܠܒܝܬ ܐܠܗܗ
ܕܝܥܩܘܒ. ܘܢܠܦ ܡܢ ܐܘܪ̈ܚܬܗ ܘܢܗܠܟ ܒܫܒܝ̈ܠܘܗܝ. ܡܛܠ
ܕܡܢ ܨܗܝܘܢ ܢܦܩ ܢܡܘܣܐ. ܘܡܠܬܗ ܕܡܪܝܐ ܡܢ
ܐܘܪܫܠܡ. (4.3) ܘܢܕܘܢ ܒܝܬ ܥܡ̈ܡܐ ܣܓܝ̈ܐܐ ܘܢܟܣ ܠܥܡ̈ܡܐ
ܥܫܝ̈ܢܐ ܕܒܪܘܚܩܐ. ܘܢܪܕܘܢ ܣܦܣ̈ܝܪܝܗܘܢ ܠܣܟ̈ܐ ܦܕ̈ܢܐ.
ܘܪ̈ܘܡܚܝܗܘܢ ܠܡܓ̈ܠܐ. ܘܠܐ ܢܣܒ ܥܡܐ ܥܠ ܥܡܐ ܣܝܦܐ.
ܘܬܘܒ ܠܐ ܢܐܠܦܘܢ ܩܪܒܐ. (4.4) ܘܢܬܒܘܢ ܐܢܫ ܬܚܝܬ
ܓܘܦܢܗ ܘܬܚܝܬ ܬܐܢܬܗ. ܘܠܐ ܢܗܘܐ ܕܡܙܝܥ ܠܗܘܢ.
ܡܛܠ ܕܦܘܡܗ ܕܡܪܝܐ ܚܝܠܬܢܐ ܡܠܠ. (4.5) ܡܛܘܠ

ܕܟܠܗܘܢ ܥܡ̈ܡܐ ܢܗܠܟܘܢ ܐܢܫ ܒܫܡ ܐܠܗܗ. ܘܚܢܢ ܢܗܠܟ
ܒܫܡܗ ܕܡܪܝܐ ܐܠܗܢ ܠܥܠܡ ܘܠܥܠܡ ܥܠܡܝܢ. (4.6) ܒܗ
ܕܝܢ ܒܝܘܡܐ ܗܘ ܐܡܪ ܡܪܝܐ ܐܟܢܫ ܠܚ̈ܓܝܪܬܐ ܘܠܡܒܕ̈ܪܬܐ
ܐܩܪܒ ܠܗܠܝܢ ܕܐܒܐܫܬ ܠܗܘܢ. (4.7) ܘܐܥܒܕ ܚܓܝܪܬܐ
ܠܡܒܕ̈ܪܬܐ. ܘܕ̈ܚܝܩܐ ܠܥܡܐ ܥܫܝܢܐ. ܘܢܡܠܟ ܡܪܝܐ
ܥܠܝܗܘܢ ܒܛܘܪܐ ܕܨܗܝܘܢ ܘܒܐܘܪܫܠܡ. ܡܟܝܠ ܘܥܕܡܐ
ܠܥܠܡ. ❊ (4.8) ܐܢܬ ܕܝܢ ܡܓܕܠܐ ܕܥܢܐ ܥܡܘܛܐ ܕܒܪܬ
ܨܗܝܘܢ ܙܒܢܝ ܡܛܐ. ܘܐܬܬ ܫܘܠܛܢܐ ܩܕܡܝܐ ܕܡܠܟܘܬܐ
ܕܒܪܬ ܐܘܪܫܠܡ. (4.9) ܡܟܝܠ ܠܡܢܐ ܩܥܝܬܝ ܩܥܬܐ.
ܕܠܡܐ ܡܠܟܐ ܠܝܬ ܒܟܝ. ܐܘ ܡܠܟܢܟܝ ܐܒܕ. ܕܐܚܕܘܟܝ
ܚܒ̈ܠܐ ܐܝܟ ܕܝܠܕܬܐ. (4.10) ܚܒܠܝ ܘܚܡܨܝ ܒܪܬ ܨܗܝܘܢ
ܐܝܟ ܝܠܕܬܐ. ܡܛܠ ܕܡܟܝܠ ܬܦܩܝܢ ܡܢ ܡܕܝܢܬܐ ܘܬܫܪܝܢ
ܒܚܩܠܐ. ܘܬܐܙܠܝܢ ܥܕܡܐ ܠܒܒܠ ܘܬܡܢ ܬܬܦܨܝܢ.
ܘܬܡܢ ܢܦܪܘܩܟܝ ܡܪܝܐ ܡܢ ܐܝܕܐ ܕܒܥܠܕܒܒܝܟܝ. (4.11)
ܡܟܝܠ ܐܬܟܢܫܘ ܥܠܝܟܝ ܥܡ̈ܡܐ ܣܓܝ̈ܐܐ. ܐܝܠܝܢ ܕܐܡܪܝܢ
ܗܘܘ ܬܬܛܠܦ ܨܗܝܘܢ ܘܬܚܙܐ ܒܗ ܥܝܢܝ. (4.12) ܗܢܘܢ ܕܝܢ
ܠܐ ܝܕܥܘ ܡܚܫܒܬܗ ܕܡܪܝܐ. ܘܠܐ ܐܣܬܟܠܘ ܬܪܥܝܬܗ.
ܕܟܢܫ ܐܢܘܢ ܐܝܟ ܥܡܝܪܐ ܠܐܕܪܐ. (4.13) ܩܘܡܝ ܘܐܕܘܫܝ
ܐܢܬܝ ܒܪܬ ܨܗܝܘܢ. ܡܛܠ ܕܩܪܢܬܟܝ ܐܥܒܕ ܕܦܪܙܠܐ
ܘܦܪ̈ܣܬܟܝ ܕܢܚܫܐ. ܘܬܕܩܝܢ ܥܡ̈ܡܐ ܣܓܝ̈ܐܐ. ܘܬܚܪܡܝܢ
ܩܢܝܢܗܘܢ ܠܡܪܝܐ. ܘܢܟܣܝܗܘܢ ܠܡܪܐ ܕܟܠܗ ܐܪܥܐ.
(4.14) ܡܟܝܠ ܬܬܦܩܝܢ ܒܦܩܐ ܒܪܬ ܓܘܕܐ ܚܫܝܢܐ. ܕܡܚܘ
ܥܠܝܢ. ܘܡܚܘ ܒܫܒܛܐ ܥܠ ܦܟܗ ܠܕܝܢܐ ܕܐܝܣܪܐܝܠ. ❊

[ܦܘܠܐܓܐ ⁘ ܗ ⁘]

(5.1) ܐܢܬܝ ܕܝܢ ܒܝܬ ܠܚܡ ܐܦܪܬܐ. ܙܥܘܪܐ ܐܢܬܝ
ܕܬܗܘܝܢ ܒܐܠܦܝܐ ܕܝܗܘܕܐ. ܡܢܟܝ ܢܦܘܩ ܫܠܝܛܐ ܕܢܗܘܐ
ܥܠ ܐܝܣܪܝܠ. ܘܡܦܩܢܗ ܡܢ ܪܫܝܬܐ ܡܢ ܝܘܡܝ ܥܠܡܐ.
(5.2) ܡܛܠ ܢܫܠܡ ܐܢܘܢ ܥܕܡܐ ܠܙܒܢܐ ܕܝܠܕܬܐ ܝܠܕܬܐ.
ܘܫܪܟܐ ܕܐܚܘܗܝ ܢܬܦܢܘܢ ܠܘܬ ܒܢܝ ܐܝܣܪܝܠ (5.3) ܘܢܩܘܡ
ܘܢܪܥܐ ܒܥܘܫܢܗ ܕܡܪܝܐ. ܘܒܐܝܩܪܐ ܕܫܡܗ ܕܡܪܝܐ
ܐܠܗܗ ܘܢܬܦܢܘܢ. ܡܛܠ ܕܗܫܐ ܢܪܒܐ ܥܕܡܐ ܠܣܘܦܝܗ
ܕܐܪܥܐ. (5.4) ܘܢܗܘܐ ܫܠܡܐ. ܘܐܬܘܪܝܐ ܡܐ ܕܐܬܐ
ܠܐܪܥܢ ܘܕܪܟ ܒܦܠܛܝܢ. ܢܩܝܡ ܥܠܘܗܝ ܫܒܥܐ ܪܥܘܬܐ.
ܘܬܡܢܝܐ ܕܘܒܪܐ ܕܐܢܫܐ. (5.5) ܘܢܪܥܘܢ ܠܐܪܥܐ
ܕܐܬܘܪ ܒܣܝܦܐ. ܘܠܐܪܥܐ ܕܢܡܪܘܕ ܒܪܘܡܚܗ. ܘܢܦܨܢ
ܡܢ ܐܬܘܪܝܐ. ܕܠܐ ܢܐܬܐ ܠܐܪܥܢ ܘܠܐ ܢܕܪܘܟ
ܒܬܚܘܡܢ. (5.6) ܘܢܗܘܐ ܫܪܟܗ ܕܝܥܩܘܒ ܒܥܡܡܐ ܒܝܢܬ
ܥܡܡܐ ܣܓܝܐܐ. ܐܝܟ ܛܠܐ ܡܢ ܩܕܡ ܡܪܝܐ. ܘܐܝܟ
ܪܣܣܐ ܕܥܠ ܥܣܒܐ. ܕܠܐ ܡܣܟܐ ܠܓܒܪ ܘܠܐ ܡܣܒܪ
ܠܒܪ ܐܢܫ. (5.7) ܘܢܗܘܐ ܫܪܟܗ ܕܝܥܩܘܒ ܒܥܡܡܐ ܒܝܢܬ
ܥܡܡܐ ܣܓܝܐܐ. ܐܝܟ ܐܪܝܐ ܒܚܝܘܬܐ ܕܥܒܐ. ܘܐܝܟ
ܓܘܪܝܐ ܕܐܪܝܐ ܒܓܙܪܐ ܕܥܢܐ. ܕܡܐ ܕܥܒܪ ܘܕܝܫ. ܛܪܦ
ܘܠܝܬ ܕܡܦܨܐ. (5.8) ܬܬܪܝܡ ܐܝܕܟ ܥܠ ܣܢܐܝܟ.
ܘܟܠܗܘܢ ܒܥܠܕܒܒܝܟ ܢܐܒܕܘܢ. (5.9) ܒܗ ܕܝܢ ܒܝܘܡܐ

ܗܘ ܐܡܪ ܡܪܝܐ. ܐܘܒܕ ܪ̈ܟܫܟ ܡܢ ܓܘܟ. ܘܐܘܒܕ
ܡܪ̈ܟܒܬܟ. (5.10) ܘܐܘܒܕ ܩܘܪ̈ܝܐ ܕܐܪܥܟ. ܘܐܣܚܘܦ
ܟܠܗܘܢ ܚܨܢܝܟ. (5.11) ܘܐܘܒܕ ܚ̈ܪܫܐ ܡܢ ܐܝ̈ܕܝܟ.
ܘܚܙܘ̈ܝܐ ܬܘܒ ܠܐ ܢܗܘܘܢ ܠܟ. (5.12) ܘܐܘܒܕ ܨܠ̈ܡܝܟ
ܘܩܡ̈ܬܟ ܡܢ ܓܘܟ. ܘܬܘܒ ܠܐ ܬܣܓܘܕ ܠܥܒܕ ܐܝ̈ܕܝܟ.
(5.13) ܘܐܘܒܕ ܫܬ̈ܠܬܟ ܡܢ ܓܘܟ. ܘܐܚܪܒ ܡ̈ܕܝܢܬܟ.
(5.14) ܘܐܥܒܕ ܒܪܘܓܙܐ ܘܒܚܡܬܐ ܦܘܪܥܢܐ. ܡܢ ܥܡ̈ܡܐ
ܐܝܠܝܢ ܕܠܐ ܫܡܥܘ.

[ܩܦܠܐܘܢ ܀ ܘ ܀]

(6.1) ܫܡܥܘ ܡܟܝܠ ܡܕܡ ܕܐܡܪ ܡܪܝܐ. ܩܘܡ ܕܘܢ ܥܡ
ܛܘܪ̈ܐ. ܘܢܫܡܥܢ ܩܠܟ ܓ̈ܒܥܬܐ. (6.2) ܫܡܥܘ ܛܘܪ̈ܐ ܕܝܢܗ
ܕܡܪܝܐ. ܘܫܘܡܟܐ ܕܫܬܐܣܘ̈ܗܝ ܕܐܪܥܐ. ܕܕܝܢ ܡܪܝܐ
ܥܡ ܥܡܗ. ܘܠܐܝܣܪܝܠ ܡܟܣ. (6.3) ܥܡܝ ܡܢܐ ܥܒܕܬ
ܠܟ. ܐܘ ܒܡܢܐ ܐܠܐܝܬ ܠܟ ܐܣܗܕ ܒܝ. (6.4) ܠܐ
ܐܣܩܬܟ ܡܢ ܐܪܥܐ ܕܡܨܪܝܢ ܘܡܢ ܒܝܬ ܥܒܕܘܬܐ
ܦܪܩܬܟ ܘܫܕܪܬ ܩܕܡܝܟ ܠܡܘܫܐ ܘܠܐܗܪܘܢ ܘܠܡܪܝܡ.
(6.5) ܥܡܝ ܐܬܕܟܪ ܗܝܠ ܡܢܐ ܐܬܪܥܝ ܥܠܝܟ ܒܠܩ
ܡܠܟܐ ܕܡܘܐܒ. ܘܡܢܐ ܥܢܗ ܒܠܥܡ ܒܪ ܒܥܘܪ. ܡܢ
ܫܛܝܡ ܘܥܕܡܐ ܠܓܠܓܠ. ܡܛܠ ܕܬܕܥ ܙܕܝܩܘܬܗ ܕܡܪܝܐ. ܀
(6.6) ܒܡܢܐ ܐܩܕܡ ܠܡܪܝܐ ܘܐܣܓܘܕ ܠܐܠܗܐ ܡܪܘܡܐ.
ܐܩܪܒܝܘܗܝ ܒܥܠܘ̈ܬܐ ܫ̈ܠܡܐ. ܐܘ ܒܥ̈ܓܠܐ ܒܢ̈ܝ ܫܢܬܐ.

(6.7) ܠܐ ܡܬܪܥܐ ܡܪܝܐ ܒܐܠܦܐ ܕܕܟܪܐ ܐܘ ܠܐ
ܒܪܒܘܬܐ ܕܢܚܠܐ ܕܡܫܚܐ. ܐܢ ܐܬܠ ܒܘܟܪܝ ܚܘܠܐ ܗܘ
ܠܝ. ܘܦܐܪܐ ܕܟܪܣܝ ܚܛܗܐ ܐܢܘܢ ܕܢܦܫܝ. (6.8) ܚܘܝܬܟ
ܒܪ ܐܢܫܐ ܡܢܘ ܕܫܦܝܪ ܕܬܥܒܕ ܠܟ ܡܪܝܐ. ܕܬܥܒܕ
ܕܝܢܐ ܘܬܪܚܡ ܠܛܝܒܘܬܐ. ܘܬܗܘܐ ܥܬܝܕ ܠܡܐܙܠ ܒܬܪ
ܐܠܗܟ. (6.9) ܩܠܗ ܕܡܪܝܐ ܥܠ ܡܕܝܢܬܐ. ܡܟܝܠ ܢܘܠܦܢܐ
ܠܕܚܠܝ ܫܡܗ. ܫܡܥܘ ܫܒܛܐ ܡܢ ܢܘܥܕܗ. (6.10) ܕܥܘܕ
ܢܘܪܐ ܒܒܝܬܗ ܕܪܫܝܥܐ. ܘܐܘܨܪܐ ܕܥܘܠܐ ܘܟܝܠܬܐ
ܙܥܘܪܬܐ ܕܥܘܠܐ. (6.11) ܐܝܟܢܐ ܢܙܕܕܩܘܢ ܒܡܣܐܬܐ
ܕܥܘܠܐ. ܘܒܡܪܣܘܦܐ ܕܡܬܩܠܐ ܕܢܟܠܐ. (6.12) ܕܥܬܝܪܝܗ
ܡܠܝܘ ܥܘܠܐ. ܘܥܡܘܪܝܗ ܡܡܠܠܝܢ ܕܓܠܬܐ. ܘܠܫܢܗܘܢ
ܢܟܝܠ ܒܦܘܡܗܘܢ. (6.13) ܐܦ ܐܢܐ ܐܫܪܐ ܠܡܡܚܝܟ.
ܘܐܚܪܒܟ ܡܛܠ ܚܛܗܝܟ. (6.14) ܘܬܐܟܘܠ ܘܠܐ ܬܣܒܥ
ܘܬܒܪܬܐ ܬܗܘܐ ܒܓܘܟ. ܘܬܕܪܟ ܘܠܐ ܬܦܨܐ. ܘܡܕܡ
ܕܬܦܨܐ ܠܚܪܒܐ ܐܫܠܡ. (6.15) ܐܢܬ ܬܙܪܘܥ ܘܠܐ
ܬܚܨܘܕ. ܐܢܬ ܬܥܨܪ ܙܝܬܐ ܘܠܐ ܬܡܫܘܚ ܡܫܚܐ.
ܘܬܥܨܪ ܚܡܪܐ ܘܠܐ ܬܫܬܐ. (6.16) ܥܠ ܕܢܛܪܬ
ܦܘܩܕܢܘܗܝ ܕܥܡܪܝ. ܘܟܠܗܘܢ ܥܒܕܐ ܕܒܝܬ ܐܚܒ.
ܘܗܠܟܬܘܢ ܒܬܪܥܝܬܗܘܢ. ܡܛܠ ܗܢܐ ܢܗܒܬܟ ܒܬܡܗܐ.
ܘܥܡܘܪܝܗ ܒܡܫܪܘܩܝܬܐ. ܘܚܣܕܗ ܕܥܡܝ ܬܩܒܠܘܢ.

[ܩܦܠܐܘܢ ⁘ ܙ ⁘]

(7.1) ܘܝ ܠܝ ܕܗܘܝܬ ܐܝܟ ܠܩܛܐ ܕܩܝܛܐ. ܘܐܝܟ ܥܘܠܠܬܐ
ܕܩܛܦܐ. ܠܝܬ ܣܓܘܠܐ ܠܡܐܟܠ. ܘܠܒܟܘܪܬܐ ܪܓܬ ܢܦܫܝ.
(7.2) ܐܒܕ ܚܣܝܐ ܡܢ ܐܪܥܐ. ܘܠܝܬ ܕܬܪܝܨ ܒܒܢܝ ܐܢܫܐ.
ܟܠܗܘܢ ܒܕܡܐ ܟܡܢܝܢ. ܘܓܒܪ ܠܐܚܘܗܝ ܨܝܕܝܢ
ܠܐܒܕܢܐ. (7.3) ܐܝܕܝܗܘܢ ܡܛܝܒܢ ܠܒܝܫܬܐ ܘܠܐ
ܡܛܐܒܢ. ܫܠܝܛܐ ܫܐܠ ܕܗܒ. ܘܕܝܢܐ ܐܡܪ ܫܘܚܕ.
ܘܪܒܐ ܡܡܠܠ ܨܒܝܢܐ ܕܢܦܫܗ. (7.4) ܘܐܫܠܡܘ ܛܒܬܗܘܢ
ܐܝܟ ܐܘܪܩܥܬܐ ܕܐܟܠ ܣܣܐ. ܝܘܡܐ ܕܕܘܩܝܟ
ܘܕܦܘܪܥܢܟ ܐܬܐ. ܗܫܐ ܢܗܘܐ ܒܝܬ ܒܟܝܬܗܘܢ. (7.5) ܠܐ
ܬܗܝܡܢܘܢ ܠܪܚܡܝܟܘܢ. ܘܠܐ ܬܬܟܠܘܢ ܥܠ ܡܕܒܪܢܝܟܘܢ. ܘܡܢ
ܐܢܬܬܟ ܛܪ ܬܪܥܝ ܦܘܡܟ. (7.6) ܡܛܠ ܕܒܪܐ ܡܨܥܪ
ܠܐܒܘܗܝ. ܘܒܪܬܐ ܩܝܡܐ ܠܘܩܒܠ ܐܡܗ. ܘܟܠܬܐ ܠܘܩܒܠ
ܚܡܬܗ. ܘܒܥܠܕܒܒܘܗܝ ܕܓܒܪܐ ܒܢܝ ܒܝܬܗ. (7.7) ܐܢܐ
ܕܝܢ ܠܡܪܝܐ ܐܣܘܪ. ܘܐܣܟܐ ܠܐܠܗܐ ܦܪܘܩܝ ܘܢܫܡܥܢܝ
ܐܠܗܝ. ⁘ (7.8) ܠܐ ܬܚܕܝܢ ܠܝ ܒܥܠܕܒܒܬܝ. ܕܢܦܠܬ ܬܘܒ
ܩܡܬ ܐܢܐ. ܘܕܝܬܒܬ ܒܚܫܘܟܐ ܡܪܝܐ ܢܘܗܪ ܠܝ. (7.9)
ܚܡܬܗ ܕܡܪܝܐ ܐܣܝܒܪ ܥܠ ܕܚܛܝܬ ܠܗ. ܥܕܡܐ ܕܢܕܘܢ
ܕܝܢܝ ܘܢܥܒܕ ܬܒܥܬܝ. ܘܢܦܩܢܝ ܠܢܘܗܪܐ ܘܐܚܙܐ
ܒܙܕܝܩܘܬܗ. (7.10) ܘܬܚܙܐ ܒܥܠܕܒܒܬܝ ܘܬܒܗܬ
ܒܗܬܬܐ. ܕܐܡܪܐ ܗܘܬ ܠܝ ܐܝܟܘ ܡܪܝܐ ܐܠܗܟܝ. ܥܝܢܝ
ܢܚܙܝܢ ܒܗ. ܡܛܠ ܕܗܫܐ ܠܕܝܫܐ ܐܝܟ ܛܝܢܐ ܕܫܘܩܐ.

(7.11) ܝܘܡܐ ܗܘ ܠܡܒܢܝܐ ܣܝܓܝܟܝ. ܝܘܡܐ ܗܘ ܕܬܫܬܠܡܝ.
(7.12) ܝܘܡܐ ܗܘ ܕܢܐܬܘܢ ܢܐܬܐ. ܕܡܢ ܐܬܘܪ ܘܡܢ
ܡܕܝܢܬܐ ܥܫܝܢܬܐ. ܘܡܢ ܨܘܪ ܘܥܕܡܐ ܠܢܗܪܐ. ܘܡܢ
ܝܡܐ ܘܥܕܡܐ ܠܝܡܐ. ܘܥܕܡܐ ܠܛܘܪ ܛܘܪܐ. (7.13)
ܘܬܗܘܐ ܐܪܥܐ ܠܚܪܒܐ ܠܥܡܘܪ̈ܝܗ. ܡܛܠ ܦܐܖ̈ܐ
ܕܥܒ̈ܕܝܗܘܢ. (7.14) ܪܥܝ ܠܥܡܟ ܒܫܒܛܟ ܘܠܥܢܐ
ܕܝܪܬܘܬܟ. ܕܫܪܝܢ ܒܠܚܘܕܝܗܘܢ ܐܝܟ ܥܒܐ ܒܓܘ ܟܪܡܠܐ.
ܢܪܥܘܢ ܒܡܬܢܝܢ ܘܒܓܠܥܕ. ܐܝܟ ܝܘܡܬܐ ܕܡܢ ܥܠܡ.
(7.15) ܘܐܝܟ ܝܘܡܐ ܕܢܦܩܬ ܒܗ ܡܢ ܐܪܥܐ ܕܡܨܪܝܢ.
ܐܚܘܐ ܐܢܘܢ ܬܕܡܪ̈ܬܐ. (7.16) ܘܢܚܙܘܢ ܥܡ̈ܡܐ ܘܢܒܗܬܘܢ
ܡܢ ܟܠܗ ܓܢܒܪܘܬܗܘܢ. ܢܣܝܡܘܢ ܐܝܕܝܗܘܢ ܥܠ ܦܘܡܗܘܢ
ܘܐܕ̈ܢܝܗܘܢ ܢܬܚܪ̈ܫܢ. (7.17) ܘܢܠܚܟܘܢ ܥܦܪܐ ܐܝܟ ܚܘܝܐ
ܘܐܝܟ ܫܘܠܪ̈ܝ ܐܪܥܐ ܢܙܘܥܘܢ ܡܢ ܫܒ̈ܝܠܝܗܘܢ. ܘܡܢ ܡܪܝܐ
ܐܠܗܢ ܢܕܚܠܘܢ ܘܢܙܘܥܘܢ. (7.18) ܠܝܬ ܐܠܗܐ ܐܟܘܬܟ.
ܕܫܒܩ ܚܘܒܐ ܘܡܥܒܪ ܣܟܠܘܬܐ ܕܫܪܟܐ ܕܝܪܬܘܬܗ. ܘܠܐ
ܐܚܕ ܐܝܬ ܐܟܬܐ ܠܥܠܡ ܡܛܠ ܕܒܛܝܒܘܬܐ ܨܒܐ.
(7.19) ܢܬܦܢܐ ܘܢܪܚܡ ܥܠܝܢ. ܘܢܟܒܘܫ ܟܠܗ ܥܘ̈ܠܝ. ܘܢܫܕܐ
ܒܥܘܡܩܘܗܝ ܕܝܡܐ ܟܠܗܘܢ ܚܛܗܝ. (7.20) ܬܬܠ ܩܘܫܬܐ
ܠܝܥܩܘܒ ܘܛܝܒܘܬܐ ܠܐܒܪܗܡ. ܕܝܡܝܬ ܠܐܒܗܝܢ ܡܢ
ܝܘܡܬܐ ܕܡܢ ܥܠܡ.

⁘ ܫܠܡܬ ܢܒܝܘܬܗ ܕܡܝܟܐ ⁘

⁘ ܬܘܒ ܢܒܝܘܬܗ ܕܢܚܘܡ ⁘

[ܩܦܠܐܘܢ ⁘ ܐ ⁘]

(1.1) ܡܚܘܬܐ ܕܢܝܢܘܐ ܕܣܦܪܐ ܕܚܙܘܐ ܕܢܚܘܡ
ܐܠܩܘܫܝܐ. (1.2) ܐܠܗܐ ܛܢܢܐ ܘܬܒܘܥܐ ܡܪܝܐ. ܬܒܥ
ܡܪܝܐ ܒܪܘܓܙܐ ܬܒܥ ܡܪܝܐ ܡܢ ܣܩܘܒܠܘܗܝ ܘܢܛܪ
ܠܒܥܠܕܒܒܘܗܝ. (1.3) ܢܓܝܪܐ ܪܘܚܗ ܕܡܪܝܐ ܘܪܒ ܚܝܠܗ.
ܘܡܙܟܝܘ ܠܐ ܡܙܟܐ. ܡܪܝܐ ܒܫܘܠܡܐ ܘܒܙܘܥܬܐ
ܐܘܪܚܗ. ܘܥܢܢܐ ܚܠܐ ܕܪܓܠܘܗܝ. (1.4) ܟܐܐ ܒܝܡܐ
ܘܡܘܒܫ ܠܗ. ܘܟܠܗܘܢ ܢܗܪܘܬܐ ܡܚܪܒ. ܐܠܬ ܡܬܢܝܢ
ܘܟܪܡܠܐ. ܘܦܪܚܐ ܕܠܒܢܢ ܝܒܫ. (1.5) ܛܘܪܐ ܙܥܘ ܡܢ
ܩܕܡܘܗܝ. ܘܪܡܬܐ ܐܬܦܪܩ. ܙܥܬ ܐܪܥܐ ܡܢ ܩܕܡܘܗܝ.
ܬܒܝܠ ܘܟܠܗܘܢ ܥܡܘܪܝܗ. (1.6) ܩܕܡ ܪܘܓܙܗ ܡܢܘ ܩܐܡ
ܘܡܢܘ ܡܣܝܒܪ ܚܡܬܐ ܕܪܘܓܙܗ. ܚܡܬܗ ܡܦܫܪܐ ܐܝܟ
ܢܘܪܐ. ܘܫܘܥܐ ܐܬܦܫܚܘ ܡܢܗ. (1.7) ܛܒ ܗܘ ܡܪܝܐ
ܠܡܣܟܝܢܘܗܝ ܒܝܘܡܐ ܕܐܘܠܨܢܐ. ܘܝܕܥ ܠܐܝܠܝܢ ܕܬܟܝܠܝܢ
ܥܠܘܗܝ. (1.8) ܘܒܛܘܦܢܐ ܥܒܪ ܓܡܘܪܬܐ. ܢܥܒܕ ܠܐܬܪܗ
ܘܠܒܥܠܕܒܒܘܗܝ ܢܪܕܘܦ ܚܫܘܟܐ. (1.9) ܡܢܐ ܡܬܚܫܒܝܢ
ܐܢܬܘܢ ܥܠ ܡܪܝܐ ܕܓܡܘܪܬܐ ܥܒܕ ܘܠܐ ܢܩܘܡ ܕܬܪܬܝܢ
ܙܒܢܝܢ ܐܘܠܨܢܐ. (1.10) ܡܛܠ ܕܥܕܡܐ ܠܫܬܐܣܝܗܘܢ
ܡܚܪܒܝܢ. ܘܒܪܘܫܬܗܘܢ ܪܘܝ. ܘܐܒܠܘ ܘܐܬܡܟܠܘ ܫܟܬܐ
ܝܒܝܫܬܐ. (1.11) ܡܢܟܝ ܢܦܩ ܕܡܬܚܫܒ ܒܝܫܬܐ ܥܠ ܡܪܝܐ

ܘܡܬܬܪܟܐ ܒܗܠܐ. (1.12) ܗܟܢܐ ܐܡܪ ܡܪܝܐ. ܟܠ ܕܪܚܫ
ܡܢܐ ܡܫܬܢܝܐ ܕܓܒܪܐ ܘܒܢܬܐ. ܘܕܪܚܡܬܗܝܢ ܗܘܐ ܠܗ
ܐܚܝܢܝܢ. (1.13) ܡܛܠ ܐܬܬܪ ܢܛܪ ܗܘ ܡܢܝܢ. ܘܫܩܠܢ
ܐܦܝܗ. (1.14) ܘܢܦܩܘܕ ܟܠܗܝܢ ܡܪܝܐ. ܘܠܐ ܢܬܪܬܪ ܗܘܐ
ܡܢ ܥܡܡܝܢ ܟܝܬ ܐܠܗܝܢ. ܘܐܘܟܪ ܙܠܝܩܐ ܘܢܗܝܪܐ
ܘܐܬܟܪܙܘܗܝ ܡܕܢܚ ܟܕܝܠ. ÷

[ܩܦܠܐܘܢ ∴ ܒ ∴]

(2.1) ܗܐ ܟܠ ܛܘܪܐ ܕܓܠܘܗܝ ܕܡܫܟܢܐ. ܘܕܡܫܡܫ
ܥܠܡܐ. ܒܒܪ ܢܗܘܪܐ ܒܪܘܚܝܢ ܘܥܠܡ ܢܕܪܝܢ. ܡܛܠ ܕܠܐ
ܡܫܟܚ ܗܘܐ ܠܡܟܪܙ ܟܝܢ ܒܗܠܐ. ܡܛܠ ܕܒܠܗ ܐܒܪ.
(2.2) ܗܠܡ ܡܕܒܪܢܐ ܡܕܡܝܢ. ܘܢܛܪ ܡܛܪܬܐ ܘܚܐܪ
ܐܘܪܚܐ. ܘܐܚܕ ܟܚܝܐ ܘܛܒ ܚܘܒܐ ܚܝܠܗ. (2.3) ܡܛܠ
ܕܡܦܩܐ ܓܢܐ ܐܡܪܗ ܕܝܥܩܘܒ ܐܝܟ ܐܡܪܗ ܕܐܝܣܪܐܝܠ.
ܡܛܠ ܕܕܫܘ ܐܢܘܢ ܕܢܘܫܐ ܘܚܒܠܘ ܫܒܝܠܝܗܘܢ. (2.4)
ܗܒܪܐ ܕܓܝܒܪܝܗܘܢ ܡܫܡܫܝܢ. ܘܓܒܪܐ ܓܝܒܪܐ ܡܫܬܡܥܝܢ
ܒܠܡܦܩܬܐ ܕܢܘܪܐ. ܘܒܡܪܟܒܬܐ ܒܢܘܪܐ ܕܡܬܛܟܣܝܢ.
ܘܦܪܫܐ ܡܬܟܠܗܝܢ. (2.5) ܘܒܫܡܐ ܡܫܬܟܚܝܢ
ܒܡܪܟܒܬܗܘܢ ܘܡܫܬܒܗܪܝܢ. ܘܫܘܗܘܢ ܐܝܟ ܠܡܦܩܬܐ.
ܘܐܝܟ ܒܪܩܐ ܕܗܘܝܢ. (2.6) ܢܐܚܕܘܢ ܠܩܠܝܠܝܗܘܢ
ܘܢܬܬܩܠܘܢ ܒܗܠܟܬܗܘܢ. ܘܢܫܬܪܗܒܘܢ ܠܫܘܪܐ ܘܢܛܝܒܘܢ
ܒܟܢܫܬܐ. ÷ (2.7) ܬܪܥܐ ܕܢܗܪܐ ܐܬܦܬܚܘ. ܘܗܝܟܠܐ

ܐܝܟ. (2.8) ܘܐܬܓܠܝܬ ܦܬܟܪܗ ܘܣܠܩܬ. ܘܐܡܗܬܗ ܡܢܗܡܢ
ܗܘܝ ܟܠܟܢܗܝܢ ܐܝܟ ܝܘܢܐ. (2.9) ܘܢܝܢܘܐ ܐܝܟ ܒܪܟܬܐ ܗܝ
ܕܡܝܐ ܘܥܒܝܕ ܡܝܐ ܗܝ. ܘܗܢܘܢ ܥܪܩܝܢ. ܐܩܘܡܘ ܐܩܘܡܘ
ܘܠܝܬ ܕܡܬܦܢܐ. (2.10) ܒܙܘ ܣܐܡܐ ܘܒܙܘ ܕܗܒܐ. ܘܠܝܬ
ܣܘܦܐ ܠܩܢܝܢܗ. ܥܒܝܬܝ ܟܠܗܘܢ ܡܐܢܐ ܕܪܓܝܓܬܗ. (2.11)
ܒܙܬܐ ܘܫܘܦܬܐ ܘܡܬܦܪܩܬܐ. ܘܠܒܐ ܡܬܒܪܐ ܘܦܘܪܩ
ܒܘܪܟܐ. ܘܚܒܠܐ ܒܟܠ ܚܨܝܢ. ܘܐܦܝ ܟܠܗܘܢ ܐܟܘܡ ܐܝܟ
ܩܘܛܪܐ ܕܩܕܪܐ. (2.12) ܐܝܟܐ ܗܝ ܡܪܒܥܬܗ
ܕܐܪܝܘܬܐ. ܘܡܪܥܝܬ ܕܓܘܪܝܐ ܕܐܪܝܘܬܐ. ܕܐܙܠ
ܐܪܝܐ ܠܡܥܠ ܠܬܡܢ. ܘܓܘܪܝܐ ܕܐܪܝܐ ܘܠܝܬ ܕܡܙܝܥ.
(2.13) ܐܪܝܐ ܛܒܪ ܡܣܬ ܡܐܟܘܠܬܐ ܕܓܘܪܘܗܝ. ܘܚܢܩ
ܐܦ ܠܠܒܝܬܗܝ. ܘܡܠܐ ܢܩܒܘܗܝ ܘܡܪܒܥܬܗ ܛܪܦܐ.
(2.14) ܗܐ ܐܢܐ ܥܠܝܟܝ ܐܡܪ ܡܪܝܐ ܚܝܠܬܢܐ. ܘܐܘܩܕ
ܒܬܢܢܐ ܪܟܒܝܟܝ. ܘܟܦܪܝܟܝ ܬܐܟܘܠ ܚܪܒܐ. ܘܐܘܩܕ ܡܢ
ܐܪܥܐ ܛܪܦܟܝ. ܘܬܘܒ ܠܐ ܢܫܬܡܥ ܩܠܐ ܕܐܙܓܕܝܟܝ.

[ܩܦܠܐܘܢ ⁘ ܓ ⁘]

(3.1) ܘܝ ܠܡܕܝܢܬܐ ܕܕܡܐ. ܕܟܠܗ ܟܕܒܘܬܐ ܘܡܠܝܐ
ܚܘܠܐ. ܘܠܐ ܡܬܦܪܫ ܡܢܗ ܛܪܦܐ. (3.2) ܩܠܐ ܕܫܘܛܐ
ܘܩܠܐ ܕܙܘܥܐ ܕܓܝܓܠܐ ܘܣܘܣܝܐ ܕܪܗܛ ܘܡܪܟܒܬܐ
ܕܡܢܪܐ. (3.3) ܦܪܫܐ ܕܪܕܐ ܘܣܝܦܐ ܕܡܢܗܪ ܘܢܝܙܟܐ
ܕܡܒܪܩ. ܘܣܘܓܐܐ ܕܩܛܝܠܐ ܘܟܘܢܫܐ ܕܫܠܕܐ. ܘܠܝܬ

ܣܟܐ ܠܫܠܕܐ. ܢܬܬܩܠܘܢ ܒܗܘܢ ܒܫܠܕܝܗܘܢ. (3.4) ܡܢ
ܣܘܓܐܬ ܙܢܝܘܬܗ ܕܙܢܝܬܐ. ܫܦܝܪܬ ܚܙܘܐ ܘܡܪܬ ܚܪܫܐ.
ܕܡܙܒܢܐ ܥܡܡܐ ܒܙܢܝܘܬܗ ܘܫܪܒܬܐ ܒܚܪܫܝܗ. (3.5)
ܗܐ ܐܢܐ ܥܠܝܟܝ ܐܡܪ ܡܪܝܐ ܚܝܠܬܢܐ. ܘܐܚܫܘܦ
ܫܘܦܠܝܟܝ ܥܠ ܐܦܝܟܝ. ܘܐܚܘܐ ܦܘܪܣܝܟܝ ܠܥܡܡܐ ܘܨܥܪܟܝ
ܠܡܠܟܘܬܐ. (3.6) ܘܐܫܕܐ ܥܠܝܟܝ ܛܢܦܘܬܐ ܘܐܨܥܪܟܝ.
ܘܐܥܒܕܟܝ ܠܚܙܘܐ. (3.7) ܘܟܠ ܡܢ ܕܚܙܐ ܠܟܝ ܢܥܪܩ ܡܢܟܝ.
ܘܢܐܡܪ ܐܬܒܙܙܬ ܢܝܢܘܐ. ܠܡܢ ܢܬܘܐ ܥܠܝܟܝ. ܘܐܝܟܐ
ܐܒܥܐ ܠܟܝ ܡܒܝܐܢܐ. (3.8) ܕܠܡܐ ܛܒܐ ܐܢܬܝ ܡܢ ܢܘ
ܕܐܡܘܢ. ܕܝܬܒܐ ܒܢܗܪܘܬܐ ܘܡܝܐ ܚܕܪܝܢ ܠܗ. ܕܚܝܠܗ
ܝܡܐ ܘܡܝܐ ܫܘܪܗ. (3.9) ܟܘܫ ܘܡܨܪܝܢ ܚܝܠܗ. ܘܠܝܬ
ܠܗ ܣܟܐ. ܦܘܛ ܘܠܘܒܝܐ ܗܘܘ ܒܥܘܕܪܢܗ. (3.10) ܐܦ
ܗܝ ܒܫܒܝܬܐ ܐܙܠܬ. ܘܥܘܠܕܝܗ ܐܬܪܛܫܘ. ܒܪܫ ܟܠܗܘܢ
ܫܘܩܝܗ. ܘܥܠ ܝܩܝܪܝܗ ܐܪܡܝܘ ܦܨܐ. ܘܟܠܗܘܢ ܪܘܪܒܢܝܗ
ܐܬܐܣܪܘ ܒܫܫܠܬܐ. (3.11) ܐܦ ܐܢܬܝ ܬܪܘܝܢ ܘܬܗܘܝܢ
ܥܛܠܬܐ. ܐܦ ܐܢܬܝ ܬܒܥܝܢ ܥܘܕܪܢܐ ܡܢ ܒܥܠܕܒܒܝܟܝ.
(3.12) ܟܠܗܘܢ ܟܪܟܝܟܝ ܐܝܟ ܬܐܢܐ ܐܢܘܢ ܒܟܪܬܐ. ܕܡܐ
ܕܙܥܠ ܢܦܠܝܢ ܒܦܘܡܗ ܕܐܟܘܠܐ. (3.13) ܘܥܡܟܝ ܐܝܟ ܢܫܐ
ܐܢܘܢ ܒܓܘܟܝ. ܢܬܦܬܚܘܢ ܬܪܥܐ ܕܐܪܥܟܝ ܠܒܥܠܕܒܒܝܟܝ.
ܘܬܐܟܘܠ ܢܘܪܐ ܠܡܫܟܠܝܟܝ. (3.14) ܡܝܐ ܕܐܘܠܨܢܐ ܡܠܝ
ܠܟܝ ܘܐܚܕܝ ܟܪܟܝܟܝ. ܥܘܠܝ ܒܛܝܢܐ ܘܕܘܫܝ ܒܛܝܢܐ.
ܘܐܚܕܝ ܡܠܒܢܐ. (3.15) ܬܡܢ ܬܐܟܠܟܝ ܢܘܪܐ
ܘܬܚܪܒܟܝ ܚܪܒܐ. ܘܬܐܟܠܟܝ ܐܝܟ ܙܚܠܐ. ܥܠ ܕܣܓܝܬܝ

ܐܝܟ ܙܚܠܐ ܘܐܬܝܩܪܝ ܐܝܟ ܩܡܨܐ. (3.16) ܘܐܣܓܝܬܝ
ܬܓܪܝܟܝ ܛܒ ܡܢ ܟܘܟܒܝ ܫܡܝܐ. ܙܚܠܐ ܫܠܚ ܘܦܪܚ. (3.17)
ܢܙܝܪܝܟܝ ܐܝܟ ܩܡܨܐ. ܘܛܦܣܪܝܟܝ ܐܝܟ ܩܡܨܐ ܕܫܪܝܢ
ܒܣܝܓܐ ܒܝܘܡܐ ܩܪܝܪܐ. ܕܡܐ ܕܕܢܚܬ ܫܡܫܐ. ܡܫܩܠ
ܘܠܐ ܡܬܝܕܥܐ ܕܘܟܬܗ. (3.18) ܢܡܘ ܪܥܝܟܝ ܡܠܟܐ
ܕܐܬܘܪ ܘܫܟܒܘ ܡܕܒܪܢܝܟܝ. ܐܬܒܕܪܘ ܥܡܟܝ ܥܠ ܛܘܪܐ
ܘܠܝܬ ܠܗܘܢ ܡܟܢܫܢܐ. (3.19) ܠܝܬ ܕܟܐܒ ܠܗ ܥܠ ܬܒܪܟܝ
ܟܪܝܐ ܗܝ ܡܚܘܬܟܝ. ܟܠ ܕܫܡܥܘ ܫܡܥܟܝ ܢܩܫܘ ܟܦܐ.
ܥܠܝܟܝ. ܡܛܠ ܕܥܠ ܟܘܠ ܐܢܫ ܐܡܝܢܐܝܬ ܒܝܫܬܟܝ ܥܒܪܬܝ.

⁖ ܫܠܡܬ ܢܒܝܘܬܗ ܕܢܚܘܡ ⁖

ܬܘܒ ܢܒܝܘܬܗ ܕܚܒܩܘܩ

[ܩܦܠܐܘܢ ܐ]

(1.1) ܚܙܘܐ ܕܚܙܐ ܚܒܩܘܩ ܢܒܝܐ. (1.2) ܥܕܡܐ ܠܐܡܬܝ
ܡܪܝܐ ܐܩܥܐ ܐܢܐ ܘܠܐ ܫܡܥ ܐܢܬ. ܘܩܥܐ ܐܢܐ ܠܘܬܟ
ܥܠ ܚܛܘܦܝܐ ܘܠܐ ܡܦܪܩ ܐܢܬ. (1.3) ܠܡܢܐ ܚܘܝܬܢܝ
ܥܘܠܐ ܘܥܡܠܐ. ܘܚܙܐ ܐܢܐ ܚܛܘܦܝܐ ܘܛܠܘܡܝܐ. ܥܒܕ
ܗܘܐ ܕܝܢܐ. ܘܕܝܢܐ ܡܣܒ ܫܘܚܕܐ. (1.4) ܡܛܠ ܗܢܐ ܦܫ
ܢܡܘܣܐ. ܘܠܐ ܢܦܩ ܕܝܢܐ ܠܙܟܘܬܐ. ܡܛܠ ܕܥܘܠܐ ܕܒܪ
ܟܒܫ ܟܒܫ ܠܙܕܝܩܐ. ܘܢܦܩ ܕܝܢܐ ܟܕ ܡܥܩܡ. (1.5) ܚܙܘ
ܒܥܡܡܐ ܘܚܘܪܘ. ܘܐܬܕܡܪܘ ܘܬܘܗܘ. ܡܛܠ ܕܥܒܕܐ ܥܒܕ
ܐܢܐ ܒܝܘܡܝܟܘܢ. ܘܠܐ ܡܗܝܡܢܝܢ ܐܢܬܘܢ ܐܢ ܐܢܫ ܢܫܬܥܐ
ܠܟܘܢ. (1.6) ܡܛܠ ܕܗܐ ܐܢܐ ܡܩܝܡ ܐܢܐ ܠܟܠܕܝܐ.
ܥܡܐ ܡܪܝܪܐ ܘܡܪܗܒܐ. ܕܐܙܠ ܒܦܬܝܗ̇ ܕܐܪܥܐ ܠܡܐܪܬ
ܡܫܪܝܐ ܕܠܐ ܕܝܠܗ. (1.7) ܕܚܝܠ ܗܘ ܘܕܚܝܠ ܘܕܝܢܗ ܡܢܗ.
ܘܫܘܒܚܗ ܡܦܩ. (1.8) ܩܠܝܠܝܢ ܪܟܫܗ ܡܢ ܢܡܪܐ. ܘܚܪܝܦܝܢ
ܡܢ ܕܐܒܐ ܕܪܡܫܐ. ܘܢܦܫܘܢ ܦܪܫܘܗܝ. ܘܢܐܬܘܢ
ܦܪܫܘܗܝ ܡܢ ܪܘܚܩܐ. ܘܢܦܪܚܘܢ ܐܝܟ ܢܫܪܐ ܕܓܒܐ
ܠܡܐܟܘܠܬܐ. (1.9) ܟܠܗܘܢ ܠܚܛܘܦܝܐ ܐܬܝܢ. ܚܙܘܐ
ܕܐܦܝܗܘܢ ܡܕܢܚܐ. ܘܢܟܢܫ ܫܒܝܬܐ ܐܝܟ ܚܠܐ. (1.10) ܘܗܘ
ܒܡܠܟܐ ܡܡܝܩ. ܘܫܠܝܛܢܐ ܡܓܚܟ. ܘܥܠ ܟܠ ܚܘܣܢܝܢ

ܚܣܢܝܢ. ܘܡܟܒܫ ܥܦܪܐ ܘܐܚܕ ܠܗ. (1.11) ܗܝ ܕܝܢ ܬܫܚܠܦ
ܪܘܚܗ ܘܬܥܒܪ. ܘܢܬܚܝܒ ܚܝܠܗ ܠܐܠܗܗ. (1.12) ܡܛܠ
ܕܐܢܬ ܗܘ ܡܢ ܩܕܡܝܬܐ ܡܪܝܐ ܐܠܗܝ ܩܕܝܫܐ. ܕܠܐ
ܢܡܘܬ ܐܝܬ ܡܪܝܐ. ܣܡܬܝܗܝ ܠܕܝܢܐ ܘܓܒܠܬܝ
ܠܡܟܣܢܘܬܗ. (1.13) ܕܕܟܝܢ ܐܢܝܢ ܥܝܢܝܟ ܘܠܐ ܚܙܝܢ
ܒܝܫܬܐ. ܘܠܡܚܙܐ ܒܥܡܠܐ ܠܐ ܡܫܟܚ ܐܢܬ. ܠܡܢܐ ܚܙܐ
ܐܢܬ ܒܡܪܚܝܢܐ ܘܫܬܝܩ ܐܢܬ. ܟܕ ܒܠܥ ܥܘܠܐ ܠܙܕܝܩܐ.
(1.14) ܘܥܒܕܬ ܐܢܘܢ ܠܒܢܝ ܐܢܫܐ ܐܝܟ ܢܘܢܐ ܕܝܡܐ
ܘܐܝܟ ܪܚܫܐ ܕܠܝܬ ܠܗ ܡܕܒܪܢܐ. (1.15) ܕܟܠܗ
ܒܚܟܬܐ ܐܣܩ. ܘܢܓܕ ܒܡܨܝܕܬܐ ܘܟܢܫ ܒܡܟܡܪܬܐ.
ܘܥܠ ܗܢܐ ܚܕܝ ܘܪܘܙ. (1.16) ܘܕܒܚ ܠܡܨܝܕܬܗ ܘܣܐܡ
ܒܣܡܐ ܠܡܟܡܪܬܗ. ܡܛܠ ܕܒܗܘܢ ܫܡܝܢ ܡܢܬܗ
ܘܡܐܟܘܠܬܗ ܒܚܝܪܬܐ. (1.17) ܡܛܠ ܗܢܐ ܫܕܐ ܡܨܝܕܬܗ
ܒܟܠܙܒܢ. ܘܡܛܠ ܥܡܡܐ ܘܠܐ ܚܐܣ.

[ܩܦܠܐܘܢ ⁘ ܒ ⁘]

(2.1) ܥܠ ܕܘܟܬܝ ܐܩܘܡ ܟܕ ܕܪܝܟ ܐܢܐ ܥܠ ܟܐܦܐ.
ܘܐܚܘܪ ܘܐܚܙܐ ܡܢܐ ܡܡܠܠ ܥܡܝ. ܘܡܢܐ ܡܦܢܐ ܠܝ ܥܠ
ܡܟܣܢܘܬܝ. (2.2) ܘܥܢܢܝ ܡܪܝܐ ܘܐܡܪ. ܟܬܘܒ ܚܙܘܐ
ܘܦܪܫ ܥܠ ܠܘܚܐ ܕܢܪܗܛ ܒܗ ܡܢ ܕܩܪܐ ܠܗ. (2.3) ܡܛܠ
ܕܚܙܘܐ ܠܙܒܢܗ ܗܘܐ. ܘܐܬܐ ܩܨܐ ܘܠܐ ܡܕܓܠ. ܘܐܢ
ܡܘܚܪ ܠܐ ܬܬܡܗܡܗ ܠܗ. ܡܛܠ ܕܡܓܕܠ ܐܬܐ ܘܠܐ

ܡܘܚܪ. (2.4) ܘܒܥܘܠܐ ܠܐ ܨܒܝܐ ܢܦܫܗ. ܘܙܕܝܩܐ
ܒܗܝܡܢܘܬܐ ܢܚܐ. (2.5) ܘܓܒܪܐ ܡܪܝܚܐ ܘܥܢܝܐ ܠܐ
ܣܒܥ. ܕܐܦܬܝ ܢܦܫܗ ܐܝܟ ܫܝܘܠ. ܘܠܐ ܣܒܥ ܐܝܟ
ܡܘܬܐ. ܟܢܫ ܠܘܬܗ ܟܠܗܘܢ ܥܡܡܐ. ܘܡܩܪܒ ܠܘܬܗ
ܟܠܗܝܢ ܐܡܘܬܐ. (2.6) ܗܠܝܢ ܟܠܗܘܢ ܡܬܠܐ ܢܣܒܘܢ
ܥܠܘܗܝ. ܘܦܠܐܬܐ ܘܐܘܚܕܬܐ. ܘܢܐܡܪܘܢ. ܘܝ ܠܕܡܣܓܐ
ܡܕܡ ܕܠܐ ܕܝܠܗ. ܥܕܡܐ ܠܐܡܬܝ ܡܣܓܐ ܥܠܘܗܝ
ܥܢܢܐ ܕܛܝܢܐ. (2.7) ܗܐ ܡܢ ܫܠܝܐ ܢܩܘܡܘܢ ܡܢܟܬܢܝܟ.
ܘܢܬܬܥܝܪܘܢ ܡܙܝܥܢܝܟ. ܘܬܗܘܐ ܠܗܘܢ ܠܒܙܬܐ. (2.8)
ܡܛܠ ܕܐܢܬ ܒܙܬ ܥܡܡܐ ܣܓܝܐܐ. ܢܒܙܘܢܟ ܥܡܡܐ
ܕܐܫܬܚܪܘ ܡܢ ܕܡܐ ܕܒܪܢܫܐ ܘܚܛܘܦܝܐ ܕܐܪܥܐ.
ܕܡܕܝܢܬܐ ܘܕܟܠܗܘܢ ܥܡܘܪܝܗ. (2.9) ܘܝ ܠܕܥܠܒ ܘܡܟܢܫ
ܒܝܫܬܐ ܠܒܝܬܗ. ܘܣܐܡ ܩܢܗ ܒܪܘܡܐ ܕܢܬܦܨܐ ܡܢ
ܒܝܫܬܐ. (2.10) ܐܬܪܥܝܬ ܒܗܬܬܐ ܠܒܝܬܟ. ܒܙܬ
ܥܡܡܐ ܣܓܝܐܐ ܘܐܚܛܝܬ ܢܦܫܟ. (2.11) ܡܛܠ ܕܟܐܦܐ
ܡܢ ܐܫܬܐ ܩܥܝܐ. ܘܫܪܒܬܐ ܡܢ ܩܝܣܐ ܥܢܝܐ. ܀ (2.12)
ܘܝ ܠܕܒܢܐ ܡܕܝܢܬܐ ܒܕܡܐ. ܘܡܬܩܢ ܩܪܝܬܐ ܒܥܘܠܐ.
(2.13) ܗܠܝܢ ܟܠܗܝܢ ܡܢ ܡܪܝܐ ܚܝܠܬܢܐ. ܢܬܠܐܒܘܢ
ܥܡܡܐ ܒܢܘܪܐ. ܘܐܡܘܬܐ ܒܣܪܝܩܘܬܐ ܢܠܐܘܢ. (2.14)
ܡܛܠ ܕܬܬܡܠܐ ܐܪܥܐ ܠܡܕܥ ܐܝܩܪܗ ܕܡܪܝܐ. ܐܝܟ
ܡܝܐ ܕܡܟܣܝܢ ܠܝܡܐ. ܀ ܀ (2.15) ܘܝ ܠܕܡܫܩܐ ܠܚܒܪܗ
ܬܠܚܐ ܕܪܘܓܙܟ ܘܡܪܘܐ ܠܗ. ܕܢܚܘܪ ܒܦܘܪܣܝܗܘܢ.
(2.16) ܣܒܥܬ ܨܥܪܐ ܡܢ ܐܝܩܪܐ. ܐܫܬܝ ܐܦ ܐܢܬ

ܘܐܬܛܪܦ. ܬܗܦܘܟ ܥܠܝܟ ܟܣܐ ܕܝܡܝܢܗ ܕܡܪܝܐ. ܘܨܥܪܐ
ܥܠ ܐܝܩܪܟ. (2.17) ܡܛܠ ܕܚܛܘܦܝܐ ܕܠܒܢܢ ܢܟܣܝܟ.
ܘܒܙܬܐ ܕܚܝܘܬܐ ܬܕܠܚܟ. ܡܢ ܕܡܐ ܕܒܢܝ ܐܢܫܐ
ܘܚܛܘܦܝܐ ܕܐܪܥܐ. ܕܡܕܝܢܬܐ ܘܕܟܠܗܘܢ ܥܡܘܪܝܗ.
(2.18) ܡܢܐ ܐܘܬܪ ܦܣܠܐ ܕܦܣܠܗ ܐܘܡܢܗ. ܘܢܣܟܐ ܗܘ
ܘܝܘܠܦܢܐ ܕܕܓܠܐ. ܕܐܬܬܟܠ ܠܒܗ ܕܐܘܡܢܗ ܥܠܘܗܝ.
ܠܡܥܒܕ ܦܬܟܪܐ ܚܪܫܐ. (2.19) ܘܝ ܠܕܐܡܪ ܠܩܝܣܐ
ܐܬܬܥܝܪ. ܘܠܟܐܦܐ ܚܪܫܬܐ ܕܩܘܡܝ. ܗܕܝܢ ܐܢܘܢ
ܘܕܗܒܐ ܡܚܦܝܢ. ܘܪܘܚܐ ܠܝܬ ܒܗܘܢ. (2.20) ܘܡܪܝܐ
ܒܗܝܟܠܐ ܕܩܘܕܫܗ. ܬܙܘܥ ܡܢ ܩܕܡܘܗܝ ܟܠܗ ܐܪܥܐ. ܀

[ܩܦܠܐܘܢ ܀ ܓ ܀]

(3.1) ܨܠܘܬܗ ܕܚܒܩܘܩ ܢܒܝܐ. ܀ (3.2) ܡܪܝܐ ܫܡܥܬ
ܫܡܥܟ ܘܕܚܠܬ. ܡܪܝܐ ܥܒܕܝܟ ܒܓܘ ܫܢܝܐ ܕܚܝܐ. ܒܓܘ
ܫܢܝܐ ܬܬܝܕܥ. ܒܪܘܓܙܐ ܕܪܚܡܝܟ ܐܬܕܟܪ. (3.3) ܐܠܗܐ
ܡܢ ܬܝܡܢܐ ܐܬܐ. ܘܩܕܝܫܐ ܡܢ ܛܘܪܐ ܕܦܪܢ. ܐܬܟܣܝܘ
ܫܡܝܐ ܡܢ ܙܝܘܗ ܕܡܫܒܚܐ. ܘܬܫܒܘܚܬܗ ܐܬܡܠܝܬ
ܐܪܥܐ. (3.4) ܘܙܝܘܗ ܐܝܟ ܢܘܗܪܐ ܢܗܘܐ ܒܩܪܢܬܐ
ܕܐܝܕܘܗܝ ܢܣܝܡ ܚܘܫܢܗ ܒܠܡܣܐ. (3.5) ܡܢ ܩܕܡܘܗܝ ܐܙܠ
ܡܘܬܐ. ܘܢܦܩܐ ܛܪܐ ܠܪܓܠܗ. (3.6) ܩܡ ܘܡܫܚܗ
ܠܐܪܥܐ. ܚܪ ܘܕܓܠ ܥܡܡܐ. ܐܬܟܪܪܘ ܛܘܪܐ ܕܡܢ ܥܠܡ.
ܘܐܬܡܟܟܘ ܪܡܬܐ ܕܡܢ ܥܠܡܝܢ. ܕܠܗ ܐܝܢܝܢ ܗܠܟܬܐ

ܕܡܢ ܥܠܡ. (3.7) ܬܚܝܬ ܐܘܢ ܚܙܝܬ ܡܫܟܢܐ ܕܟܘܫܝ ܢܙܘܥܘܢ
ܝܪ̈ܝܥܬܐ ܕܐܪܥܐ ܕܡܕܝܢ. (3.8) ܥܠ ܢܗ̈ܪܘܬܐ ܪܓܙ
ܡܪܝܐ. ܒܢܗ̈ܪܘܬܐ ܪܘܓܙܟ ܘܒܝܡܐ ܚܡܬܟ. ܕܪܟܒܬ ܥܠ
ܪ̈ܟܫܟ ܘܥܠ ܡܪ̈ܟܒܬܐ ܕܦܘܪܩܢܟ. (3.9) ܡܬܬܥܝܪܘ ܬܬܥܝܪ
ܩܫܬܟ. ܘܢܣܒܥܘܢ ܫ̈ܒܛܐ ܒܡܐܡܪܟ ܡܫܒܚܐ. ܘܐܪܥܐ
ܒܢܗ̈ܪܘܬܐ ܬܬܒܙܥ. (3.10) ܚܙܘܟ ܛܘ̈ܪܐ ܘܙܥܘ.
ܘܪܒܝܬܐ ܕܡ̈ܝܐ ܥܒܪܬ. ܘܐܪܝܡ ܬܗܘܡܐ ܩܠܗ. ܘܪܘܡܐ
ܕܐܝ̈ܕܘܗܝ ܫܠܝ. (3.11) ܫܡܫܐ ܘܣܗܪܐ ܩܡܘ
ܒܡܕܝܪ̈ܗܘܢ. ܘܒܢܘܗܪܐ ܕܓܐܪ̈ܝܟ ܡܗܠܟܝܢ. ܘܒܙܗܪܐ
ܕܒܪܩܐ ܕܙܝܢܟ. (3.12) ܒܪܘܓܙܐ ܬܕܪܘܟ ܥܠ ܐܪܥܐ.
ܘܒܚܡܬܐ ܬܕܘܫ ܥܡ̈ܡܐ. (3.13) ܢܦܩܬ ܠܡܦܪܩܘ ܠܥܡܟ
ܘܠܡܦܪܩܘ ܠܡܫܝܚܟ. ܘܡܚܝܬ ܪܫܐ ܡܢ ܒܝܬܗ ܕܪܘܫܥܐ.
ܘܐܫܠܚܬܝܗܝ ܡܢ ܫܬܐܣܘܗܝ ܘܥܕܡܐ ܠܨܘܪܗ ܠܥܠܡܝܢ.
(3.14) ܦܣܩܬ ܒܫܒ̈ܛܘܗܝ ܪ̈ܫܐ ܕܫܠܝ̈ܛܢܘܗܝ. ܕܐܬܬܥܝܠܘ
ܒܚܕܘܬܗܘܢ ܕܢܐܟܠܘܢ ܒܛܘܫܝܐ ܠܡܣ̈ܟܢܐ. (3.15)
ܕܪܟܬ ܒܝܡܐ ܥܠ ܪ̈ܟܫܟ ܘܒܥܘܫܢܐ ܕܡ̈ܝܐ ܣܓܝ̈ܐܐ. (3.16)
ܫܡܥܬ ܘܪܬܬ ܒܛܢܝ ܠܩܠܐ ܡܡܠܠܐ ܕܣܦ̈ܘܬܝ. ܥܠ
ܕܥܠܬܐ ܒܓܪ̈ܡܝ ܘܒܓܘ̈ܝ ܙܥ. ܕܐܬܢܝܚ ܠܝ ܒܝܘܡ ܝܘܡܐ
ܕܐܘܠܨܢܐ ܕܐܬܐ ܥܠ ܥܡܐ. (3.17) ܡܛܠ ܕܬܬܐܢܬܐ ܠܐ
ܦܪܥܬ. ܘܠܝܬ ܛܥ̈ܢܐ ܒܓܦ̈ܬܐ. ܢܟܕܒ ܥܒܕܗ ܕܙܝܬܐ.
ܘܐܪ̈ܥܬܐ ܠܐ ܥܒܕܘ ܥܒܘܪܐ. ܢܬܦܣܩ ܥܢܐ ܡܢ ܛܝܪܐ.
ܘܠܝܬ ܬܘܪ̈ܐ ܒܒܩܪ̈ܐ. (3.18) ܐܢܐ ܕܝܢ ܒܡܪܝܐ ܐܕܘܨ.
ܘܐܪܘܙ ܒܐܠܗܐ ܦܪܘܩܝ. (3.19) ܡܪܝܐ ܡܪ̈ܘܬܐ ܚܝܠܝ.

ܕܥܒܕ ܕܠܟ ܐܝܟ ܕܐܠܗܐ ܘܟܠ ܕܘܟܝ ܐܦܝܣܢ. ܕܐܘܪܚ
ܒܬܫܒܘܚܬܗ.

܀ ܫܠܡܬ ܢܝܚܘܬܗ ܕܝܥܩܘܒ ܀

⁘ ܬܘܒ ܢܒܝܘܬܗ ܕܨܦܢܝܐ ⁘

[ܩܦܠܐܘܢ ⁘ ܐ ⁘]

(1.1) ܦܬܓܡܗ ܕܡܪܝܐ ܕܗܘܐ ܥܠ ܨܦܢܝܐ ܒܪ ܟܘܫܝ. ܒܪ
ܓܕܠܝܐ ܒܪ ܐܡܪܝܐ ܒܪܗ ܕܚܙܩܝܐ. ܒܝܘܡܬܗ ܕܝܘܫܝܐ
ܒܪ ܐܡܘܢ ܡܠܟܐ ܕܝܗܘܕܐ. (1.2) ܡܚܪܒܘ ܡܚܪܒ ܐܢܐ
ܟܠ ܡܢ ܐܦܝܗ ܕܐܪܥܐ ܐܡܪ ܡܪܝܐ. (1.3) ܡܚܪܒ ܐܢܐ
ܒܢܝܢܫܐ ܘܒܥܝܪܐ. ܡܚܪܒ ܐܢܐ ܦܪܚܬܐ ܕܫܡܝܐ ܘܢܘܢܐ
ܕܝܡܐ. ܘܬܘܩܠܬܐ ܐܝܬܐ ܥܠ ܚܛܝܐ. ܘܐܘܒܕ ܒܢܝܢܫܐ
ܡܢ ܐܦܝܗ ܕܐܪܥܐ ܐܡܪ ܡܪܝܐ. (1.4) ܘܐܪܝܡ ܐܝܕܝ ܥܠ
ܝܗܘܕܐ ܘܥܠ ܟܠܗܘܢ ܥܡܘܪܝܗ ܕܐܘܪܫܠܡ. ܘܐܘܒܕ ܡܢ
ܐܬܪܐ ܗܢܐ ܫܪܟܗ ܕܒܥܠܐ. ܘܫܡܗܐ ܕܟܘܡܪܐ ܥܡ
ܕܟܗܢܐ. (1.5) ܘܠܟܠ ܕܣܓܕܝܢ ܗܘܘ ܥܠ ܐܓܪܐ
ܠܚܝܠܬܐ ܕܫܡܝܐ. ܘܠܟܠ ܕܣܓܕܝܢ ܗܘܘ ܘܝܡܝܢ ܒܡܪܝܐ
ܘܝܡܝܢ ܒܡܠܟܗܘܢ. (1.6) ܘܠܟܠ ܕܗܦܟܝܢ ܡܢ ܡܪܝܐ. ܘܠܟܠ
ܕܠܐ ܒܥܘ ܠܡܪܝܐ ܘܠܐ ܡܬܒܥܝܢ ܠܘܗܝ. (1.7) ܕܫܠܘ
ܡܢ ܩܕܡ ܡܪܝܐ ܡܪܘܬܐ. ܡܛܠ ܕܩܪܝܒ ܗܘ ܝܘܡܗ
ܕܡܪܝܐ. ܘܛܝܒ ܡܪܝܐ ܕܒܚܐ ܘܙܡܢ ܩܪܘܗܝ. ⁘ (1.8)
ܘܢܗܘܐ ܒܝܘܡܐ ܕܕܒܚܗ ܕܡܪܝܐ. ܐܦܩܘܕ ܥܠ ܪܘܪܒܢܐ
ܘܥܠ ܒܢܝ ܡܠܟܐ. ܘܥܠ ܟܠ ܕܠܒܫܝܢ ܗܘܘ ܠܒܘܫܐ
ܢܘܟܪܝܐ. (1.9) ܘܐܦܩܘܕ ܥܠ ܟܠܗܘܢ ܚܛܘܦܐ ܘܒܙܘܙܐ
ܒܝܘܡܐ ܗܘ. ܕܡܠܝܢ ܗܘܘ ܒܝܬ ܡܪܝܗܘܢ ܚܛܘܦܝܐ

ܘܬܒܠܐ. ܀ (1.10) ܘܢܗܘܐ ܒܝܘܡܐ ܗܘ ܐܡܪ ܡܪܝܐ. ܩܠܐ
ܕܩܥܬܐ ܡܢ ܬܪܥܐ ܕܢ̈ܘܢܐ. ܘܝܠܠܬܐ ܡܢ ܐܚܪܢܐ.
ܘܬܒܪܐ ܪܒܐ ܡܢ ܪ̈ܡܬܐ. ܀ (1.11) ܐܝܠܠܘ ܥܡܘܪ̈ܝܗ
ܕܡܟܬܫ. ܡܛܠ ܕܐܬܕܡܝ ܟܠܗ ܥܡܐ ܕܟܢܥܢ. ܘܐܒܕܘ ܟܠ
ܫܩ̈ܠܝ ܣܐܡܐ. (1.12) ܘܢܗܘܐ ܒܗ ܒܙܒܢܐ ܗܘ ܐܡܪ
ܡܪܝܐ. ܐܒܨܝܗ̇ ܠܐܘܪܫܠܡ ܒܫܪ̈ܓܐ. ܘܐܬܦܪܥ ܥܠ ܓܒܪ̈ܐ
ܕܫܛܝܢ ܠܢܛܘܪܗܘܢ. ܘܐܡܪܝܢ ܒܠܒܗܘܢ ܠܐ ܡܛܐܒ
ܡܪܝܐ ܐܦ ܠܐ ܡܒܐܫ. (1.13) ܢܗܘܐ ܩܢܝܢܗܘܢ ܠܒܙܬܐ.
ܘܒ̈ܬܝܗܘܢ ܠܚܪܒܐ. ܘܢܒܢܘܢ ܒ̈ܬܐ ܘܠܐ ܢܬܒܘܢ ܒܗܘܢ.
ܘܢܨܒܘܢ ܟܪ̈ܡܐ ܘܠܐ ܢܫܬܘܢ ܚܡܪܗܘܢ. (1.14) ܩܪܝܒ ܗܘ
ܝܘܡܗ ܪܒܐ ܕܡܪܝܐ. ܩܪܝܒ ܗܘ ܛܒ ܘܡܣܪܗܒ ܩܠܐ
ܕܝܘܡܗ ܕܡܪܝܐ. ܡܪܝܪ ܘܩܫܐ ܘܚܣܝܢ. (1.15) ܝܘܡܐ ܗܘ
ܕܪܘܓܙܐ ܝܘܡܐ ܗܘ. ܝܘܡܐ ܗܘ ܕܐܘܠܨܢܐ ܘܕܥܩܬܐ.
ܝܘܡܐ ܗܘ ܕܚܘܒܠܐ ܘܕܚܒܠܐ. ܝܘܡܐ ܗܘ ܕܚܫܘܟܐ
ܘܕܥܡܛܢܐ. ܝܘܡܐ ܗܘ ܕܥܢܢܐ ܘܕܥܪܦܠܐ. (1.16) ܝܘܡܐ
ܗܘ ܕܩܪܢܐ ܘܕܩܥܬܐ. ܥܠ ܡܕ̈ܝܢܬܐ ܥܫܝܢܬܐ ܘܥܠ ܙܘ̈ܝܬܐ
ܪ̈ܡܬܐ. (1.17) ܘܐܥܝܩ ܠܒܢ̈ܝ ܐܢܫܐ ܕܢܗܠܟܘܢ ܐܝܟ
ܥܘ̈ܝܪܐ. ܥܠ ܕܚܛܘ ܠܡܪܝܐ. ܘܢܬܐܫܕ ܕܡܗܘܢ ܐܝܟ ܥܦܪܐ
ܘܒܣܪܗܘܢ ܐܝܟ ܟܒܬܐ. (1.18) ܘܕܗܒܗܘܢ ܘܣܐܡܗܘܢ
ܠܐ ܢܫܟܚ ܠܡܦܨܝܘ ܐܢܘܢ ܒܝܘܡܐ ܕܪܘܓܙܗ ܕܡܪܝܐ.
ܘܒܢܘܪܐ ܕܛܢܢܗ ܬܬܐܟܠ ܟܠܗ̇ ܐܪܥܐ. ܡܛܠ ܕܫܘܠܡܐ
ܘܣܘܦܐ ܥܒܕ ܡܪܝܐ ܥܠ ܟܠܗܘܢ ܥܡܘܪ̈ܝܗ̇ ܕܐܪܥܐ.

[ܩܦܠܐܘܢ ⁘ ܒ ⁘]

(2.1) ܐܬܟܢܫܘ ܘܐܬܐܣܪܘ ܥܡܐ ܕܠܐ ܪܕܐ. (2.2)
ܥܕܠܐ ܬܗܘܘܢ ܐܝܟ ܥܘܪܐ ܕܥܒܪ. ܘܥܕܠܐ ܬܐܬܐ
ܥܠܝܟܘܢ ܚܡܬܐ ܕܪܘܓܙܗ ܕܡܪܝܐ. ܘܥܕܠܐ ܢܐܬܐ ܥܠܝܟܘܢ
ܝܘܡܐ ܕܪܘܓܙܗ ܕܡܪܝܐ. (2.3) ܒܥܐܘܗܝ ܠܡܪܝܐ ܟܠܟܘܢ
ܡܟܝܟܐ ܕܐܪܥܐ. ܘܥܒܕܘ ܕܝܢܐ. ܘܒܥܘ ܙܕܝܩܘܬܐ
ܘܡܟܝܟܘܬܐ. ܟܒܪ ܬܬܛܫܘܢ ܒܝܘܡܐ ܕܪܘܓܙܗ ܕܡܪܝܐ.
(2.4) ܡܛܠ ܕܥܙܐ ܫܒܝܩܬܐ ܬܗܘܐ. ܘܐܫܩܠܘܢ ܠܚܪܒܐ.
ܠܐܫܕܘܕ ܒܛܗܪܐ ܢܛܪܕܘܢ. ܘܥܩܪܘܢ ܬܬܥܩܪ. ⁘ (2.5) ܘܝ
ܠܕܥܡܪܝܢ ܒܚܒܠ ܝܡܐ. ܘܠܥܡܐ ܕܩܪܝܛܐ. ܦܬܓܡܗ
ܕܡܪܝܐ ܥܠܝܟܝܢ ܟܢܥܢ ܘܐܪܥܐ ܕܦܠܫܬܝܐ ܘܐܘܒܕܟܝܢ
ܡܢ ܬܘܬܒܐ. (2.6) ܘܢܗܘܐ ܚܒܠ ܝܡܐ ܕܝܪܐ. ܘܡܕܝܪܐ ܓܢܬ
ܡܪܥܝܬܐ ܠܓܙܪܐ ܕܥܢܐ. (2.7) ܘܢܗܘܐ ܚܒܠ ܝܡܐ
ܠܫܪܟܐ ܕܒܝܬ ܝܗܘܕܐ. ܘܒܗܘܢ ܢܪܥܘܢ. ܘܒܒܬܐ
ܕܐܫܩܠܘܢ ܒܪܡܫܐ ܢܪܒܥܘܢ. ܡܛܠ ܕܢܦܩܘܕ ܐܢܘܢ ܡܪܝܐ
ܐܠܗܗܘܢ. ܘܢܦܢܐ ܫܒܝܬܗܘܢ. (2.8) ܫܡܥܬ ܚܣܕܐ ܕܡܘܐܒ
ܘܓܘܕܦܐ ܕܒܢܝ ܥܡܘܢ. ܕܚܣܕܘ ܠܥܡܝ ܘܐܬܪܘܪܒܘ ܥܠ
ܬܚܘܡܗܘܢ. (2.9) ܡܛܠ ܗܢܐ ܚܝ ܐܢܐ ܐܡܪ ܡܪܝܐ
ܚܝܠܬܢܐ ܐܠܗܐ ܕܐܝܣܪܝܠ ܕܡܘܐܒ ܐܝܟ ܣܕܘܡ ܬܗܘܐ.
ܘܒܢܝ ܥܡܘܢ ܐܝܟ ܥܡܘܪܐ ܕܐܫܬܚܠܦܬ ܢܚܪܒܘܢ. ܘܐܝܟ
ܡܠܚܐ ܘܡܥܝܢ ܚܒܠܐ ܠܥܠܡ. ܫܪܟܐ ܕܥܡܝ ܢܒܙܘܢ ܐܢܘܢ
ܘܡܢܗܘܢ ܕܐܫܬܪܘ ܡܢ ܥܡܝ ܢܐܪܬܘܢ ܐܢܘܢ. (2.10) ܗܕܐ

ܬܗܘܐ ܠܗܘܢ ܚܠܦ ܨܐܘܬܗܘܢ. ܥܠ ܕܚܣܕܘ ܘܐܬܪܘܪܒܘ
ܥܠ ܥܡܗ ܕܡܪܝܐ ܚܝܠܬܢܐ ܥܠ ܐܝܣܪܝܠ. (2.11) ܐܬܓܠܝ
ܡܪܝܐ ܥܠܝܗܘܢ. ܕܢܘܒܕ ܠܟܠܗܘܢ ܡܠܟܝܗ ܕܐܪܥܐ.
ܘܢܣܓܕܘܢ ܠܗ ܐܢܫ ܡܢ ܐܬܪܗ. ܟܠܗܝܢ ܓܙܪܬܐ
ܕܥܡܡܐ. (2.12) ܐܦ ܐܢܬܘܢ ܟܘܫܝܐ ܩܛܝܠܝ ܚܪܒܐ. (2.13)
ܘܢܪܝܡ ܐܝܕܗ ܥܠ ܓܪܒܝܐ ܘܢܘܒܕ ܠܐܬܘܪܝܐ. ܘܢܥܒܕܝܗ̇
ܠܢܝܢܘܐ ܠܚܪܒܐ ܘܠܨܗܝܐ ܐܝܟ ܡܕܒܪܐ. (2.14) ܘܢܪܥܘܢ
ܒܓܘܗ̇ ܥܕܪܐ. ܘܟܠܗܝܢ ܚܝܘܬܐ ܕܚܩܠܐ. ܐܦ ܩܩܐ
ܘܩܘܦܕܐ ܒܦܬܘܪܝܗ ܢܒܘܬܘܢ. ܘܚܝܘܬܐ ܢܨܦܪܢ ܒܓܘܗ̇.
ܘܚܪܒܐ ܒܬܪܥܝܗ. ܡܛܠ ܕܥܩܪܗ ܐܬܦܪܥܣ. (2.15)
ܗܕܐ ܗܝ ܡܕܝܢܬܐ ܒܛܝܚܬܐ ܕܝܬܒܐ ܗܘܬ ܒܫܠܝܐ.
ܘܐܡܪܐ ܗܘܬ ܒܠܒܗ̇ ܐܢܐ ܐܢܐ ܘܠܝܬ ܬܘܒ ܐܚܪܬܐ.
ܐܝܟܢܐ ܗܘܬ ܠܚܪܒܐ ܘܒܝܬ ܡܪܒܥܐ ܠܚܝܘܬܐ. ܟܠ ܡܢ
ܕܥܒܪ ܥܠܝܗ̇ ܢܫܪܩ ܘܢܢܝܕ. ܘܢܢܦܨ ܐܝܕܗ ܘܢܐܡܪ.

[ܩܦܠܐܘܢ ⁘ ܓ ⁘]

(3.1) ܐܘܝ ܡܕܝܢܬܐ ܕܒܚܝܪܬܐ ܘܦܪܝܩܬܐ ܡܕܝܢܬܗ ܕܝܘܢܐ.
(3.2) ܕܠܐ ܫܡܥܬ ܒܩܠܐ ܘܠܐ ܩܒܠܬ ܡܪܕܘܬܐ.
ܘܒܡܪܝܐ ܠܐ ܬܟܠܬ. ܘܠܘܬ ܐܠܗܗ̇ ܠܐ ܩܪܒܬ. (3.3)
ܪܘܪܒܢܝܗ̇ ܒܓܘܗ̇ ܐܝܟ ܐܪܝܘܬܐ ܢܗܡܝܢ. ܘܕܝܢܝܗ̇ ܐܝܟ
ܕܐܒܐ ܕܪܡܫܐ. ܘܠܐ ܡܫܬܪܝܢ ܠܨܦܪܐ. (3.4) ܢܒܝܝܗ̇
ܦܚܝܙܐ. ܘܓܒܪܐ ܐܢܘܢ ܒܛܠܐ. ܟܗܢܝܗ̇ ܛܡܘ ܩܘܕܫܐ

ܘܣܠܦܘ ܢܡܘܣܐ. (3.5) ܘܡܪܝܐ ܙܕܝܩܐ ܒܓܘܗ̇ ܘܠܐ ܥܒܕ
ܥܘܠܐ. ܒܨܦܪܐ ܘܒܨܦܪܐ ܕܝܢܗ ܝܗܒ ܒܢܘܗܪܐ ܘܠܐ
ܡܛܫܐ. ܘܥܘܠܐ ܠܐ ܝܕܥ ܒܗܬܬܐ. (3.6) ܐܘܒܕܬ
ܥܡܡܐ ܘܐܬܚܒܠܬ ܕܘܝܬܐ. ܐܚܪܒܬ ܫܘܩܝܗܘܢ ܡܢ ܕܠܐ
ܕܥܒܪ. ܨܕܝ ܡܕܝܢܬܗܘܢ ܡܢ ܕܠܐ ܐܢܫ ܘܡܢ ܕܠܐ ܕܝܬܒ.
(3.7) ܐܡܪܬ ܕܠܐ ܬܕܚܠܝܢ. ܘܬܩܒܠܝܢ ܡܪܕܘܬܐ. ܘܠܐ
ܢܐܒܕ ܡܢ ܥܝܢܝܗ̇ ܟܠܡܕܡ ܕܦܩܕܬ ܥܠܝܗ̇. ܐܬܛܝܒܘ
ܘܩܕܡܘ. ܘܚܒܠܘ ܟܠܗܝܢ ܥܒܕܝܗܘܢ. ❖ (3.8) ܡܛܠ ܗܢܐ ܣܟܘ
ܠܝ ܐܡܪ ܡܪܝܐ. ܠܝܘܡܐ ܕܩܐܡ ܐܢܐ ܠܣܗܕܘܬܐ. ܡܛܠ
ܕܡܠܟܝ ܕܝܢ ܠܡܟܢܫܘ ܥܡܡܐ ܘܠܡܩܪܒܘ ܡܠܟܘܬܐ.
ܠܡܐܫܕ ܥܠܝܗܘܢ ܪܘܓܙܝ ܘܟܠܗ ܚܡܬܐ ܕܪܘܓܙܝ. ܡܛܠ
ܕܒܢܘܪܐ ܕܛܢܢܝ ܬܬܐܟܠ ܟܠܗ̇ ܐܪܥܐ. (3.9) ܘܗܝܕܝܢ
ܐܗܦܘܟ ܥܠ ܥܡܡܐ ܣܦܬܐ ܓܒܝܬܐ. ܕܢܩܪܘܢ ܟܠܗܘܢ
ܒܫܡܗ ܕܡܪܝܐ. ܘܢܦܠܚܘܢܝܗܝ ܒܢܝܪܐ ܚܕ. (3.10) ܡܢ ܥܒܪܐ
ܢܗܪܘܬܐ ܕܟܘܫ ܢܝܬܘܢ ܠܝ ܕܒܚܐ. (3.11) ܒܝܘܡܐ ܗܘ.
ܠܐ ܬܒܗܬܝܢ ܡܢ ܟܠܗܘܢ ܥܒܕܝܟܝ ܕܐܥܠܬܝ ܒܝ.
ܘܗܝܕܝܢ ܐܥܒܪ ܡܢܟܝ ܒܘܣܡܐ ܕܫܘܒܗܪܟܝ. ܘܠܐ ܬܘܣܦܝܢ
ܠܡܬܪܘܪܒܘ ܒܛܘܪܐ ܕܩܘܕܫܝ. (3.12) ܘܐܘܬܪ
ܒܓܘܟܝ ܥܡܐ ܡܣܟܢܐ ܘܡܟܝܟܐ. ܘܢܣܟܪܘܢ ܒܫܡܗ
ܕܡܪܝܐ. (3.13) ܘܐܝܠܝܢ ܕܐܫܬܚܪܘ ܡܢ ܕܒܝܬ ܐܝܣܪܝܠ.
ܠܐ ܢܥܒܕܘܢ ܥܘܠܐ ܘܠܐ ܢܡܠܠܘܢ ܕܓܠܘܬܐ. ܘܠܐ ܢܫܬܟܚ
ܒܦܘܡܗܘܢ ܠܫܢܐ ܕܢܟܠܐ. ܡܛܠ ܕܗܢܘܢ ܢܪܥܘܢ ܘܢܪܒܥܘܢ.
ܘܠܐ ܢܗܘܐ ܠܗܘܢ ܡܙܝܥܢܐ. (3.14) ܫܒܚܝ ܒܪܬ ܨܗܝܘܢ

ܘܥܡ ܐܝܣܪܐܝܠ. ܚܕܝ ܘܕܘܨܝ ܒܟܠܗ ܠܒܟܝ ܒܪܬ ܐܘܪܫܠܡ.
(3.15) ܐܒܛܠ ܡܪܝܐ ܕܝܢܟܝ. ܘܐܦܪܩ ܡܢܟܝ ܒܥܠܕܒܒܟܝ
ܡܠܟܗ ܕܐܝܣܪܐܝܠ. ܡܪܝܐ ܒܓܘܒܝ ܗܘܐ ܠܐ ܬܚܙܝܢ
ܒܝܫܬܐ. (3.16) ܒܗ ܒܝܘܡܐ ܗܘ. ܢܬܐܡܪ ܠܐܘܪܫܠܡ
ܠܐ ܬܕܚܠܝܢ. ܘܠܨܗܝܘܢ ܠܐ ܢܬܪܦܝܢ ܐܝܕܝܟܝ. (3.17)
ܡܪܝܐ ܐܠܗܟܝ ܒܓܘܒܝ. ܓܢܒܪܐ ܘܦܪܘܩܐ. ⁘ ⁘ ܢܒܣܡܒ
ܒܚܕܘܬܐ ܘܢܚܕܬܟܝ ܒܚܘܒܗ. ܘܢܕܝܨ ܒܬܫܒܘܚܬܐ.
(3.18) ܐܝܟ ܕܒܝܘܡܐ ܕܥܐܕܐ. ܘܐܒܛܠ ܡܢܟܝ ܐܠܝܢ
ܕܡܬܟܠܠܝܢ ܗܘܘ ܥܠܝܟܝ ܚܣܕܐ. (3.19) ܗܐ ܥܒܕ ܐܢܐ
ܠܟܠܗܘܢ. ܥܡ ܡܡܟܟܢܝ ܒܓܘܒܝ ܒܙܒܢܐ ܗܘ. ܘܐܦܪܘܩ
ܠܚܓܝܪܬܐ ܘܠܕܚܝܬܐ ܐܟܢܫ. ܘܐܥܒܕ ܐܢܘܢ ܠܫܡܐ
ܘܠܬܫܒܘܚܬܐ ܒܟܠܗ ܐܪܥܐ ܕܒܗܬܬܗܘܢ. (3.20) ܒܗ
ܒܙܒܢܐ ܗܘ ܐܝܬܝܟܘܢ. ܘܒܗ ܒܙܒܢܐ ܗܘ ܐܟܢܫܟܘܢ.
ܘܐܬܠܟܘܢ ܠܫܡܐ ܘܠܬܫܒܘܚܬܐ ܒܟܠܗܘܢ ܥܡܡܐ
ܕܐܪܥܐ. ܡܐ ܕܡܗܦܟ ܐܢܐ ܫܒܝܬܟܘܢ ܠܥܝܢܝܗܘܢ ܐܡܪ
ܡܪܝܐ.

܀ ܫܠܡܬ ܢܒܝܘܬܗ ܕܨܦܢܝܐ ܀

⁘ ܬܘܒ ܢܒܝܘܬܗ ܕܚܓܝ ⁘

[ܩܦܠܐܘܢ ⁘ ܐ ⁘]

(1.1) ܒܫܢܬ ܬܪܬܝܢ ܕܕܪܝܘܫ ܡܠܟܐ. ܒܝܪܚܐ ܫܬܝܬܝܐ
ܒܚܕ ܒܝܪܚܐ. ܗܘܐ ܦܬܓܡܗ ܕܡܪܝܐ ܒܝܕ ܚܓܝ ܢܒܝܐ. ܥܠ
ܙܪܘܒܒܠ ܒܪ ܫܠܬܐܝܠ ܪܒܐ ܕܝܗܘܕܐ. ܘܥܠ ܝܫܘܥ ܒܪ
ܝܘܨܕܩ ܟܗܢܐ ܪܒܐ ܠܡܐܡܪ. (1.2) ܗܟܢܐ ܐܡܪ ܡܪܝܐ
ܚܝܠܬܢܐ. ܥܡܐ ܗܢܐ ܐܡܪܝܢ. ܠܐ ܡܛܐ ܙܒܢܐ ܕܬܬܒܢܐ
ܒܝܬܗ ܕܡܪܝܐ. (1.3) ܘܗܘܐ ܦܬܓܡܗ ܕܡܪܝܐ ܒܝܕ ܚܓܝ
ܢܒܝܐ ܠܡܐܡܪ. (1.4) ܙܒܢܐ ܗܘ ܠܟܘܢ ܗܢܐ. ܕܐܢܬܘܢ
ܝܬܒܝܢ ܐܢܬܘܢ ܒܒܬܝܟܘܢ ܒܪ ܡܛܠܠܢ. ܘܒܝܬܐ ܗܢܐ
ܚܪܒ. (1.5) ܡܟܝܠ ܗܟܢܐ ܐܡܪ ܡܪܝܐ ܚܝܠܬܢܐ. ܣܝܡܘ
ܠܒܘܬܟܘܢ ܥܠ ܐܘܪܚܬܟܘܢ. (1.6) ܕܙܪܥܬܘܢ ܐܢܬܘܢ ܣܓܝ.
ܘܥܠܠܬܘܢ ܐܢܬܘܢ ܩܠܝܠ. ܐܟܠܬܘܢ ܐܢܬܘܢ ܘܠܐ ܣܒܥܬܘܢ
ܐܢܬܘܢ. ܘܫܬܝܬܘܢ ܐܢܬܘܢ ܘܠܐ ܪܘܝܬܘܢ ܐܢܬܘܢ. ܘܠܒܫܬܘܢ
ܐܢܬܘܢ ܘܠܐ ܫܚܢܬܘܢ ܐܢܬܘܢ. ܘܐܝܢܐ ܕܐܓܪ ܒܓܘ
ܕܡܬܬܓܪ. ܡܬܬܓܪ ܠܟܝܣܐ ܢܩܝܒܐ. (1.7) ܗܟܢܐ ܐܡܪ
ܡܪܝܐ ܚܝܠܬܢܐ. ܣܝܡܘ ܠܒܘܬܟܘܢ ܥܠ ܐܘܪܚܬܟܘܢ. (1.8)
ܣܩܘ ܠܛܘܪܐ ܐܝܬܘ ܩܝܣܐ. ܘܒܢܘ ܒܝܬܐ ܗܢܐ.
ܘܐܨܛܒܐ ܒܗ ܘܐܫܬܒܚ ܒܗ ܐܡܪ ܡܪܝܐ. (1.9) ܚܪܝܢ
ܐܢܬܘܢ ܠܣܘܓܐܐ ܘܗܘܐ ܠܗ ܩܠܝܠ. ܘܡܥܠܝܢ ܐܢܬܘܢ ܠܒܝܬ
ܒܝܬܐ ܘܢܦܚܬ ܐܢܐ ܒܗ. ܘܥܠ ܡܢܐ ܗܟܢܐ ܐܡܪ ܡܪܝܐ.

ܥܠ ܕܒܝܬܝ ܚܪܒ. ܘܐܢܬܘܢ ܪܗܛܝܢ ܐܢܫ ܠܒܝܬܗ.
(1.10) ܡܛܠܬܟܘܢ ܐܬܟܠܝܘ ܫܡܝܐ ܡܢ ܛܠܐ. ܘܐܪܥܐ ܟܠܬ
ܦܐܪܝܗ. (1.11) ܘܩܪܝܬ ܚܪܒܐ ܥܠ ܐܪܥܐ ܘܥܠ ܛܘܪܐ.
ܘܥܠ ܥܒܘܪܐ ܘܥܠ ܚܡܪܐ ܘܥܠ ܡܫܚܐ. ܘܥܠ ܟܠ ܡܕܡ
ܕܡܦܩܐ ܐܪܥܐ. ܘܥܠ ܒܢܝܢܫܐ ܘܥܠ ܒܥܝܪܐ. ܘܥܠ ܟܠܗ
ܠܐܘܬܐ ܕܐܝܕܝܟܘܢ. (1.12) ܘܫܡܥ ܙܪܘܒܒܠ ܒܪ ܫܠܬܐܝܠ.
ܘܝܫܘܥ ܒܪ ܝܘܨܕܩ ܟܗܢܐ ܪܒܐ. ܘܟܠܗ ܫܪܟܗ ܕܥܡܐ
ܒܩܠܗ ܕܡܪܝܐ ܐܠܗܗܘܢ. ܘܠܦܬܓܡܘܗܝ ܕܚܓܝ ܢܒܝܐ.
ܕܫܕܪܗ ܡܪܝܐ ܐܠܗܗܘܢ ܠܘܬܗܘܢ. ܘܕܚܠܘ ܥܡܐ ܡܢ
ܩܕܡ ܡܪܝܐ. ⁘ (1.13) ܘܐܡܪ ܚܓܝ ܡܠܐܟܗ ܕܡܪܝܐ
ܒܡܠܐܟܘܬܗ ܕܡܪܝܐ ܠܥܡܐ. ܐܢܐ ܥܡܟܘܢ ܐܡܪ ܡܪܝܐ
ܚܝܠܬܢܐ. (1.14) ܘܐܥܝܪ ܡܪܝܐ ܪܘܚܗ ܕܙܪܘܒܒܠ ܒܪ
ܫܠܬܐܝܠ ܪܒܐ ܕܝܗܘܕܐ. ܘܪܘܚܗ ܕܝܫܘܥ ܒܪ ܝܘܨܕܩ
ܟܗܢܐ ܪܒܐ ܘܪܘܚܐ ܕܟܠܗ ܫܪܟܗ ܕܥܡܐ. ܘܐܬܘ
ܘܥܒܕܘ ܥܒܕܐ ܒܒܝܬܗ ܕܡܪܝܐ ܚܝܠܬܢܐ ܐܠܗܗܘܢ.
(1.15) ܒܝܘܡ ܐܪܒܥܐ ܘܥܣܪܝܢ ܒܝܪܚܐ ܫܬܝܬܝܐ. ܒܫܢܬ
ܬܪܬܝܢ ܕܕܪܝܘܫ ܡܠܟܐ.

[ܩܦܠܐܘܢ ⁘ ܒ ⁘]

(2.1) ܘܒܝܪܚܐ ܫܒܝܥܝܐ ܒܚܕ ܘܥܣܪܝܢ. ܗܘܐ ܦܬܓܡܗ
ܕܡܪܝܐ ܒܝܕ ܚܓܝ ܢܒܝܐ ܠܡܐܡܪ. (2.2) ܐܡܪ ܠܙܪܘܒܒܠ
ܒܪ ܫܠܬܐܝܠ ܪܒܐ ܕܝܗܘܕܐ. ܘܠܝܫܘܥ ܒܪ ܝܘܨܕܩ ܟܗܢܐ

ܕܥܡܐ. ܘܠܫܪܟܗ ܕܥܡܐ ܐܡܪ (2.3) ܡܢܘ ܐܫܬܚܪ ܒܟܘܢ
ܕܚܙܝܗܝ ܠܒܝܬܐ ܗܢܐ ܒܫܘܒܚܗ ܩܕܡܝܐ. ܘܗܫܐ ܐܝܟܢܐ
ܚܙܝܢ ܐܢܬܘܢ ܠܗ. ܠܐ ܗܘܐ ܐܝܟ ܠܐ ܡܕܡ ܚܫܝܒ
ܒܥܝܢܝܟܘܢ. (2.4) ܡܛܠ ܐܬܚܝܠ ܙܪܘܒܒܠ ܐܡܪ ܡܪܝܐ.
ܘܐܬܚܝܠ ܝܫܘܥ ܒܪ ܝܘܨܕܩ ܟܗܢܐ ܪܒܐ. ܘܐܬܚܝܠܘ ܟܠܗ
ܥܡܐ ܕܐܪܥܐ ܐܡܪ ܡܪܝܐ ܘܥܒܕܘ. ܡܛܠ ܕܐܢܐ ܥܡܟܘܢ
ܐܡܪ ܡܪܝܐ ܚܝܠܬܢܐ. (2.5) ܦܬܓܡܐ ܕܐܩܝܡܬ ܥܡܟܘܢ
ܟܕ ܢܦܩܬܘܢ ܡܢ ܡܨܪܝܢ. ܘܪܘܚܝ ܩܝܡܐ ܒܝܢܬܟܘܢ. ܠܐ
ܬܕܚܠܘܢ. ❖ (2.6) ܡܛܠ ܕܗܟܢܐ ܐܡܪ ܡܪܝܐ ܚܝܠܬܢܐ.
ܬܘܒ ܚܕܐ ܙܒܢ ܙܥܘܪ ܐܢܐ ܡܙܝܥ ܫܡܝܐ ܘܐܪܥܐ. ܘܝܡܐ
ܘܝܒܫܐ. (2.7) ܘܐܙܝܥ ܠܟܠܗܘܢ ܥܡܡܐ. ܘܢܐܬܘܢ ܓܒܝܐ
ܕܟܠܗܘܢ ܥܡܡܐ. ܘܐܡܠܝܘܗܝ ܠܒܝܬܐ ܗܢܐ ܫܘܒܚܐ ܐܡܪ
ܡܪܝܐ ܚܝܠܬܢܐ. (2.8) ܕܝܠܝ ܗܘ ܟܣܦܐ ܘܕܝܠܝ ܗܘ
ܕܗܒܐ ܐܡܪ ܡܪܝܐ ܚܝܠܬܢܐ. (2.9) ܘܢܗܘܐ ܪܒ ܫܘܒܚܗ
ܕܒܝܬܐ ܗܢܐ ܐܚܪܝܐ. ܝܬܝܪ ܡܢ ܩܕܡܝܐ. ܐܡܪ ܡܪܝܐ
ܚܝܠܬܢܐ. ܘܒܐܬܪܐ ܗܢܐ ܐܬܠ ܫܠܡܐ ܐܡܪ ܡܪܝܐ
ܚܝܠܬܢܐ. (2.10) ܘܒܐܪܒܥܐ ܘܥܣܪܝܢ ܒܬܫܝܥܝܐ ܝܪܚܐ.
ܒܫܢܬ ܬܪܬܝܢ ܕܕܪܝܘܫ. ܗܘܐ ܦܬܓܡܗ ܕܡܪܝܐ ܒܝܕ ܚܓܝ
ܢܒܝܐ ܠܡܐܡܪ. (2.11) ܗܟܢܐ ܐܡܪ ܡܪܝܐ. ܫܐܠܘ ܠܟ
ܢܡܘܣܐ ܡܢ ܟܗܢܐ. (2.12) ܐܢ ܫܩܠ ܓܒܪܐ ܒܣܪܐ
ܕܩܘܕܫܐ ܒܟܢܦܐ ܕܡܪܛܘܛܗ. ܘܢܩܪܒ ܒܟܢܦܗ ܠܠܚܡܐ
ܘܠܒܘܫܠܐ. ܘܠܚܡܪܐ ܘܠܡܫܚܐ ܘܠܟܘܠ ܡܐܟܘܠܐ. ܕܠܡܐ
ܡܬܩܕܫ ܡܬܩܕܫ. ܥܢܘ ܟܗܢܐ ܘܐܡܪܝܢ ܠܐ. (2.13) ܐܡܪ

ܚܓܝ. ܐܢ ܢܩܪܒ ܛܡܐܐ ܕܡܝܬܐ ܢܦܫܗ ܠܗܠܝܢ ܟܠܗܝܢ ܠܐ
ܡܬܛܡܐܢ. ܥܢܘ ܟܗܢܐ ܘܐܡܪܝܢ ܠܗ ܡܬܛܡܐܢ. (2.14) ܥܢܐ
ܚܓܝ ܘܐܡܪ. ܗܟܢܐ ܗܘ ܥܡܐ ܗܢܐ. ܘܗܟܢܐ ܗܝ ܐܘܡܬܐ
ܗܕܐ ܩܕܡܝ ܐܡܪ ܡܪܝܐ. ܘܗܟܢܐ ܐܢܘܢ ܟܠܗܘܢ ܥܒ̈ܕܐ
ܕܐܝ̈ܕܝܗܘܢ. ܘܡܕܡ ܕܡܩܪܒܝܢ ܬܡܢ ܛܡܐ ܗܘ. (2.15)
ܡܟܝܠ ܣܝܡܘ ܠܒܟܘܢ ܡܢ ܝܘܡܐ ܗܢܐ ܘܠܥܠ. ܥܕܠܐ
ܐܬܬܣܝܡܬ ܟܐܦܐ ܥܠ ܟܐܦܐ ܒܗܝܟܠܗ ܕܡܪܝܐ. (2.16)
ܥܕ ܐܬܝܬܘܢ ܗܘܝܬܘܢ ܥܠ ܟܪܝܐ ܕܥܣܪܝܢ ܘܗܘܐ ܥܣܪܐ.
ܘܐܬܝܬܘܢ ܐܢܬܘܢ ܥܠ ܡܥܨܪܬܐ ܕܚܡܫܝܢ ܘܗܘܝܢ ܠܗܘܢ
ܥܣܪܝܢ. ⁘ (2.17) ܡܚܝܬܟܘܢ ܒܫܘܦܢܐ ܘܒܝܪܩܢܐ ܘܒܒܪܕܐ.
ܠܟܠܗ ܥܒܕܐ ܕܐܝ̈ܕܝܟܘܢ. ܘܠܐ ܐܬܦܢܝܬܘܢ ܠܘܬܝ ܐܡܪ
ܡܪܝܐ. (2.18) ܡܟܝܠ ܣܝܡܘ ܠܒܟܘܢ ܡܢ ܝܘܡܐ ܗܢܐ
ܘܠܥܠ. ܡܢ ܝܘܡ ܐܪܒܥܐ ܘܥܣܪܝܢ ܒܝܪܚܐ ܕܬܫܥܐ. ܡܢ
ܝܘܡܐ ܕܐܬܬܣܝܡ ܫܬܐܣܬܐ ܕܗܝܟܠܗ ܕܡܪܝܐ. ܣܝܡܘ
ܠܒܟܘܢ. (2.19) ܕܠܝܬ ܙܪܥܐ ܒܐܘܨܪܐ. ܘܓܦܬܐ ܘܬܐܬܐ
ܘܪܘܡܢܐ. ܘܐܝܠܢܐ ܕܙܝܬܐ ܠܐ ܝܗܒܘ. ܘܡܢ ܝܘܡܢܐ ܒܪܟ
ܐܢܐ ܠܗܘܢ ܐܡܪ ܡܪܝܐ. (2.20) ܘܗܘܐ ܦܬܓܡܗ ܕܡܪܝܐ
ܥܠ ܚܓܝ ܕܬܪܬܝܢ ܙܒܢܝܢ. ܒܐܪܒܥܐ ܘܥܣܪܝܢ ܒܝܪܚܐ
ܠܡܐܡܪ. (2.21) ܐܡܪ ܠܙܪܘܒܒܠ ܪܒܐ ܕܝܗܘܕܐ. ܐܢܐ
ܐܙܝܥ ܫܡܝܐ ܘܐܪܥܐ. (2.22) ܘܐܗܦܘܟ ܟܘܪܣܝܐ
ܕܡܠܟܘܬܐ ܘܐܘܒܕ ܚܝܠܐ ܕܡܠܟܘܬܐ ܕܥܡܡܐ.
ܘܐܗܦܘܟ ܡܪ̈ܟܒܬܐ ܥܠ ܪ̈ܟܒܝܗܝܢ. ܘܢܦܠܘܢ ܪ̈ܟܫܐ
ܘܪ̈ܟܒܝܗܘܢ. ܓܒܪ ܒܣܝܦܐ ܕܐܚܘܗܝ. (2.23) ܒܗ

ܒܝܘܡܐ ܗܘ ܐܡܪ ܡܪܝܐ ܚܝܠܬܢܐ. ܐܣܒܟ ܙܘܪܒܒܠ ܒܪ
ܫܠܬܐܝܠ ܥܒܕܝ ܐܡܪ ܡܪܝܐ. ܘܐܣܝܡܟ ܐܝܟ ܚܬܡܐ.
ܡܛܠ ܕܠܟ ܓܒܝܬ ܐܡܪ ܡܪܝܐ ܚܝܠܬܢܐ.

⁘ ܫܠܡܬ ܢܒܝܘܬܗ ܕܚܓܝ ⁘

⁘ ܬܘܒ ܢܒܝܘܬܐ ܩܕܡܝܬܐ ܕܙܟܪܝܐ ⁘

[ܩܦܠܐܘܢ ⁘ ܐ ⁘]

(1.1) ܒܝܪܚܐ ܕܬܡܝܢܝܐ ܒܚܕ ܒܝܪܚܐ. ܒܫܢܬ ܬܪܬܝܢ
ܕܕܪܝܘܫ. ܗܘܐ ܦܬܓܡܗ ܕܡܪܝܐ ܥܠ ܙܟܪܝܐ ܒܪ ܒܪܟܝܐ
ܒܪ ܥܕܘ ܢܒܝܐ ܠܡܐܡܪ. (1.2) ܪܓܙ ܡܪܝܐ ܥܠ ܐܒܗܬܟܘܢ
ܪܘܓܙܐ. (1.3) ܐܡܪ ܠܗܘܢ. ܗܟܢܐ ܐܡܪ ܡܪܝܐ ܚܝܠܬܢܐ.
ܐܬܦܢܘ ܠܘܬܝ ܐܡܪ ܡܪܝܐ ܚܝܠܬܢܐ ܘܐܬܦܢܐ ܠܘܬܟܘܢ
ܐܡܪ ܡܪܝܐ ܚܝܠܬܢܐ. (1.4) ܘܠܐ ܬܗܘܘܢ ܐܝܟ
ܐܒܗܬܟܘܢ. ܕܐܟܪܙܘ ܥܠܝܗܘܢ ܢܒܝܐ ܩܕܡܝܐ ܘܐܡܪܘ.
ܗܟܢܐ ܐܡܪ ܡܪܝܐ ܚܝܠܬܢܐ. ܐܬܦܢܘ ܡܢ ܐܘܪܚܬܟܘܢ
ܒܝܫܬܐ ܘܡܢ ܥܒܕܝܟܘܢ ܒܝܫܐ. ܘܠܐ ܫܡܥܘ ܘܠܐ ܨܬܘܬ
ܐܡܪ ܡܪܝܐ ܚܝܠܬܢܐ. (1.5) ܐܝܟܐ ܐܢܘܢ ܐܒܗܬܟܘܢ
ܘܢܒܝܐ. ܕܠܡܐ ܠܥܠܡ ܚܝܝܢ. (1.6) ܠܦܬܓܡܝ ܕܝܢ
ܘܠܦܘܩܕܢܝ ܕܦܩܕܬ ܠܥܒܕܝ ܢܒܝܐ. ܐܕܪܟܘ ܐܢܘܢ
ܐܒܗܬܟܘܢ. ܘܐܬܦܢܘ ܘܐܡܪܘ. ܐܝܟ ܕܐܬܚܫܒ ܡܪܝܐ
ܚܝܠܬܢܐ ܠܡܥܒܕ ܠܢ. ܐܝܟ ܐܘܪܚܬܢ ܘܐܝܟ ܨܒܘܬܢ ܗܟܢܐ
ܥܒܕ ܠܢ. ⁘ (1.7) ܒܝܘܡ ܐܪܒܥܐ ܘܥܣܪܝܢ ܒܝܪܚܐ
ܕܚܕܥܣܪ. ܕܗܘ ܫܒܛ. ܒܫܢܬ ܬܪܬܝܢ ܕܕܪܝܘܫ. ܗܘܐ
ܦܬܓܡܗ ܕܡܪܝܐ ܥܠ ܙܟܪܝܐ ܒܪ ܒܪܟܝܐ ܒܪ ܥܕܘ ܢܒܝܐ
ܠܡܐܡܪ. (1.8) ܚܙܝܬ ܒܠܠܝܐ ܓܒܪܐ ܕܪܟܝܒ ܥܠ ܣܘܣܝܐ
ܣܘܡܩܐ. ܘܩܐܡ ܒܝܬ ܐܠܢܐ ܕܡܛܠܠܐ. ܘܒܬܪܗ

ܕܒܫܐ ܣܘܡܟܐ ܘܦܬܟܒܢܐ ܘܣܘܕܪܐ. (1.9) ܘܐܡܪܬ ܡܢܐ
ܐܢܘܢ ܗܠܝܢ ܡܪܝ. ܚܢܐ ܡܠܐܟܐ ܕܡܡܠܠ ܥܡܝ ܘܐܡܪ ܠܝ.
ܐܢܐ ܐܚܘܝܟ ܡܢܐ ܐܢܘܢ ܗܠܝܢ. (1.10) ܚܢܐ ܓܒܪܐ
ܕܩܐܡ ܥܢܒܬ ܐܝܠܢܐ ܘܐܡܪ ܠܝ. ܗܠܝܢ ܐܢܘܢ ܕܫܪܪ ܡܪܝܐ
ܠܡܗܠܟܘ ܒܐܪܥܐ. (1.11) ܘܥܢܘ ܘܐܡܪܘ ܠܡܠܐܟܗ
ܕܡܪܝܐ ܕܩܐܡ ܥܢܒܬ ܐܝܠܢܐ. ܗܠܟܢ ܒܐܪܥܐ. ܘܟܠܗ
ܐܪܥܐ ܝܬܒܐ ܘܫܠܝܐ. (1.12) ܘܥܢܐ ܡܠܐܟܗ ܕܡܪܝܐ
ܘܐܡܪ. ܡܪܝܐ ܚܝܠܬܢܐ. ܥܕ ܐܡܬܝ ܠܐ ܡܪܚܡ ܐܢܬ ܥܠ
ܐܘܪܫܠܡ ܘܥܠ ܡܕܝܢܬܐ ܕܝܗܘܕܐ. ܕܪܓܙܬ ܥܠܝܗܝܢ ܗܐ
ܫܒܥܝܢ ܫܢܝܢ. (1.13) ܘܥܢܐ ܡܪܝܐ ܠܡܠܐܟܐ ܕܡܡܠܠ ܥܡܝ.
ܡܠܐ ܫܦܝܪܬܐ ܘܦܬܓܡܐ ܕܒܘܝܐܐ. (1.14) ܘܐܡܪ ܠܝ
ܡܠܐܟܐ ܕܡܡܠܠ ܥܡܝ. ܐܟܪܙ ܘܐܡܪ. ܗܟܢܐ ܐܡܪ ܡܪܝܐ
ܚܝܠܬܢܐ. ܛܢܢܬ ܠܐܘܪܫܠܡ ܘܠܨܗܝܘܢ ܛܢܢܐ ܪܒܐ. (1.15)
ܘܪܘܓܙܐ ܪܒܐ ܪܓܙ ܐܢܐ ܥܠ ܥܡܡܐ ܕܡܬܪܓܫܝܢ. ܐܢܐ
ܓܝܪ ܪܓܙܬ ܩܠܝܠ. ܘܗܢܘܢ ܥܕܪܘ ܠܒܝܫܬܐ. (1.16) ܡܛܠ
ܗܠܝܢ ܗܟܢܐ ܐܡܪ ܡܪܝܐ ܚܝܠܬܢܐ. ܐܬܦܢܝܬ ܥܠ
ܐܘܪܫܠܡ ܒܪܚܡܐ. ܘܒܝܬܝ ܢܬܒܢܐ ܒܓܘܗ ܐܡܪ ܡܪܝܐ
ܚܝܠܬܢܐ ܘܡܫܘܚܬܐ ܬܬܡܬܚ ܥܠ ܐܘܪܫܠܡ. (1.17) ܬܘܒ
ܐܟܪܙ ܘܐܡܪ. ܗܟܢܐ ܐܡܪ ܡܪܝܐ ܚܝܠܬܢܐ. ܡܟܝܠ
ܢܬܦܪܩܢ ܡܕܝܢܬܐ ܡܢ ܛܒܬܐ. ܘܢܒܝܐ ܬܘܒ ܡܪܝܐ
ܠܨܗܝܘܢ. ܘܢܓܒܐ ܬܘܒ ܠܐܘܪܫܠܡ.

[ܩܦܠܐܘܢ ܀ ܒ ܀]

(2.1) ܘܐܪܝܡܬ ܥܝܢܝ ܘܚܙܝܬ. ܘܗܐ ܐܪܒܥ ܩܪ̈ܢܢ. (2.2)
ܘܐܡܪܬ ܠܡܠܐܟܐ ܕܡܡܠܠ ܒܝ. ܡܢܐ ܐܢܝܢ ܗܠܝܢ ܡܪܝ.
ܘܐܡܪ ܠܝ. ܗܠܝܢ ܐܢܝܢ ܩܪ̈ܢܬܐ ܕܒܕܪ ܠܝܗܘܕܐ
ܘܠܐܝܣܪܐܝܠ ܘܠܐܘܪܫܠܡ. (2.3) ܘܚܘܝܢܝ ܡܪܝܐ ܐܪܒܥܐ
ܢܓܪ̈ܐ. (2.4) ܘܐܡܪܬ ܡܢܐ ܐܬܝܢ ܗܠܝܢ ܠܡܥܒܕ. ܘܐܡܪ
ܠܝ. ܗܠܝܢ ܩܪ̈ܢܬܐ ܕܒܕܪ ܠܝܗܘܕܐ. ܐܝܟ ܦܘܡܗ ܕܓܒܪܐ
ܕܠܐ ܐܪܝܡ ܪܝܫܗ. ܘܐܬܘ ܗܠܝܢ ܕܢܚܪܒܘܢ ܐܢܝܢ. ܘܢܫܕܘܢ
ܩܪ̈ܢܬܐ ܕܥܡ̈ܡܐ ܕܡܪܝܡܝܢ ܗܘܘ ܩܪܢܐ ܥܠ ܐܪܥܐ
ܕܝܗܘܕܐ ܠܡܒܕܪܘܬܗ. (2.5) ܘܐܪܝܡܬ ܥܝܢܝ ܘܚܙܝܬ
ܓܒܪܐ. ܘܒܐܝܕܗ ܫܘܚܬܐ ܕܡܫܘܚܬܐ. (2.6) ܘܐܡܪܬ ܠܗ
ܠܐܝܟܐ ܐܙܠ ܐܢܬ. ܘܐܡܪ ܠܝ ܕܐܡܫܘܚܝܗ ܠܐܘܪܫܠܡ.
ܘܐܚܙܐ ܟܡܐ ܐܘܪܟܗ ܘܟܡܐ ܦܬܝܗ. (2.7) ܘܢܦܩ
ܡܠܐܟܐ ܕܡܡܠܠ ܒܝ. ܘܡܠܐܟܐ ܐܚܪܢܐ ܐܬܐ ܠܐܘܪܥܗ
(2.8) ܘܐܡܪ ܠܗ. ܗܪܛ ܘܐܡܪ ܠܥܠܝܡܐ ܗܘ ܐܓܘ̈ܪܣܐ
ܬܬܒ ܐܘܪܫܠܡ. ܡܢ ܣܘܓܐܐ ܕܒܢ̈ܝ ܐܢܫܐ ܘܕܒܥܝܪܐ
ܕܒܓܘܗ. (2.9) ܘܐܢܐ ܐܗܘܐ ܒܓܘܗ ܐܡܪ ܡܪܝܐ ܐܝܟ
ܫܘܪܐ ܕܢܘܪܐ. ܘܠܬܫܒܘܚܬܐ ܐܗܘܐ ܒܓܘܗ. ܀ (2.10)
ܐܘ ܐܘ ܥܪܘܩܘ ܡܢ ܐܪܥܐ ܕܓܪܒܝܐ ܐܡܪ ܡܪܝܐ. ܡܛܠ
ܕܠܐܪ̈ܒܥ ܪ̈ܘܚ ܫܡܝܐ ܒܕܪܬܟܘܢ ܐܡܪ ܡܪܝܐ. (2.11)
ܐܘ ܨܗܝܘܢ ܐܫܬܘܙܒܝ ܥܡܘܪܬܐ ܕܒܪܬ ܒܒܠ. (2.12)
ܡܛܠ ܕܗܟܢܐ ܐܡܪ ܡܪܝܐ ܚܝܠܬܢܐ. ܒܬܪ ܐܝܩܪܐ ܫܕܪܢܝ

ܟܠ ܥܡ̈ܡܐ ܕܒܙܘ ܠܟܘܢ. ܘܡܢ ܕܩܪܒ ܠܟܘܢ ܠܒܒܬܐ ܗܘ
ܕܥܝܢܗ ܩܪܒ. (2.13) ܡܛܠ ܕܗܐ ܐܢܐ ܡܪܝܡ ܐܢܐ ܐܝܕܝ
ܥܠܝܗܘܢ. ܘܢܗܘܘܢ ܠܒܙܬܐ ܠܥܒ̈ܕܝܗܘܢ. ܘܬܕܥܘܢ ܕܡܪܝܐ
ܫܠܝܚܐ ܫܕܪܢܝ. ∴ (2.14) ܫܒܚܝ ܘܚܕܝ ܒܪܬ ܨܗܝܘܢ. ܡܛܠ
ܕܗܐ ܐܢܐ ܐܬܐ ܐܢܐ. ܘܫܪܐ ܐܢܐ ܒܓܘܟܝ ܐܡܪ
ܡܪܝܐ. (2.15) ܘܢܬܘܣܦܘܢ ܠܡܪܝܐ ܥܡ̈ܡܐ ܣܓܝ̈ܐܐ ܒܝܘܡܐ
ܗܘ. ܘܢܗܘܘܢ ܠܗ ܥܡܐ ܘܐܫܪܐ ܒܓܘܟܝ. ܘܬܕܥܝܢ ܕܡܪܝܐ
ܫܠܝܚܐ ܫܕܪܢܝ ܠܘܬܟܝ. (2.16) ܘܢܐܪܬ ܡܪܝܐ ܠܝܗܘܕܐ
ܡܢܬܗ ܥܠ ܐܪܥܐ ܕܩܘܕܫܐ. ܘܢܬܪܥܐ ܬܘܒ ܒܐܘܪܫܠܡ.
(2.17) ܘܢܫܠܐ ܟܠ ܒܣܪ ܡܢ ܩܕܡ ܡܪܝܐ ܕܡܬܬܥܝܪ ܡܢ
ܡܥܡܪܐ ܕܩܘܕܫܗ.

[ܩܦܠܐܘܢ ∴ ܓ ∴]

(3.1) ܘܚܘܝܢܝ ܠܝܫܘܥ ܟܗܢܐ ܪܒܐ. ܟܕ ܩܐܡ ܩܕܡ ܡܠܐܟܗ
ܕܡܪܝܐ. ܘܣܛܢܐ ܩܐܡ ܗܘܐ ܡܢ ܝܡܝܢܗ ܕܢܟܝܘܗܝ. (3.2)
ܘܐܡܪ ܡܠܐܟܗ ܕܡܪܝܐ ܠܣܛܢܐ. ܣܛܢܐ ܢܟܐܪ ܒܟ
ܡܪܝܐ. ܢܟܐܪ ܒܟ ܡܪܝܐ ܕܓܒܗ ܠܐܘܪܫܠܡ. ܗܘ ܐܘܕܐ
ܕܐܬܦܠܛ ܡܢ ܢܘܪܐ. (3.3) ܘܝܫܘܥ ܠܒܝܫ ܗܘܐ ܡܐ̈ܢܐ
ܨ̈ܐܐ. ܘܩܐܡ ܗܘܐ ܩܕܡ ܡܠܐܟܗ ܕܡܪܝܐ. (3.4) ܘܥܢܐ
ܡܠܐܟܐ ܘܐܡܪ ܠܗܢܘܢ ܕܩܝܡܝܢ ܩܕܡܘܗܝ. ܐܥܒܪܘ ܡܢܗ
ܡܐ̈ܢܐ ܨ̈ܐܐ. ܘܐܥܒܪܘ ܡܢܗ ܡܐ̈ܢܐ ܨ̈ܐܐ. ܘܐܡܪ ܠܗ.
ܚܙܝ ܕܐܥܒܪܬ ܡܢܟ ܚܘܒܝܟ. ܘܐܠܒܫܬܟ ܡܐ̈ܢܐ ܓܒ̈ܝܐ.

(3.5) ܘܐܡܪ ܢܣܝܡܘܗܝ ܟܠܝܠܐ ܕܟܝܐ ܒܪܫܗ. ܘܣܡܘ
ܟܠܝܠܐ ܕܟܝܐ ܒܪܫܗ. ܘܐܠܒܫܘܗܝ ܡܐܢܐ ܚܘ̈ܪܐ.
ܘܡܠܐܟܗ ܕܡܪܝܐ ܩܐܡ. (3.6) ܘܐܣܗܕ ܡܠܐܟܗ
ܕܡܪܝܐ ܒܝܫܘܥ ܘܐܡܪ. (3.7) ܗܟܢܐ ܐܡܪ ܡܪܝܐ
ܚܝܠܬܢܐ. ܐܢ ܒܐܘܪܚܝ ܬܐܙܠ ܘܦܘܩܕܢܝ ܬܛܪ. ܐܢܬ
ܬܕܘܢܝܘܗܝ ܠܒܝܬܝ ܘܬܛܪ ܕܪ̈ܬܝ. ܘܐܬܠ ܠܟ ܕܡܗܠܟܝܢ
ܒܝܢܬ ܗܠܝܢ ܕܩܝܡܝܢ. (3.8) ܫܡܥ ܝܫܘܥ ܟܘܡܪܐ ܪܒܐ.
ܐܢܬ ܘܚܒܪ̈ܝܟ ܗܠܝܢ ܕܝܬܒܝܢ ܩܕܡܝܟ. ܡܛܠ ܕܓܒܪ̈ܐ
ܐܢܘܢ ܕܬܕܡܘܪܬܐ. ܕܗܐ ܡܝܬܐ ܐܢܐ ܠܥܒܕܝ ܕܢܚܐ.
(3.9) ܡܛܠ ܕܗܐ ܟܐܦܐ ܕܝܗܒܬ ܩܕܡ ܝܫܘܥ ܥܠ ܟܐܦܐ
ܚܕܐ ܫܒܥ ܥܝ̈ܢܝܢ. ܗܐ ܦܬܚ ܐܢܐ ܬܪ̈ܥܝܗ ܐܡܪ ܡܪܝܐ
ܚܝܠܬܢܐ. ܘܐܡܫܘܫ ܟܘܠܗ ܕܐܪܥܐ ܗܝ ܒܝܘܡܐ ܚܕ.
(3.10) ܒܗ ܒܝܘܡܐ ܗܘ ܐܡܪ ܡܪܝܐ ܚܝܠܬܢܐ. ܬܩܪܘܢ
ܐܢܫ ܠܚܒܪܗ ܬܚܝܬ ܓܦܬܐ ܘܬܚܝܬ ܬܬܐ. ∴

[ܡܦܩܐܘܗܝ ∴ ܕ ∴]

(4.1) ܘܗܦܟ ܡܠܐܟܐ ܕܡܡܠܠ ܒܝ. ܘܐܬܥܝܪܢܝ ܐܝܟ ܓܒܪܐ
ܕܡܬܬܥܝܪ ܡܢ ܫܢܬܗ. (4.2) ܘܐܡܪ ܠܝ ܡܢܐ ܚܙܐ ܐܢܬ. ܘܐܡܪܬ
ܚܙܝܬ ܡܢܪܬܐ ܕܕܗܒܐ. ܘܓܘܠܬܐ ܥܠ ܪܫܗ. ܘܫܒܥܐ
ܫܪ̈ܓܝܢ ܥܠܝܗ. ܘܫܒܥܐ ܫܒܥܐ ܦܘܡܝܢ ܠܫܪ̈ܓܐ ܕܐܝܬ
ܒܪܫܗ. (4.3) ܘܬܪ̈ܬܝܢ ܙܝܬܝܢ ܐܝܬ ܥܠܝܗ. ܚܕ ܡܢ ܝܡܝܢܗ
ܕܓܘܠܬܐ ܘܚܕ ܡܢ ܣܡܠܗ. (4.4) ܘܥܢܝܬ ܘܐܡܪܬ

ܠܡܠܐܟܐ ܕܡܡܠܠ ܒܝ. ܡܢܐ ܐܢܘܢ ܗܠܝܢ ܡܪܝ. (4.5)
ܥܢܐ ܡܠܐܟܐ ܕܡܡܠܠ ܒܝ ܘܐܡܪ ܠܝ. ܠܐ ܝܕܥ ܐܢܬ ܡܢܐ
ܐܢܘܢ ܗܠܝܢ. ܘܐܡܪܬ ܠܐ ܝܕܥ ܐܢܐ ܡܪܝ. (4.6) ܘܐܡܪ
ܠܝ. ܗܢܘ ܦܬܓܡܗ ܕܡܪܝܐ ܥܠ ܙܪܘܒܒܠ. ܠܐ ܒܚܝܠܐ ܘܠܐ
ܒܥܘܫܢܐ. ܐܠܐ ܐܢ ܒܪܘܚ ܐܡܪ ܡܪܝܐ ܚܝܠܬܢܐ. (4.7)
ܡܢܐ ܐܢܬ ܛܘܪܐ ܪܒܐ ܩܕܡ ܙܪܘܒܒܠ. ܐܠܐ ܐܝܟ
ܦܩܥܬܐ. ܘܐܦܩ ܠܟܐܦܐ ܪܫܝܬܐ ܕܫܘܘܝܬܐ ܘܕܪܚܡܬܐ. ܀
(4.8) ܘܗܘܐ ܥܠܝ ܦܬܓܡܗ ܕܡܪܝܐ ܠܡܐܡܪ. (4.9)
ܐܝܕܘܗܝ ܕܙܪܘܒܒܠ ܫܬܐܤܘܗܝ ܕܒܝܬܐ ܗܢܐ.
ܘܐܝܕܘܗܝ ܡܫܠܡܢ ܠܗ. ܘܬܕܥܘܢ ܕܡܪܝܐ ܚܝܠܬܢܐ ܫܕܪܢܝ
ܠܘܬܟܘܢ. (4.10) ܡܛܠ ܕܡܢܘ ܫܐܛ ܠܝܘܡܬܐ ܙܥܘܪܐ.
ܘܢܚܕܘܢ ܘܢܚܙܘܢ ܠܟܐܦܐ ܕܦܘܪܫܢܐ ܒܐܝܕܘܗܝ ܕܙܪܘܒܒܠ.
ܗܠܝܢ ܐܢܝܢ ܫܒܥ ܥܝܢܘܗܝ ܕܡܪܝܐ ܕܚܙܝܢ ܒܟܠܗ ܐܪܥܐ.
(4.11) ܥܢܝܬ ܘܐܡܪܬ ܠܗ. ܘܡܢܐ ܐܢܘܢ ܗܠܝܢ ܬܪܬܝܢ
ܙܝܬܝܢ. ܕܡܢ ܝܡܝܢܗ ܕܡܢܪܬܐ ܘܡܢ ܣܡܠܗ. (4.12) ܥܢܝܬ
ܕܬܪܬܝܢ ܙܒܢܝܢ ܘܐܡܪܬ ܠܗ. ܘܡܢܐ ܐܢܝܢ ܗܠܝܢ ܬܪܬܝܢ
ܫܒܠܐ ܕܙܝܬܐ. ܕܒܝܕ ܬܪܝܢ ܢܚܪܝܢ ܕܕܗܒܐ. ܕܢܫܦܝܢ
ܡܢܗܘܢ ܕܗܒܐ. (4.13) ܘܐܡܪ ܠܝ ܠܐ ܝܕܥ ܐܢܬ ܡܢܐ
ܐܢܘܢ ܗܠܝܢ. ܘܐܡܪܬ ܠܗ ܠܐ ܡܪܝ. (4.14) ܘܐܡܪ ܠܝ. ܗܠܝܢ
ܐܢܘܢ ܬܪܝܢ ܒܢܝ ܕܗܘܢܐ. ܕܩܝܡܝܢ ܩܕܡ ܡܪܐ ܕܟܠܗ
ܐܪܥܐ.

[ܩܦܠܐܘܢ ⁖ ܗ ⁖]

(5.1) ܘܐܪܝܡܬ ܥܝܢܝ ܘܚܙܝܬ ܡܓܠܬܐ ܕܦܪܚܐ. (5.2) ܘܐܡܪ
ܠܝ ܡܢܐ ܚܙܝܬ. ܘܐܡܪܬ. ܚܙܝܬ ܡܓܠܬܐ ܕܦܪܚܐ. ܐܘܪܟܗ
ܥܣܪܝܢ ܐܡܝܢ. ܘܦܬܝܗ ܥܣܪ ܐܡܝܢ. (5.3) ܘܐܡܪ ܠܝ
ܗܕܐ ܗܝ ܠܘܛܬܐ ܕܢܦܩܐ ܥܠ ܐܦܝܗ ܕܟܠܗ ܐܪܥܐ.
ܡܛܠ ܕܟܠ ܕܓܢܒ ܡܢܗ ܐܟܘܬܗ ܙܟܐ. ܘܟܠ ܕܝܡܐ ܡܢܗ
ܐܟܘܬܗ ܙܟܐ. (5.4) ܐܦܩܝܗ ܐܡܪ ܡܪܝܐ ܚܝܠܬܢܐ.
ܘܬܥܘܠ ܠܒܝܬܗ ܕܓܢܒܐ ܘܠܒܝܬܗ ܕܟܠ ܕܝܡܐ ܒܫܡܝ
ܒܕܓܠܘܬܐ. ܘܬܫܪܐ ܒܓܘ ܒܝܬܗ. ܘܬܓܡܪ ܠܩܝܣܘܗܝ
ܘܠܟܐܦܘܗܝ. (5.5) ܘܢܦܩ ܡܠܐܟܐ ܕܡܡܠܠ ܒܝ ܘܐܡܪ ܠܝ.
ܐܪܝܡ ܥܝܢܝܟ ܘܚܙܝ ܡܢܐ ܗܝ ܗܕܐ ܕܢܦܩܐ. (5.6) ܘܐܡܪܬ
ܡܢܐ ܗܝ. ܘܐܡܪ ܠܝ. ܗܕܐ ܗܝ ܒܝܠܬܐ ܕܢܦܩܐ. ܘܒܗ
ܐܢܘܢ ܚܘܒܐ ܕܟܠܗ ܐܪܥܐ. (5.7) ܘܗܐ ܟܟܪܐ ܕܐܒܪܐ
ܐܫܬܩܠܬ. ܘܐܝܬܝܗ ܚܕܐ ܐܢܬܬܐ ܗܘܬ ܒܓܘ ܒܝܠܬܐ.
(5.8) ܘܐܡܪ ܠܝ. ܗܕܐ ܗܝ ܚܛܝܬܐ. ܘܐܪܡܝܗ ܒܓܘ
ܒܝܠܬܐ. ܘܐܪܡܝ ܟܐܦܐ ܕܐܒܪܐ ܥܠ ܦܘܡܗ. (5.9)
ܘܐܪܝܡܬ ܥܝܢܝ ܘܚܙܝܬ. ܘܗܐ ܬܪܬܝܢ ܢܫܝܢ ܢܦܩܢ. ܘܪܘܚܐ
ܒܓܦܝܗܝܢ. ܘܓܦܐ ܐܝܬ ܠܗܝܢ ܐܝܟ ܓܦܐ ܕܚܘܪܒܐ.
ܘܫܩܠܗ ܠܒܝܠܬܐ ܒܝܬ ܐܪܥܐ ܠܫܡܝܐ. (5.10) ܘܐܡܪܬ
ܠܡܠܐܟܐ ܕܡܡܠܠ ܒܝ. ܠܐܝܟܐ ܡܘܒܠܝܢ ܠܗ ܠܒܝܠܬܐ.
(5.11) ܘܐܡܪ ܠܝ. ܕܢܒܢܘܢ ܠܗ ܒܝܬܐ ܒܐܪܥܐ ܕܒܒܠ.
ܘܢܬܩܢܝܗ ܘܢܣܝܡܘܢܗ ܬܡܢ ܥܠ ܡܬܩܢܗ ⁘

[ܩܦܠܐܘܢ ⁘ ܘ ⁘]

(6.1) ܘܗܦܟܬ ܐܪܝܡܬ ܥܝܢܝ ܘܚܙܝܬ. ܘܗܐ ܐܪܒܥ ܡܪܟܒܢ
ܢܦܩܢ ܡܢ ܒܝܬ ܬܪܝܢ ܛܘܪܝܢ. ܘܛܘܪ̈ܐ ܗܢܘܢ ܛܘܪ̈ܐ
ܐܢܘܢ ܕܢܚܫܐ. (6.2) ܒܡܪܟܒܬܐ ܩܕܡܝܬܐ ܪ̈ܟܫܐ
ܣܘ̈ܡܩܐ. ܘܒܡܪܟܒܬܐ ܕܬܪܬܝܢ ܪ̈ܟܫܐ ܐܘ̈ܟܡܐ. (6.3)
ܘܒܡܪܟܒܬܐ ܕܬܠܬ ܪ̈ܟܫܐ ܚܘ̈ܪܐ. ܘܒܡܪܟܒܬܐ
ܕܐܪܒܥ ܪ̈ܟܫܐ ܐܘ̈ܪܓܐ. (6.4) ܘܥܢܝܬ ܘܐܡܪܬ
ܠܡܠܐܟܐ ܕܡܡܠܠ ܥܡܝ. ܡܢܐ ܐܢܘܢ ܗܠܝܢ ܡܪܝ. (6.5)
ܥܢܐ ܡܠܐܟܐ ܘܐܡܪ ܠܝ. ܗܠܝܢ ܐܢܝܢ ܐܪܒܥ ܪ̈ܘܚ
ܫܡܝܐ. ܕܢܦܩܢ ܗܘܝ ܩܕܡ ܡܪܐ ܕܟܠܗ ܐܪܥܐ. (6.6)
ܕܐܝܬ ܒܗ ܪ̈ܟܫܐ ܐܘ̈ܟܡܐ. ܢܦܩܝܢ ܠܐܪܥܐ ܕܓܪܒܝܐ.
ܘܚܘ̈ܪܐ ܢܦܩܝܢ ܒܬܪܗܘܢ. ܘܐܘ̈ܪܓܐ ܢܦܩܝܢ ܠܐܪܥܐ
ܕܬܝܡܢܐ. (6.7) ܘܣܘ̈ܡܩܐ ܢܦܩܘ. ܘܒܥܘ ܠܡܐܙܠ ܠܡܗܠܟܘ
ܒܐܪܥܐ. ܘܐܡܪ ܠܗܘܢ. ܙܠܘ ܗܠܟܘ ܒܐܪܥܐ. ܘܗܠܟܘ
ܒܐܪܥܐ. (6.8) ܘܩܪܐ ܘܐܡܪ ܠܝ. ܚܙܝ ܗܠܝܢ ܕܢܦܩܝܢ
ܠܐܪܥܐ ܕܓܪܒܝܐ. ܘܡܢܝܚܝܢ ܪܘܚܝ ܒܐܪܥܐ ܕܓܪܒܝܐ.
⁘ (6.9) ܘܗܘܐ ܥܠܝ ܦܬܓܡܗ ܕܡܪܝܐ ܠܡܐܡܪ. (6.10)
ܣܒ ܡܢ ܫܒܝܬܐ. ܡܢ ܚܠܕܝ ܘܡܢ ܛܘܒܝܐ ܘܡܢ ܝܕܥܝܐ.
ܘܬܐ ܒܝܘܡܐ ܗܘ. ܘܥܘܠ ܠܒܝܬ ܝܘܫܝܐ ܒܪ ܨܦܢܝܐ ܕܐܬܘ
ܡܢ ܒܒܠ. (6.11) ܣܒ ܣܐܡܐ ܘܕܗܒܐ. ܘܥܒܕ ܟܠܝܠܐ.
ܘܣܝܡ ܒܪܫܗ ܕܝܫܘܥ ܒܪ ܝܘܨܕܩ ܟܗܢܐ ܪܒܐ. (6.12)

ܘܐܡܪ ܠܗ. ܗܟܢܐ ܐܡܪ ܡܪܝܐ ܚܝܠܬܢܐ. ܗܐ ܓܒܪܐ
ܘܫܡܗ ܕܢܚܐ. ܘܡܢ ܬܚܘܬܗ ܢܕܢܚ. (6.13) ܘܗܘ ܢܒܢܐ
ܗܝܟܠܗ ܕܡܪܝܐ. ܘܗܘ ܢܩܒܠ ܫܘܒܚܐ. ܘܢܬܒ ܘܢܫܬܠܛ ܥܠ
ܟܘܪܣܝܗ. ܘܢܗܘܐ ܟܗܢܐ ܥܠ ܟܘܪܣܝܗ. ܘܡܠܟܐ ܕܫܠܡܐ
ܢܗܘܐ ܒܝܬ ܬܪܝܗܘܢ. (6.14) ܘܟܠܝܠܐ ܢܗܘܐ ܠܚܠܕܝ
ܘܠܛܘܒܝܐ ܘܠܝܕܥܝܐ. ܘܠܚܘܫܝܐ ܒܪ ܨܦܢܝܐ. ܠܕܘܟܪܢܐ
ܒܗܝܟܠܗ ܕܡܪܝܐ. (6.15) ܘܢܐܬܘܢ ܕܪ̈ܚܝܩܐ ܘܢܒܢܘܢ
ܗܝܟܠܗ ܕܡܪܝܐ. ܘܬܕܥܘܢ ܕܡܪܝܐ ܚܝܠܬܢܐ ܫܕܪܢܝ
ܠܘܬܟܘܢ. ܐܢ ܬܫܡܥܘܢ ܒܩܠܗ ܕܡܪܝܐ ܐܠܗܟܘܢ.

[ܩܦܠܐܘܢ ∴ ܙ ∴]

(7.1) ܘܗܘܐ ܒܫܢܬ ܐܪܒܥ ܕܕܪܝܘܫ ܡܠܟܐ. ܗܘܐ
ܦܬܓܡܗ ܕܡܪܝܐ ܥܠ ܙܟܪܝܐ. ܒܐܪܒܥܬܐ ܒܝܪܚܐ
ܕܬܫܥܐ ܕܗܘ ܟܣܠܘ. (7.2) ܘܫܕܪ ܠܒܝܬ ܐܝܠ. ܠܫܪܐܨܪ
ܘܪܓܡܠܟ. ܘܫܠܚ ܡܠܟܐ ܘܓܒܪ̈ܘܗܝ ܠܡܨܠܝܘ ܥܠܘܗܝ ܩܕܡ
ܡܪܝܐ. (7.3) ܘܠܡܐܡܪ ܠܟܗ̈ܢܐ ܕܒܒܝܬܗ ܕܡܪܝܐ
ܚܝܠܬܢܐ ܘܠܢܒܝ̈ܐ. ܐܒܟܐ ܒܝܪܚܐ ܚܡܫܝܐ ܐܘ ܐܬܒܪ.
ܐܝܟ ܡܐ ܕܥܒܕ ܗܘܝܬ ܗܐ ܟܡܐ ܫܢ̈ܝܢ. ∻ (7.4) ܘܗܘܐ
ܥܠܝ ܦܬܓܡܗ ܕܡܪܝܐ ܠܡܐܡܪ. (7.5) ܐܡܪ ܠܟܠܗ ܥܡܐ
ܕܐܪܥܐ ܘܠܟܗ̈ܢܐ. ܕܨܡܬܘܢ ܘܐܪܩܕܬܘܢ ܒܚܡܫܝܐ ܘܫܒܝܥܝܐ
ܘܫܒܥܝܢ ܗܐ ܫܢ̈ܝܢ. ܕܠܡܐ ܨܘܡܐ ܨܡܬܘܢ ܠܝ.
(7.6) ܘܐܢ ܐܟܠܝܢ ܐܢܬܘܢ ܘܫܬܝܢ. ܠܐ ܗܘܐ ܐܢܬܘܢ

ܐܟܠܝܢ ܘܫܬܝܢ. (7.7) ܗܠܝܢ ܐܝܟ ܗܠܝܢ ܕܐܟܪܐ ܗܢܐ
ܒܐܝܕܐ ܕܢܒܝܐ ܡܕܡܝܐ. ܟܕ ܢܬܟܐ ܗܘܬ ܐܘܪܫܠܡ
ܘܫܠܝܐ. ܘܡܘܬܢܐ ܣܓܝ ܠܗ. ܘܚܘܪܒܐ ܘܦܘܠܚܬܐ ܢܬܟܢ
ܗܘܘ. (7.8) ܘܗܘܐ ܦܬܓܡܐ ܕܡܪܝܐ ܥܠ ܥܙܪܐ ܠܡܐܡܪ.
(7.9) ܗܟܢܐ ܐܡܪ ܡܪܝܐ ܚܝܠܬܢܐ. ܕܢܐ ܕܡܘܫܬܐ ܕܥܘܠ.
ܘܚܛܝܬܐ ܘܪܘܚܐ ܒܒܢܝ ܐܢܫ ܒܗ ܐܘܪܫܠܡ. (7.10)
ܘܠܐܪܡܠܬܐ ܘܠܝܬܡܐ ܘܠܡܣܟܢܐ. ܘܠܕܡܬܦܢܐ ܠܘܬܝ
ܠܐ ܬܥܠܒܘܢ ܘܠܐ ܬܛܠܡܘܢ. ܘܒܚܝܠܐ ܒܝܫܐ ܥܠ ܐܢܫܘܗܝ
ܠܐ ܬܬܚܣܒܘܢ ܟܠܒܘܢ. (7.11) ܘܠܐ ܝܗܒܘ ܠܡܫܡܫܢ.
ܘܥܒܕܘ ܟܬܦܗܘܢ ܡܪܘܕܘܬܐ. ܘܐܕܢܝܗܘܢ ܗܦܟܘ ܕܠܐ
ܢܫܡܥܘܢ. (7.12) ܘܠܒܗܘܢ ܥܒܕܘ ܐܝܟ ܫܡܝܪܐ. ܕܠܐ
ܢܫܡܥܘܢ ܢܡܘܣܐ ܘܦܘܩܕܢܐ. ܕܫܕܪ ܡܪܝܐ ܚܝܠܬܢܐ
ܒܪܘܚܗ ܒܝܕ ܢܒܝܐ ܡܕܡܝܐ. ܘܗܘܐ ܪܘܓܙܐ ܪܒܐ ܡܢ
ܩܕܡ ܡܪܝܐ ܚܝܠܬܢܐ. (7.13) ܥܠ ܕܩܪܝܬ ܐܢܘܢ ܘܠܐ
ܫܡܥܘ. ܗܟܢܐ ܢܩܪܘܢ ܘܠܐ ܐܫܡܥ ܐܢܘܢ ܐܡܪ ܡܪܝܐ
ܚܝܠܬܢܐ. (7.14) ܘܐܒܕܪ ܐܢܘܢ ܒܟܠܗܘܢ ܥܡܡܐ ܕܠܐ
ܝܕܥܘ ܐܢܘܢ. ܘܐܪܥܐ ܬܬܚܪܒ ܒܬܪܗܘܢ ܡܢ ܟܠ ܕܥܒܪ
ܘܕܬܐܒ. ܥܠ ܕܥܒܕܘ ܐܪܥܐ ܕܪܓܬܐ ܠܚܘܪܒܐ.

[ܩܦܠܐܘܢ ܀ ܚ ܀]

(8.1) ܘܗܘܐ ܥܠܝ ܦܬܓܡܐ ܕܡܪܝܐ ܚܝܠܬܢܐ ܠܡܐܡܪ.
(8.2) ܗܟܢܐ ܐܡܪ ܡܪܝܐ ܚܝܠܬܢܐ. ܛܒ ܥܒܕܗܘܢ ܛܒܐ

ܪܒܐ. ܘܒܚܡܬܐ ܪܒܬܐ ܛܢܢܬ ܠܗ. (8.3) ܗܟܢܐ ܐܡܪ
ܡܪܝܐ. ܡܬܦܢܐ ܐܢܐ ܠܨܗܝܘܢ. ܘܫܪܐ ܐܢܐ ܒܓܘ
ܐܘܪܫܠܡ. ܘܬܬܩܪܐ ܐܘܪܫܠܡ ܡܕܝܢܬܐ ܡܫܪܪܬܐ.
ܘܛܘܪܗ ܕܡܪܝܐ ܚܝܠܬܢܐ ܛܘܪܐ ܡܩܕܫܐ. ܀ (8.4) ܗܟܢܐ
ܐܡܪ ܡܪܝܐ ܚܝܠܬܢܐ. ܬܘܒ ܢܬܒܘܢ ܣܒܐ ܘܣܒܬܐ
ܒܫܘܩܝܗ ܕܐܘܪܫܠܡ. ܘܓܒܪ ܫܒܛܗ ܢܗܘܐ ܐܚܝܕ ܒܐܝܕܗ
ܡܢ ܣܘܓܐܐ ܕܝܘܡܬܐ. (8.5) ܘܫܘܩܝܗ ܕܡܕܝܢܬܐ.
ܢܬܡܠܘܢ ܛܠܝܐ ܘܛܠܝܬܐ ܕܡܫܬܥܝܢ ܒܫܘܩܝܗ. ܀ (8.6)
ܗܟܢܐ ܐܡܪ ܡܪܝܐ ܚܝܠܬܢܐ. ܐܢ ܕܡܐ ܗܝ ܗܕܐ
ܒܥܝܢܘܗܝ ܕܫܪܟܗ ܕܥܡܐ ܗܢܐ ܒܝܘܡܬܐ ܗܢܘܢ. ܐܦ
ܒܥܝܢܝ ܕܝܠܝ ܕܡܐ ܗܝ ܐܡܪ ܡܪܝܐ ܚܝܠܬܢܐ. (8.7) ܗܟܢܐ
ܐܡܪ ܡܪܝܐ ܚܝܠܬܢܐ. ܗܐ ܦܪܩ ܐܢܐ ܠܥܡܝ ܡܢ ܐܪܥܐ
ܕܡܕܢܚܐ. ܘܡܢ ܐܪܥܐ ܕܡܥܪܒ ܫܡܫܐ. (8.8) ܘܐܝܬܐ
ܐܢܘܢ ܘܢܫܪܘܢ ܒܐܘܪܫܠܡ. ܘܢܗܘܘܢ ܠܝ ܥܡܐ. ܘܐܢܐ
ܐܗܘܐ ܠܗܘܢ ܐܠܗܐ. ܒܩܘܫܬܐ ܘܒܙܕܝܩܘܬܐ. (8.9)
ܗܟܢܐ ܐܡܪ ܡܪܝܐ ܚܝܠܬܢܐ. ܢܬܚܝܠܢ ܐܝܕܝܐ ܕܟܠ
ܕܫܡܥܘ ܒܝܘܡܬܐ ܗܠܝܢ. ܦܬܓܡܐ ܗܠܝܢ ܡܢ ܦܘܡܗܘܢ
ܕܢܒܝܐ. ܡܢ ܝܘܡܐ ܕܐܬܬܣܝܡ ܫܬܐܣܬܐ ܕܗܝܟܠܗ
ܕܡܪܝܐ ܚܝܠܬܢܐ ܠܡܬܒܢܝܘ. (8.10) ܡܛܠ ܕܡܢ ܩܕܡ
ܝܘܡܬܐ ܗܢܘܢ ܘܡܢ ܩܕܡ ܙܒܢܐ ܗܘ. ܐܓܪܐ ܠܒܪ ܐܢܫܐ
ܠܝܬ ܗܘܐ. ܘܐܦ ܠܐ ܠܒܥܝܪܐ. ܘܠܢܦܩ ܘܠܥܐܠ ܠܝܬ
ܗܘܐ ܫܠܡܐ ܡܢ ܩܕܡ ܐܠܘܨܐ. ܘܗܘܐ ܡܓܪܐ ܐܢܐ
ܠܗܘܢ ܠܟܠܗܘܢ ܒܢܝ ܐܢܫܐ ܓܒܪ ܒܚܒܪܗ. (8.11) ܡܟܝܠ

ܠܐ ܗܘܝܬ ܐܝܟ ܕܒܝܘܡܬܐ ܩܕܡܝܐ. ܠܫܪܟܗ ܕܥܡܐ
ܗܢܐ ܐܡܪ ܡܪܝܐ ܚܝܠܬܢܐ. (8.12) ܡܛܠ ܕܙܪܥܐ ܢܗܘܐ
ܒܫܠܡܐ. ܘܓܦܬܐ ܬܬܠ ܦܐܪܝܗ̇. ܘܐܪܥܐ ܬܬܠ ܥܠܠܬܗ̇.
ܘܫܡܝܐ ܢܬܠܘܢ ܛܠܗܘܢ. ܘܐܘܪܬ ܠܫܪܟܗ ܕܥܡܐ ܗܢܐ
ܗܠܝܢ ܟܠܗܝܢ. (8.13) ܐܝܟ ܕܗܘܝܬܘܢ ܠܠܘܛܬܐ ܒܥܡܡܐ
ܕܒܝܬ ܝܗܘܕܐ ܘܕܒܝܬ ܐܝܣܪܝܠ. ܗܟܢܐ ܐܦܪܘܩܟܘܢ.
ܘܬܗܘܘܢ ܠܒܘܪܟܬܐ. ܘܬܬܚܝܠܢ ܐܝܕܝܟܘܢ ܘܠܐ ܬܕܚܠܘܢ.
(8.14) ܡܛܠ ܕܗܟܢܐ ܐܡܪ ܡܪܝܐ ܚܝܠܬܢܐ. ܐܝܟ
ܕܐܬܚܫܒܬ ܠܡܒܐܫܘ ܠܟܘܢ. ܟܕ ܐܪܓܙܘܢܝ ܐܒܗܝܟܘܢ
ܐܡܪ ܡܪܝܐ ܚܝܠܬܢܐ ܘܠܐ ܗܦܟܬ. (8.15) ܗܟܢܐ ܐܬܦܢܝܬ
ܘܐܬܚܫܒܬ ܒܝܘܡܬܐ ܗܠܝܢ. ܕܐܛܐܒ ܠܐܘܪܫܠܡ ܘܠܒܝܬ
ܝܗܘܕܐ. ܠܐ ܬܕܚܠܘܢ. (8.16) ܗܠܝܢ ܦܬܓܡܐ ܥܒܕܘ.
ܡܠܠܘ ܩܘܫܬܐ ܐܢܫ ܥܡ ܚܒܪܗ. ܘܩܘܫܬܐ ܘܕܝܢܐ ܘܫܠܡܐ
ܕܘܢܘ ܒܬܪܥܝܟܘܢ. (8.17) ܘܐܢܫ ܥܠ ܚܒܪܗ ܒܝܫܬܐ ܠܐ
ܬܬܚܫܒܘܢ ܒܠܒܟܘܢ. ܘܡܘܡܬܐ ܕܓܠܬܐ ܠܐ ܬܪܚܡܘܢ.
ܡܛܠ ܕܗܠܝܢ ܟܠܗܝܢ. ܣܢܝܬ ܐܢܐ ܐܡܪ ܡܪܝܐ ܚܝܠܬܢܐ.
܀ (8.18) ܘܗܘܐ ܥܠ ܦܬܓܡܗ ܕܡܪܝܐ ܚܝܠܬܢܐ ܠܡܐܡܪ.
(8.19) ܗܟܢܐ ܐܡܪ ܡܪܝܐ ܚܝܠܬܢܐ. ܨܘܡܐ ܐܪܒܥܝܐ
ܘܨܘܡܐ ܚܡܝܫܝܐ. ܘܨܘܡܐ ܫܒܝܥܝܐ ܘܨܘܡܐ ܥܣܝܪܝܐ.
ܢܗܘܘܢ ܠܒܝܬ ܝܗܘܕܐ ܠܚܕܘܐ ܘܠܚܕܘܬܐ. ܘܠܥܐܕ̈ܐ
ܛܒ̈ܐ. ܘܩܘܫܬܐ ܘܫܠܡܐ ܪܚܡܘ. ܀ (8.20) ܗܟܢܐ ܐܡܪ
ܡܪܝܐ ܚܝܠܬܢܐ. ܡܟܝܠ ܢܐܬܘܢ ܥܡ̈ܡܐ ܝܬܒ̈ܝ ܡܕ̈ܝܢܬܐ
ܣܓ̈ܝܐܬܐ. (8.21) ܘܢܐܙܠܘܢ ܝܬܒ̈ܝ ܚܕܐ ܠܘܬ ܚܕܐ

ܘܢܐܡܪܘܢ. ܬܘ ܢܐܙܠ ܘܢܨܠܐ ܩܕܡ ܡܪܝܐ. ܘܢܒܥܐ ܡܢ
ܡܪܝܐ ܚܝܠܬܢܐ. ܘܐܙܠ ܐܦ ܐܢܐ. (8.22) ܘܢܐܬܘܢ ܥܡܡܐ
ܣܓܝܐܐ ܘܥܡܡܐ ܥܫܝܢܐ. ܠܡܒܥܐ ܠܡܪܝܐ ܚܝܠܬܢܐ
ܒܐܘܪܫܠܡ. ܘܠܡܨܠܝܘ ܩܕܡ ܡܪܝܐ. ܀ (8.23) ܗܟܢܐ ܐܡܪ
ܡܪܝܐ ܚܝܠܬܢܐ. ܒܝܘܡܬܐ ܗܢܘܢ ܢܐܚܕܘܢ ܥܣܪܐ ܓܒܪܝܢ
ܡܢ ܟܠ ܠܫܢܝ ܥܡܡܐ. ܒܟܢܦܗ ܕܓܒܪܐ ܝܗܘܕܝܐ ܘܢܐܡܪܘܢ
ܠܗ. ܢܐܙܠ ܥܡܟ. ܡܛܠ ܕܫܡܥܢ ܕܐܠܗܐ ܥܡܟܘܢ.

[ܦܘܠܐܡܘܢ ⁘ ܛ ⁘]

(9.1) ܦܬܓܡܐ ܕܡܪܝܐ ܥܠ ܐܪܥܐ ܕܚܕܪܟ ܘܕܕܪܡܣܘܩ
ܡܘܪܟܢܗ. ܡܛܠ ܕܠܡܪܝܐ ܓܠܝܢ ܥܝܢܝ ܐܢܫܐ. ܘܟܠܗܘܢ
ܫܒܛܐ ܕܐܝܣܪܐܝܠ. (9.2) ܐܦ ܚܡܬ ܬܬܚܡ ܒܗ. ܘܨܘܪ
ܘܨܝܕܢ ܕܚܟܝܡ ܐܬܚܟܡܘ. (9.3) ܘܒܢܬ ܠܗ ܨܘܪ ܚܣܢܐ. ܘܟܢܫܬ
ܣܐܡܐ ܐܝܟ ܥܦܪܐ. ܘܕܗܒܐ ܐܝܟ ܛܝܢܐ ܕܫܘܩܐ.
(9.4) ܡܛܠ ܗܢܐ ܡܪܝܐ ܢܚܪܒܝܗ. ܘܢܡܚܐ ܒܝܡܐ ܚܝܠܗ.
ܘܗܝ ܒܢܘܪܐ ܬܬܐܟܠ. (9.5) ܘܬܚܙܐ ܐܫܩܠܘܢ ܘܬܕܚܠ.
ܘܥܙܐ ܬܬܬܒܪ ܛܒ. ܘܥܩܪܘܢ ܕܒܗܬ ܠܗ ܣܒܪܗ.
ܘܢܐܒܕ ܡܠܟܐ ܡܢ ܥܙܐ. ܘܐܫܩܠܘܢ ܠܐ ܬܬܒ. (9.6)
ܘܢܬܒܘܢ ܢܘܟܪܝܐ ܒܐܫܕܘܕ. ܘܐܘܒܕ ܫܐܘܬܗܘܢ
ܕܦܠܫܬܝܐ. (9.7) ܘܐܥܒܪ ܕܡܗܘܢ ܡܢ ܦܘܡܗܘܢ.
ܘܛܢܦܘܬܗܘܢ ܡܢ ܒܝܬ ܫܢܝܗܘܢ. ܘܢܫܬܚܪܘܢ ܐܦ ܗܢܘܢ
ܠܐܠܗܢ. ܘܢܗܘܘܢ ܐܝܟ ܪܘܫܢܐ ܕܝܗܘܕܐ. ܘܥܩܪܘܢ

ܬܗܘܐ ܐܝܟ ܝܒܘܣܝܐ. (9.8) ܘܐܫܪܐ ܥܠ ܒܝܬܝ ܩܝܡܬܐ
ܡܢ ܕܥܒܪ ܘܡܢ ܕܬܐܒ. ܘܠܐ ܢܥܒܪ ܥܠܝܗܘܢ ܬܘܒ
ܡܫܥܒܕܢܐ. ܡܛܠ ܕܗܫܐ ܚܙܝܬ ܒܥܝܢܝ. ❖ (9.9) ܚܕܝ ܛܒ
ܒܪܬ ܨܗܝܘܢ. ܘܐܟܪܙܝ ܒܪܬ ܐܘܪܫܠܡ. ܗܐ ܡܠܟܟ ܐܬܐ
ܠܟܝ. ܙܕܝܩܐ ܘܦܪܘܩܐ ܘܡܟܝܟܐ. ܘܪܟܝܒ ܥܠ ܚܡܪܐ ܘܥܠ
ܥܝܠܐ ܒܪ ܐܬܢܐ. (9.10) ܘܢܘܒܕ ܡܪܟܒܬܐ ܡܢ ܐܦܪܝܡ
ܘܣܘܣܝܐ ܡܢ ܐܘܪܫܠܡ. ܢܬܒܪ ܩܫܬܐ ܕܩܪܒܐ ܘܢܡܠܠ
ܫܠܡܐ ܥܡ ܥܡܡܐ. ܘܫܠܝܛ ܡܢ ܝܡܐ ܠܝܡܐ. ܘܡܢ ܢܗܪܐ
ܥܕܡܐ ܠܣܘܦܝܗ̇ ܕܐܪܥܐ. (9.11) ܘܐܦ ܐܢܬܝ ܒܕܡܐ
ܕܕܝܬܩܐ ܕܝܠܟܝ. ܫܪܝܬܝ ܐܣܝܪܐ ܡܢ ܓܘܒܐ ܕܠܝܬ ܒܗ
ܡܝܐ. (9.12) ܬܒܘ ܒܚܣܢܐ ܐܣܝܪܐ ܕܣܒܪܬܐ. ܘܚܠܦ
ܚܕ ܝܘܡ ܬܪܝܢ ܦܪܥ ܐܢܐ ܠܟܝ. (9.13) ܡܛܠ ܕܡܬܚܬ
ܩܫܬܝ ܥܠ ܝܗܘܕܐ ܘܡܠܝܬ ܥܠ ܐܦܪܝܡ. ܘܐܥܝܪܬ ܒܢܝܟܝ
ܨܗܝܘܢ ܥܠ ܒܢܝܟܝ ܝܘܢ. ܘܐܥܒܕܬܟܝ ܐܝܟ ܣܝܦܐ ܕܓܢܒܪܐ.
(9.14) ܘܡܪܝܐ ܥܠܝܗܘܢ ܢܬܓܠܐ. ܘܢܦܘܩ ܓܐܪܗ ܐܝܟ
ܒܪܩܐ. ܘܡܪܝܐ ܡܪܘܬܐ ܢܩܪܐ ܒܩܪܢܐ. ܘܢܐܙܠ ܒܥܠܥܠܐ
ܠܬܝܡܢܐ. (9.15) ܘܡܪܝܐ ܚܝܠܬܢܐ ܢܛܪ ܥܠܝܗܘܢ. ܘܢܐܟܠܘܢ
ܘܢܟܒܫܘܢ ܟܐܦܐ ܕܩܠܥܐ. ܘܢܫܬܘܢ ܕܡܗܘܢ ܐܝܟ ܚܡܪܐ.
ܘܢܬܡܠܘܢ ܐܝܟ ܡܙܪܩܐ. ܘܐܝܟ ܙܘܝܬܐ ܕܡܕܒܚܐ. (9.16)
ܘܢܦܪܘܩ ܐܢܘܢ ܡܪܝܐ ܐܠܗܗܘܢ ܒܝܘܡܐ ܗܘ ܠܥܡܗ ܐܝܟ
ܥܢܐ. ܡܛܠ ܕܟܐܦܐ ܕܩܕܝܫܐ ܡܬܥܠܝܢ ܗܘܝ ܒܐܪܥܗ.
❖ (9.17) ܡܐ ܛܒ ܘܡܐ ܫܦܝܪ ܥܒܘܪܐ ܠܥܠܝܡܐ. ܘܚܡܪܐ
ܡܒܣܡ ܠܒܬܘܠܬܐ.

[ܩܦܠܐܘܢ ܀ ܝ̄ ܀]

(10.1) ܫܐܠܘ ܡܛܪܐ ܡܢ ܡܪܝܐ ܒܙܒܢܐ ܠܩܝܫܐ. ܘܡܪܝܐ
ܥܒܕ ܕܗܝܩܐ. ܘܡܛܪܐ ܒܙܒܢܗ ܢܚܬ ܠܟܘܢ. ܕܢܬܠ
ܥܣܒܐ ܒܒܪܐ. (10.2) ܡܛܠ ܕܦܬܟܪܐ ܡܠܠܘ ܥܘܠܐ.
ܘܩܨܘܡܐ ܚܙܘ ܕܓܠܘܬܐ. ܘܚܠܡܐ ܕܓܠܐ ܡܠܠܘ. ܘܒܣܪܘ
ܒܣܪܢܘܬܐ. ܡܛܠ ܗܢܐ ܫܓܘ ܐܝܟ ܥܢܐ. ܘܐܬܡܟܟܘ
ܕܠܝܬ ܠܗܘܢ ܪܥܝܐ. (10.3) ܥܠ ܪܥܘܬܐ ܐܬܚܡܬ ܪܘܓܙܝ.
ܘܠܥܬܘܕܐ ܐܦܩܘܕ. ܡܛܠ ܕܦܩܕ ܡܪܝܐ ܚܝܠܬܢܐ ܠܥܢܗ
ܠܒܝܬ ܝܗܘܕܐ. ܘܥܒܕ ܐܢܘܢ ܐܝܟ ܣܘܣܝܐ ܕܙܘܗܐ
ܒܩܪܒܐ. (10.4) ܡܢܗܘܢ ܙܘܝܬܐ ܘܡܢܗܘܢ ܣܟܬܐ.
ܘܡܢܗܘܢ ܩܫܬܐ ܕܩܪܒܐ. ܘܡܢܗܘܢ ܢܦܩܘܢ ܟܠܗܘܢ
ܫܠܝܛܢܝܗܘܢ ܐܝܟ ܚܕܐ. (10.5) ܘܢܗܘܘܢ ܐܝܟ ܓܢܒܪܐ
ܕܕܝܫܝܢ ܛܝܢܐ ܒܫܘܩܐ. ܒܩܪܒܐ ܢܬܟܬܫܘܢ. ܡܛܠ ܕܡܪܝܐ
ܥܡܗܘܢ. ܘܢܒܗܬܘܢ ܪܟܒܝ ܪܟܫܐ. (10.6) ܘܐܚܝܠ ܠܒܝܬ
ܝܗܘܕܐ. ܘܐܦܪܘܩ ܠܒܝܬ ܝܘܣܦ ܘܐܦܢܐ ܐܢܘܢ. ܡܛܠ
ܕܪܚܡܬ ܐܢܐ ܥܠܝܗܘܢ. ܘܢܗܘܘܢ ܐܝܟ ܕܠܐ ܛܥܝܬ ܐܢܘܢ.
ܡܛܠ ܕܐܢܐ ܡܪܝܐ ܐܠܗܐ. ܐܥܢܐ ܐܢܘܢ. (10.7) ܘܢܗܘܘܢ
ܐܝܟ ܓܢܒܪܐ ܕܐܦܪܝܡ. ܘܢܚܕܐ ܠܒܗܘܢ ܐܝܟ ܕܡܢ
ܚܡܪܐ. ܘܒܢܝܗܘܢ ܢܚܙܘܢ ܘܢܚܕܘܢ. ܘܢܪܘܙ ܠܒܗܘܢ ܒܡܪܝܐ.
(10.8) ܐܫܪܩ ܠܗܘܢ ܘܐܟܢܫ ܐܢܘܢ. ܡܛܠ ܕܦܪܩܬ ܐܢܐ
ܠܗܘܢ. ܘܢܣܓܘܢ ܐܝܟ ܕܣܓܝܐܝܢ ܗܘܘ. (10.9) ܘܐܙܪܘܥ

ܐܢܘܢ ܒܒܣܝܡܐ. ܘܒܐܬܪܘܬܐ ܕܢܝܚܐ ܢܥܒܕܘܢ.
ܘܢܬܪܥܘܢ ܠܒܢܝܗܘܢ ܘܢܗܦܟܘܢ. (10.10) ܘܐܗܦܟ ܐܢܘܢ ܡܢ
ܐܪܥܐ ܕܡܨܪܝܢ. ܘܡܢ ܐܬܘܪ ܐܟܢܫ ܐܢܘܢ. ܘܠܐܪܥܐ
ܕܓܠܥܕ ܘܠܠܒܢܢ ܐܝܬܐ ܐܢܘܢ. ܘܠܐ ܢܣܦܩ ܠܗܘܢ.
(10.11) ܘܢܥܒܪ ܒܝܡܐ ܐܘܠܨܢܐ. ܘܢܗܦܟ ܒܝܡܐ ܓܠܠܐ.
ܘܢܒܗܬܘܢ ܟܠܗܘܢ ܥܘܡܩܘܗܝ ܕܢܗܪܐ. ܘܬܬܡܟܟ ܓܐܘܬܗ
ܕܐܬܘܪܐ ܘܫܘܠܛܢܗ ܕܡܨܪܝܢ ܢܥܒܪ. (10.12) ܘܐܚܝܠ
ܐܢܘܢ ܒܡܪܝܐ. ܘܒܫܡܗ ܢܗܠܟܘܢ ܐܡܪ ܡܪܝܐ.

[ܩܦܠܐܘܢ ⁘ ܝܐ ⁘]

(11.1) ܦܬܚ ܠܒܢܢ ܬܪܥܝܟ. ܘܬܐܟܘܠ ܢܘܪܐ ܠܐܪܙܝܟ.
(11.2) ܢܠܠ ܫܪܘܝܢܐ ܡܛܠ ܕܢܦܠ ܐܪܙܐ. ܘܥܫܝܢܐ ܐܬܒܙܘ.
ܢܠܠܘܢ ܒܠܘܛܐ ܕܡܬܢ. ܕܢܦܠ ܥܒܐ ܥܫܝܢܐ. (11.3) ܩܠܐ
ܕܝܠܠܬܐ ܕܪܥܘܬܐ. ܕܐܬܒܙܝܬ ܪܒܘܬܗܘܢ. ܩܠܐ
ܕܐܪܝܘܬܐ ܕܢܗܡܝܢ. ܕܐܬܒܙܝ ܥܘܫܢܗ ܕܝܘܪܕܢ. (11.4)
ܗܟܢܐ ܐܡܪ ܡܪܝܐ ܐܠܗܝ. ܪܥܝ ܠܥܢܐ ܕܢܟܣܬܐ. (11.5)
ܕܩܢܝܢܗܝܢ ܩܛܠܝܢ ܠܗܝܢ ܘܠܐ ܡܬܚܝܒܝܢ. ܘܡܙܒܢܝܢܗܝܢ
ܐܡܪܝܢ. ܒܪܝܟ ܡܪܝܐ ܕܐܬܥܬܪܬ. ܘܪܥܘܬܗܝܢ ܠܐ ܚܣܝܢ
ܥܠܝܗܝܢ. (11.6) ܡܛܠ ܕܠܐ ܚܐܣ ܐܢܐ ܬܘܒ ܥܠ
ܥܡܘܪܝ ܕܐܪܥܐ ܐܡܪ ܡܪܝܐ. ܘܗܐ ܡܫܠܡ ܐܢܐ ܠܗܘܢ
ܠܒܢܝ ܐܢܫܐ. ܐܢܫ ܒܝܕ ܚܒܪܗ ܘܒܝܕ ܡܠܟܗ. ܘܢܦܠܓܘܢܗ̇
ܠܐܪܥܐ. ܘܠܐ ܐܦܨܝܗ̇ ܡܢ ܐܝܕܝܗܘܢ. (11.7) ܘܐܪܥܝܬ

ܠܥܢܐ ܡܛܝܒܘܬܐ ܡܛܠ ܡܣܟܢܐ ܕܥܢܐ. ܘܢܣܒܬ ܠܝ ܬܪܝܢ
ܚܘܛܪܝܢ. ܠܚܕ ܩܪܝܬ ܒܣܝܡܘܬܐ ܘܠܐܚܪܢܐ ܚܒܠܐ. ܘܪܥܝܬ
ܠܥܢܐ. (11.8) ܘܐܘܒܕܬ ܬܠܬܐ ܪܥܘܬܐ ܒܝܪܚܐ ܚܕ.
ܘܡܐܢܬ ܢܦܫܝ ܒܗܘܢ. ܘܐܦ ܢܦܫܬܗܘܢ ܥܩܬ ܒܝ. (11.9)
ܘܐܡܪܬ ܕܠܐ ܐܪܥܝܟܘܢ. ܕܡܝܬܐ ܬܡܘܬ. ܘܕܐܒܕܐ
ܬܐܒܕ. ܘܐܝܢܐ ܕܡܫܬܚܪܐ ܬܐܟܘܠ ܒܣܪܐ ܕܚܒܪܬܗ.
(11.10) ܘܢܣܒܬ ܚܘܛܪܝ ܒܣܝܡܘܬܐ ܘܬܒܪܬܗ. ܕܐܒܛܠ ܩܝܡܐ
ܕܐܩܝܡܬ ܥܡ ܟܠܗܘܢ ܥܡܡܐ. (11.11) ܘܒܛܠ ܒܗ
ܒܝܘܡܐ ܗܘ. ܘܝܕܥܘ ܡܣܟܢܐ ܕܥܢܐ ܕܢܛܪܝܢ ܗܘܘ ܠܝ.
ܕܦܬܓܡܗ ܗܘ ܕܡܪܝܐ. (11.12) ܘܐܡܪܬ ܠܗܘܢ. ܐܢ ܫܦܝܪ
ܒܥܝܢܝܟܘܢ. ܗܒܘ ܠܝ ܐܓܪܝ. ܐܘ ܠܠܡܝܢ ܐܝܬܘܗܝ ܠܝ.
ܘܬܩܠܘܗܝ ܠܐܓܪܝ ܬܠܬܝܢ ܕܟܣܦܐ. (11.13) ܘܐܡܪ ܠܝ
ܡܪܝܐ. ܐܪܡܝܘܗܝ ܒܝܬ ܓܙܐ. ܫܘܒܚܐ ܕܐܝܩܪܐ ܕܐܘܩܪܬ
ܡܢܗܘܢ. ܘܢܣܒܬ ܬܠܬܝܢ ܕܟܣܦܐ. ܘܐܪܡܝܬ ܐܢܘܢ ܒܝܬ
ܓܙܐ ܒܒܝܬܗ ܕܡܪܝܐ. (11.14) ܘܬܒܪܬ ܠܚܒܠܐ ܚܘܛܪܝ
ܐܚܪܢܐ. ܕܐܒܛܠ ܐܚܘܬܐ ܕܐܝܬ ܗܘܬ ܒܝܬ ܝܗܘܕܐ
ܠܐܝܣܪܝܠ. (11.15) ܘܐܡܪ ܠܝ ܡܪܝܐ. ܬܘܒ ܣܒ ܠܟ
ܡܐܢܐ ܕܪܥܝܐ ܒܘܪܐ. (11.16) ܡܛܠ ܕܗܐ ܐܢܐ ܡܩܝܡ
ܐܢܐ ܪܥܝܐ ܒܐܪܥܐ. ܕܐܒܕܢ ܠܐ ܢܣܥܘܪ. ܘܕܛܥܝܢ ܠܐ
ܢܒܥܐ. ܘܕܬܒܝܪܝܢ ܠܐ ܢܚܒܘܫ. ܘܕܒܪܝܢ ܠܐ ܢܐܣܐ.
ܘܕܩܝܡܝܢ ܠܐ ܢܛܥܢܐ. ܘܒܣܪܐ ܕܫܡܝܢܬܐ ܢܐܟܘܠ.
ܘܦܪܣܝܗܝܢ ܢܦܪܘܩ. (11.17) ܐܘ ܪܥܝܐ ܒܘܪܐ. ܕܫܒܩܬ
ܥܢܐ ܥܠ ܕܪܥܟ ܘܥܠ ܥܝܢܟ ܕܝܡܝܢܐ. ܕܪܥܟ ܕܝܡܝܢܐ

ܢܝܒܫ. ܘܥܝܢܗ ܕܝܡܝܢܐ ܬܣܡܐ.

[ܩܦܠܐܘܢ ܀ ܝܒ ܀]

(12.1) ܚܙܘܐ ܕܦܬܓܡܘܗܝ ܕܡܪܝܐ ܥܠ ܐܝܣܪܝܠ. ܐܡܪ
ܡܪܝܐ ܕܡܬܚ ܫܡܝܐ ܘܐܬܩܢ ܫܬܐܣܝܗ̇ ܕܐܪܥܐ. ܘܓܒܠ
ܪܘܚܗ ܕܒܪܢܫܐ ܒܓܘܗ. (12.2) ܗܐ ܐܢܐ ܥܒܕ ܐܢܐ ܠܗ̇
ܠܐܘܪܫܠܡ. ܬܪܥܐ ܕܪܘܠܐ ܠܟܠܗܘܢ ܥܡܡܐ ܕܚܕܪܝܢ
ܠܗ̇. ܐܦ ܥܠ ܝܗܘܕܐ ܢܗܘܐ ܐܘܠܨܢܐ ܥܡ ܐܘܪܫܠܡ.
(12.3) ܘܢܗܘܐ ܒܗ ܒܝܘܡܐ ܗܘ. ܐܥܒܕܝܗ̇ ܠܐܘܪܫܠܡ
ܟܐܦܐ ܕܕܝܫܐ ܠܟܠܗܘܢ ܥܡܡܐ. ܘܟܠܗܘܢ ܕܢܘܫܝܢܗ̇
ܡܣܬܪܩܘ ܢܣܬܪܩܘܢ. ܘܢܬܟܢܫܘܢ ܥܠܝܗ̇ ܟܠܗܘܢ ܥܡܡܐ
ܕܐܪܥܐ. (12.4) ܒܗ ܒܝܘܡܐ ܗܘ ܐܡܪ ܡܪܝܐ. ܐܡܚܐ
ܠܟܠܗܘܢ ܪ̈ܟܫܐ ܒܬܡܗܐ. ܘܪ̈ܟܒܝܗܘܢ ܒܫܢܝܘܬܐ. ܘܥܠ ܕܒܝܬ
ܝܗܘܕܐ ܐܦܬܚ ܥܝܢܝ. ܘܟܠܗܘܢ ܪ̈ܟܫܐ ܕܥܡܡܐ ܐܡܚܐ
ܒܣܡܝܘܬܐ. (12.5) ܘܢܐܡܪܘܢ ܪ̈ܘܪܒܢܐ ܕܝܗܘܕܐ ܒܠܒܗܘܢ.
ܢܬܥܫܢ ܡܢܝ ܥܡܘܪ̈ܝܗ̇ ܕܐܘܪܫܠܡ. ܒܡܪܝܐ ܚܝܠܬܢܐ
ܐܠܗܗܘܢ. (12.6) ܒܗ ܒܝܘܡܐ ܗܘ. ܐܥܒܕ ܠܪ̈ܘܪܒܢܐ
ܕܝܗܘܕܐ. ܐܝܟ ܟܡܘܪܬܐ ܕܢܘܪܐ ܒܩܝܣܐ. ܘܐܝܟ
ܠܡܦܐܕܐ ܕܢܘܪܐ ܒܚܨܬܐ. ܘܢܐܟܠܘܢ ܠܝܡܝܢܐ ܘܠܣܡܠܐ.
ܠܟܠܗܘܢ ܥܡܡܐ ܕܚܕܪܝܢ ܠܗܘܢ. ܘܬܬܒ ܐܘܪܫܠܡ ܬܘܒ
ܒܕܘܟܬܗ̇ ܒܐܘܪܫܠܡ. (12.7) ܘܢܦܪܘܩ ܡܪܝܐ ܠܡܫܟܢܐ
ܕܝܗܘܕܐ ܐܝܟ ܕܡܢ ܠܘܩܕܡ. ܡܛܠ ܕܠܐ ܬܫܒܘܚܬܐ

ܬܫܒܘܚܬܐ ܕܒܝܬ ܕܘܝܕ. ܘܬܫܒܘܚܬܐ ܕܥܡܘܪ̈ܝܗ
ܕܐܘܪܫܠܡ ܥܠ ܕܒܝܬ ܝܗܘܕܐ. ※ (12.8) ܒܗ ܒܝܘܡܐ
ܗܘ. ܢܓܢ ܡܪܝܐ ܥܠ ܥܡܘܪ̈ܝܗ ܕܐܘܪܫܠܡ. ܘܢܗܘܐ
ܟܪܝܗܐ ܕܒܗܘܢ ܒܝܘܡܐ ܗܘ. ܐܝܟ ܕܘܝܕ. ܘܒܝܬ ܕܘܝܕ
ܐܝܟ ܐܠܗܐ. ܐܝܟ ܡܠܐܟܗ ܕܡܪܝܐ ܕܩܕܡܝܗܘܢ. (12.9)
ܘܢܗܘܐ ܒܗ ܒܝܘܡܐ ܗܘ. ܐܒܥܐ ܠܡܘܒܕܘ ܠܟܠܗܘܢ
ܥܡ̈ܡܐ ܕܐܬܝܢ ܥܠ ܐܘܪܫܠܡ. (12.10) ܘܐܫܘܕ ܥܠ ܕܒܝܬ
ܕܘܝܕ ܘܥܠ ܥܡܘܪ̈ܝܗ ܕܐܘܪܫܠܡ. ܪܘܚܐ ܕܪܘܚܦܐ
ܘܕܪ̈ܚܡܐ. ܘܢܚܘܪܘܢ ܠܘܬܝ ܥܠ ܕܕܩܪܘ. ܘܢܪܩܕܘܢ ܥܠܘܗܝ
ܐܝܟ ܕܡܪܩܕܝܢ ܥܠ ܝܚܝܕܐ. ܘܢܬܬܒܪܘܢ ܥܠܘܗܝ ܐܝܟ
ܕܡܬܬܒܪܝܢ ܥܠ ܒܘܟܪܐ. ※ (12.11) ܒܗ ܒܝܘܡܐ ܗܘ.
ܬܣܓܐ ܡܪܩܕܬܐ ܒܐܘܪܫܠܡ. ܐܝܟ ܡܪܩܕܬܐ ܕܒܪ
ܐܡܘܢ ܕܒܦܩܥܬ ܡܓܕܘ. (12.12) ܘܬܪܩܕ ܐܪܥܐ ܫܪ̈ܒܢ
ܫܪ̈ܒܢ ܐܝܟ ܚܕܐ. ܫܪܒܬܐ ܕܒܝܬ ܕܘܝܕ ܐܠܚܘܕܝܗ ܘܢܫ̈ܝܗܘܢ
ܐܠܚܘܕܝܗ. ܫܪܒܬܐ ܕܒܝܬ ܢܬܢ ܐܠܚܘܕܝܗ ܘܢܫ̈ܝܗܘܢ ܐܠܚܘܕܝܗ.
(12.13) ܫܪܒܬܐ ܕܒܝܬ ܫܡܥܘܢ ܐܠܚܘܕܝܗ ܘܢܫ̈ܝܗܘܢ ܐܠܚܘܕܝܗ.
(12.14) ܟܠܗܝܢ ܫܪ̈ܒܬܐ ܕܐܫܬܪܢ. ܢܪܩܕܢ ܫܪ̈ܒܢ ܫܪ̈ܒܢ
ܐܠܚܘܕܝܗ ܘܢܫ̈ܝܗܘܢ ܐܠܚܘܕܝܗ.

[ܩܦܠܐܘܢ ※ ܝܓ ※]

(13.1) ܒܗ ܒܝܘܡܐ ܗܘ. ܢܗܘܐ ܡܒܘܥܐ ܕܡܬܦܬܚ ܠܒܝܬ
ܕܘܝܕ ܘܠܥܡܘܪ̈ܝܗ ܕܐܘܪܫܠܡ. ܠܪܣܣܐ ܘܠܬܕܟܝܬܐ.

(13.2) ܒܗ ܒܝܘܡܐ ܗܘ ܐܡܪ ܡܪܝܐ ܚܝܠܬܢܐ. ܐܘܒܕ
ܫܡܗܐ ܕܦܬܟܪܐ ܡܢ ܐܪܥܐ. ܘܬܘܒ ܠܐ ܢܬܕܟܪܘܢ.
ܘܐܥܒܪ ܡܢ ܐܪܥܐ ܢܒܝܐ ܕܓܠܬܐ ܘܪܘܚܐ ܛܢܦܘܬܐ.
(13.3) ܘܐܢ ܬܘܒ ܢܬܢܒܐ ܓܒܪܐ. ܢܐܡܪܘܢ ܠܗ ܐܒܘܗܝ
ܘܐܡܗ ܠܐ ܬܚܐ. ܡܛܠ ܕܕܓܠܘܬܐ ܡܠܠܬ ܒܫܡܗ
ܕܡܪܝܐ. ܘܢܐܣܪܘܢܗ ܐܒܘܗܝ ܘܐܡܗ ܕܝܠܕܘܗܝ ܡܐ
ܕܐܬܢܒܝ. (13.4) ܒܗ ܒܝܘܡܐ ܗܘ. ܢܒܗܬܘܢ ܢܒܝܐ ܕܓܠܬܐ
ܐܢܫ ܡܢ ܚܙܘܐ ܕܢܒܝܘܬܗ. ܘܠܐ ܢܬܟܣܘܢ ܡܫܟܐ
ܕܣܥܪܐ ܡܛܠ ܕܢܕܓܠܘܢ. (13.5) ܘܢܐܡܪ ܠܐ ܗܘܝܬ ܢܒܝܐ.
ܐܠܐ ܓܒܪܐ ܐܢܐ ܕܦܠܚ ܒܐܪܥܐ. ܘܓܒܪܐ ܐܩܢܝ ܡܢ
ܛܠܝܘܬܝ. (13.6) ܘܢܐܡܪܘܢ ܠܗ. ܡܢܐ ܐܢܝܢ ܗܠܝܢ
ܡܚܘܬܐ ܕܒܐܝܕܝܟ ܘܢܐܡܪ ܗܠܝܢ ܡܚܘܬܐ ܕܐܬܡܚܝܬ ܒܒܝܬ
ܪܚܡܝ. (13.7) ܣܝܦܐ ܐܬܬܥܝܪ ܥܠ ܪܥܝܐ ܕܝܠܝ. ܘܥܠ
ܓܒܪܐ ܪܚܡܝ ܐܡܪ ܡܪܝܐ ܚܝܠܬܢܐ. ܡܚܝ ܠܪܥܝܐ
ܘܬܬܒܕܪ ܥܢܗ. ܘܐܗܦܟ ܐܝܕܝ ܥܠ ܥܠܝܡܐ. (13.8) ܘܢܗܘܐ
ܒܟܠܗ ܐܪܥܐ ܐܡܪ ܡܪܝܐ. ܘܬܪܬܝܢ ܡܢܗ ܕܒܗ ܢܣܘܦܘܢ
ܘܢܡܘܬܘܢ. ܘܬܘܠܬܐ ܢܫܬܚܪ ܒܗ. (13.9) ܘܐܥܠܝܘܗܝ
ܠܬܘܠܬܐ ܕܐܫܬܚܪ ܒܢܘܪܐ. ܘܐܨܪܘܦ ܐܢܘܢ ܐܝܟ
ܕܨܪܦܝܢ ܠܣܐܡܐ. ܘܐܒܚܘܪ ܐܢܘܢ ܐܝܟ ܕܒܚܪܝܢ
ܠܕܗܒܐ. ܗܘ ܢܩܪܐ ܒܫܡܝ ܘܐܢܐ ܐܥܢܝܘܗܝ. ܘܐܡܪ
ܕܥܡܐ ܗܘ ܕܝܠܝ. ܘܗܘ ܢܐܡܪ ܡܪܝܐ ܐܠܗܝ.

[ܩܦܠܐܘܢ ∴ ܝܕ ∴]

(14.1) ܗܐ ܝܘܡܐ ܕܡܪܝܐ ܐܬܐ. ܘܬܬܦܠܓ ܒܙܬܟܝ ܒܓܘܟܝ.
(14.2) ܘܐܟܢܫ ܠܟܠܗܘܢ ܥܡܡܐ ܠܐܘܪܫܠܡ ܠܩܪܒܐ.
ܘܬܬܐܚܕ ܡܕܝܢܬܐ. ܘܢܬܒܙܘܢ ܒܬܐ ܘܢܫܐ ܢܬܛܢܦܢ. ܘܢܦܘܩ
ܦܠܓܗ ܕܡܕܝܢܬܐ ܒܫܒܝܐ. ܘܦܠܓܗ ܕܥܡܐ ܠܐ ܢܐܒܕ ܡܢ
ܡܕܝܢܬܐ. (14.3) ܘܢܦܘܩ ܡܪܝܐ ܘܢܬܟܬܫ ܥܡ ܥܡܡܐ
ܗܢܘܢ. ܐܝܟ ܝܘܡܐ ܕܐܬܟܬܫ ܒܝܘܡܐ ܕܩܪܒܐ. (14.4)
ܘܢܩܘܡܢ ܪܓܠܘܗܝ ܥܠ ܛܘܪܐ ܕܙܝܬܐ. ܕܠܘܩܒܠ ܐܘܪܫܠܡ
ܠܡܕܢܚܗ. ܘܢܬܦܠܓ ܛܘܪܐ ܕܙܝܬܐ. ܦܠܓܗ ܠܡܕܢܚܐ
ܘܦܠܓܗ ܠܡܥܪܒܐ. ܘܢܗܘܐ ܒܗ ܚܠܐ ܕܪܒ ܛܒ. ܘܢܫܬܢܐ
ܦܠܓܗ ܕܛܘܪܐ ܠܓܪܒܝܐ ܘܦܠܓܗ ܠܬܝܡܢܐ. (14.5)
ܘܬܥܪܩܘܢ ܠܚܠܐ ܕܛܘܪܐ. ܡܛܠ ܕܢܡܛܐ ܚܠܗܘܢ
ܕܛܘܪܐ ܠܐܘܠܝܨܐ. ܘܬܥܪܩܘܢ ܐܝܟ ܕܥܪܩܬܘܢ ܡܢ ܩܕܡ
ܙܘܥܐ. ܕܗܘܐ ܒܝܘܡܘܗܝ ܕܥܘܙܝܐ ܡܠܟܐ ܕܝܗܘܕܐ.
ܘܢܐܬܐ ܡܪܝܐ ܐܠܗܝ ܘܟܠܗܘܢ ܩܕܝܫܘܗܝ ܥܡܗ. ⁘ ⁘ (14.6)
ܒܗ ܒܝܘܡܐ ܗܘ. ܠܐ ܢܗܘܐ ܢܘܗܪܐ. ܐܠܐ ܩܪܝܪܐ
ܘܓܠܝܕܐ. (14.7) ܘܢܗܘܐ ܝܘܡܐ ܚܕ. ܘܝܘܡܐ ܗܘ ܢܬܝܕܥ
ܠܡܪܝܐ. ܠܐ ܠܠܝܐ ܘܠܐ ܐܝܡܡܐ. ܘܠܥܕܢ ܕܪܡܫܐ ܢܗܘܐ
ܢܘܗܪܐ. (14.8) ܒܗ ܒܝܘܡܐ ܗܘ. ܢܦܩܘܢ ܡܝܐ ܚܝܐ ܡܢ
ܐܘܪܫܠܡ. ܦܠܓܗܘܢ ܠܝܡܐ ܩܕܡܝܐ. ܘܦܠܓܗܘܢ ܠܝܡܐ
ܡܥܪܒܝܐ. ܩܝܛܐ ܘܣܬܘܐ. (14.9) ܘܢܗܘܐ ܡܪܝܐ ܡܠܟܐ
ܥܠ ܟܠܗ ܐܪܥܐ. ܒܗ ܒܝܘܡܐ ܗܘ. ܢܗܘܐ ܡܪܝܐ ܚܕ.

ܘܫܡܗ ܚܕ. (14.10) ܘܢܚܕܪܝܗ ܠܓܒܠܗ ܐܪܥܐ ܐܝܟ
ܦܩܥܬܐ. ܕܡܢ ܓܒܥ ܘܥܕܡܐ ܠܪܡܘܢ ܕܒܬܝܡܢܗ
ܕܐܘܪܫܠܡ. ܘܬܬܪܝܡ ܘܬܬܒ ܒܕܘܟܬܗ. ܡܢ ܬܪܥܐ
ܕܒܢܝܡܝܢ. ܘܥܕܡܐ ܠܐܬܪܐ ܕܬܪܥܐ ܩܕܡܝܐ. ܘܥܕܡܐ
ܠܬܪܥܐ ܕܙܘܝܬܐ. ܘܡܢ ܡܓܕܠܐ ܕܚܢܢܐܝܠ. ܘܥܕܡܐ
ܠܡܥܨܪܬܐ ܕܡܠܟܐ. (14.11) ܘܢܬܒܘܢ ܒܗ. ܘܬܘܒ ܚܪܡܐ
ܠܐ ܢܗܘܐ. ܘܬܬܒ ܐܘܪܫܠܡ ܒܫܠܝܐ. (14.12) ܘܗܕܐ
ܬܗܘܐ ܡܚܘܬܐ ܕܢܡܚܐ ܡܪܝܐ ܠܟܠܗܘܢ ܥܡܡܐ
ܕܡܬܚܝܠܝܢ ܥܠ ܐܘܪܫܠܡ. ܢܬܡܣܐ ܒܣܪܗܘܢ ܟܕ ܩܝܡܝܢ
ܥܠ ܪܓܠܝܗܘܢ. ܘܥܝܢܝܗܘܢ ܢܬܡܣܝܢ ܒܚܘܪܝܗܘܢ. ܘܠܫܢܗܘܢ
ܢܬܡܣܐ ܒܦܘܡܗܘܢ. ܀ (14.13) ܒܗ ܒܝܘܡܐ ܗܘ. ܬܗܘܐ
ܒܗܘܢ ܬܘܗܬܐ ܪܒܬܐ ܕܡܪܝܐ. ܘܢܐܚܘܢ ܐܢܫ ܠܚܒܪܗ.
ܘܬܬܪܡܐ ܐܝܕܗ ܥܠ ܐܝܕܐ ܕܚܒܪܗ. (14.14) ܘܐܦ ܝܗܘܕܐ
ܬܬܟܬܫ ܒܐܘܪܫܠܡ. ܘܢܬܟܢܫ ܚܝܠܐ ܕܟܠܗܘܢ ܥܡܡܐ
ܕܚܕܪܝܗ. ܕܗܒܐ ܘܣܐܡܐ. ܘܢܚܬܐ ܕܠܒܫ ܣܓܝܐܐ.
(14.15) ܘܗܟܢܐ ܬܗܘܐ ܡܚܘܬܐ ܕܣܘܣܝܐ ܘܕܟܘܕܢܝܐ.
ܘܕܓܡܠܐ ܘܕܚܡܪܐ. ܘܕܟܠܗ ܒܥܝܪܐ ܕܬܗܘܐ
ܒܡܫܪܝܬܐ ܗܠܝܢ. ܐܝܟ ܡܚܘܬܐ ܗܕܐ. (14.16) ܘܢܗܘܐ
ܟܠ ܕܡܫܬܚܪ ܡܢ ܟܠܗܘܢ ܥܡܡܐ ܕܐܬܘ ܥܠ ܐܘܪܫܠܡ.
ܢܣܩܘܢ ܡܢ ܫܢܐ ܠܫܢܐ. ܠܡܣܓܕ ܠܡܠܟܐ ܡܪܝܐ ܚܝܠܬܢܐ.
ܘܠܡܥܒܕ ܥܐܕܐ ܕܡܛܠܠܐ. (14.17) ܘܢܗܘܐ ܡܢ ܕܠܐ
ܢܣܩ ܡܢ ܟܠܗܝܢ ܫܪܒܬܐ ܕܐܪܥܐ ܠܐܘܪܫܠܡ. ܠܡܣܓܕ
ܠܡܠܟܐ ܡܪܝܐ ܚܝܠܬܢܐ. ܠܐ ܢܣܒ ܥܠܝܗܘܢ ܡܛܪܐ.

(14.18) ܘܐܢ ܫܪܒܬܐ ܕܡܨܪܝܢ ܠܐ ܬܣܩ ܘܠܐ ܬܐܬܐ.
ܐܦ ܥܠܝܗܘܢ ܬܗܘܐ ܡܚܘܬܐ ܕܢܡܚܐ ܡܪܝܐ ܠܥܡܡܐ.
ܐܝܠܝܢ ܕܠܐ ܣܠܩܝܢ ܠܡܥܒܕ ܥܕܥܕܐ ܕܡܛܠܠܐ.
(14.19) ܘܗܕܐ ܬܗܘܐ ܚܛܝܬܗ ܕܡܨܪܝܢ ܘܚܛܝܬܐ
ܕܟܠܗܘܢ ܥܡܡܐ. ܐܝܠܝܢ ܕܠܐ ܣܠܩܝܢ ܠܡܥܒܕ ܥܕܥܕܐ
ܕܡܛܠܠܐ. (14.20) ܒܗ ܒܝܘܡܐ ܗܘ. ܢܗܘܐ ܥܠ ܦܓܘܕܬܗ
ܕܣܘܣܝܐ ܩܘܕܫܐ ܠܡܪܝܐ. ܘܢܗܘܘܢ ܩܕܪܐ ܕܒܒܝܬܗ
ܕܡܪܝܐ ܐܝܟ ܦܝܠܣܐ ܕܩܕܡ ܡܕܒܚܐ. (14.21) ܘܢܗܘܐ
ܟܠ ܩܕܪܐ ܕܒܝܗܘܕܐ ܘܒܐܘܪܫܠܡ. ܩܘܕܫܐ ܠܡܪܝܐ
ܚܝܠܬܢܐ. ܘܢܐܬܘܢ ܟܠ ܕܡܕܒܚܝܢ. ܢܣܒܘܢ ܡܢܗܘܢ
ܘܢܒܫܠܘܢ ܒܗܘܢ. ܘܠܐ ܢܗܘܐ ܬܘܒ ܟܢܥܢܝܐ ܒܒܝܬܗ
ܕܡܪܝܐ ܚܝܠܬܢܐ ܒܝܘܡܐ ܗܘ.

⁘ ܫܠܡܬ ܢܒܝܘܬܗ ܕܙܟܪܝܐ ⁘

⁘ ܬܘܒ ܢܒܝܘܬܗ ܕܡܠܐܟܝ ⁘

[ܩܦܠܐܘܢ ⁘ ܐ ⁘]

(1.1) ܫܘܩܐ ܕܦܬܓܡܘܗܝ ܕܡܪܝܐ ܥܠ ܐܝܣܪܝܠ ܒܝܕ
ܡܠܐܟܝ. (1.2) ܐܚܒܬܟܘܢ ܐܡܪ ܡܪܝܐ. ܘܐܡܪܬܘܢ ܐܢܬܘܢ
ܒܡܢܐ ܐܚܒܬܢ. ܕܠܡܐ ܥܣܘ ܠܐ ܗܘܐ ܐܚܘܗܝ ܕܝܥܩܘܒ
ܐܡܪ ܡܪܝܐ. ܘܐܚܒܬ ܠܝܥܩܘܒ (1.3) ܘܠܥܣܘ ܣܢܝܬ. ܣܡܬ
ܛܘܪܘܗܝ ܠܚܘܪܒܐ. ܘܝܪܬܘܬܗ ܠܬܢܝܢܐ ܕܡܕܒܪܐ. (1.4)
ܘܐܢ ܢܐܡܪܘܢ ܐܕܘܡܝܐ ܐܬܡܣܟܢܢ. ܢܗܦܘܟ ܢܒܢܐ
ܚܪܒܬܐ. ܗܟܢܐ ܐܡܪ ܡܪܝܐ. ܗܢܘܢ ܢܒܢܘܢ ܘܐܢܐ
ܐܣܚܘܦ. ܘܢܩܪܘܢ ܠܗܘܢ ܬܚܘܡܐ ܕܪܫܝܥܘܬܐ. ܘܥܡܐ ܕܪܓܙ
ܥܠܘܗܝ ܡܪܝܐ ܠܥܠܡ. (1.5) ܘܥܝܢܝܟܘܢ ܢܚܙܝܢ. ܐܢܬܘܢ ܕܝܢ
ܬܐܡܪܘܢ. ܢܬܪܒ ܡܪܝܐ ܠܥܠ ܡܢ ܬܚܘܡܐ ܕܐܝܣܪܝܠ.
(1.6) ܒܪܐ ܡܝܩܪ ܠܐܒܘܗܝ ܘܥܒܕܐ ܠܡܪܗ. ܐܢ ܐܒܐ
ܐܢܐ ܐܝܟܘ ܕܡܝܩܪܝܢ ܐܢܬܘܢ ܠܝ. ܘܐܢ ܡܪܐ ܐܢܐ ܐܝܟܐ
ܗܘ ܕܕܚܠܝܢ ܐܢܬܘܢ ܡܢܝ. ܐܡܪ ܡܪܝܐ ܚܝܠܬܢܐ. ܠܟܘܢ
ܟܗܢܐ ܕܒܣܝܢ ܐܢܬܘܢ ܫܡܝ. ܘܐܢ ܐܡܪܝܢ ܐܢܬܘܢ ܒܡܢܐ
ܐܒܣܢ ܫܡܟ. (1.7) ܥܠ ܕܡܩܪܒܝܢ ܐܢܬܘܢ ܥܠ ܡܕܒܚܝ
ܠܚܡܐ ܛܢܦܐ. ܘܐܢ ܐܡܪܝܢ ܐܢܬܘܢ ܒܡܢܐ ܛܢܦܢܟ.
ܒܕܐܡܪܝܢ ܐܢܬܘܢ ܕܫܝܛ ܗܘ ܦܬܘܪܗ ܕܡܪܝܐ. (1.8)
ܘܕܡܩܪܒܝܢ ܐܢܬܘܢ ܥܘܝܪܐ ܠܡܕܒܚܐ ܕܠܡܐ ܠܐ ܒܝܫ.
ܘܕܡܩܪܒܝܢ ܐܢܬܘܢ ܚܓܝܪܐ ܘܟܪܝܗܐ ܕܠܡܐ ܠܐ ܒܝܫ.

ܩܪܒܝܗܝ ܢܐ ܠܫܠܝܛܟ. ܕܠܡܐ ܪܥܐ ܠܟ ܐܘ ܢܣܒ ܒܐܦܝܟ
ܐܡܪ ܡܪܝܐ ܫܠܝܛܐ. (1.9) ܡܟܝܠ ܒܥܘ ܩܕܡ ܡܪܝܐ
ܘܢܪܚܡ ܥܠܝܢ. ܕܒܐܝܕܝܟܘܢ ܗܘܬ ܗܕܐ. ܠܐ ܐܣܒ
ܒܐܦܝܟܘܢ ܐܡܪ ܡܪܝܐ ܫܠܝܛܐ. (1.10) ܡܢܘ ܐܝܬ ܒܟܘܢ
ܕܢܐܚܘܕ ܬܪܥܐ. ܘܠܐ ܬܩܪܒܘܢ ܥܠ ܡܕܒܚܝ ܕܡܓܢ. ܠܐ
ܨܒܐ ܐܢܐ ܒܟܘܢ ܐܡܪ ܡܪܝܐ ܫܠܝܛܐ. ܘܩܘܪܒܢܐ ܠܐ
ܐܩܒܠ ܡܢܟܘܢ. (1.11) ܡܛܠ ܕܡܢ ܡܕܢܚܗ ܕܫܡܫܐ
ܘܥܕܡܐ ܠܡܥܪܒܗ. ܪܒ ܗܘ ܫܡܝ ܒܥܡܡܐ. ܘܒܟܠ ܐܬܪ
ܣܡܝܢ ܒܣܡܐ. ܘܡܩܪܒܝܢ ܠܫܡܝ ܩܘܪܒܢܐ ܕܟܝܐ. ܡܛܠ
ܕܪܒ ܗܘ ܫܡܝ ܒܥܡܡܐ ܐܡܪ ܡܪܝܐ ܫܠܝܛܐ. (1.12)
ܘܐܢܬܘܢ ܡܛܢܦܝܢ ܐܢܬܘܢ ܠܗ. ܟܕ ܐܡܪܝܢ ܐܢܬܘܢ
ܕܦܬܘܪܗ ܕܡܪܝܐ ܡܛܢܦ ܗܘ. ܘܫܝܛܐ ܐܝܟ ܡܐܟܘܠܬܗ.
(1.13) ܘܐܡܪܝܢ ܐܢܬܘܢ ܗܢܐ ܡܢ ܕܘܘܢܐ ܗܘ. ܘܢܦܚܬ
ܒܗܝ ܐܡܪ ܡܪܝܐ ܫܠܝܛܐ. ܕܡܝܬܝܢ ܐܢܬܘܢ ܡܢ
ܚܛܘܦܝܐ ܩܘܪܒܢܐ ܚܓܝܪܐ ܘܟܪܝܗܐ. ܠܐ ܡܩܒܠ ܐܢܐ
ܠܗܘܢ ܡܢ ܐܝܕܝܟܘܢ ܐܡܪ ܡܪܝܐ ܫܠܝܛܐ. (1.14) ܘܠܝܛ
ܗܘ ܡܢ ܕܐܝܬ ܠܗ ܒܥܢܗ ܕܟܪܐ. ܘܢܕܪ ܘܡܕܒܚ ܕܟܪܝܗ
ܠܡܪܝܐ ܡܛܠ ܕܡܠܟܐ ܐܢܐ ܪܒܐ ܐܡܪ ܡܪܝܐ ܫܠܝܛܐ.
ܘܫܡܝ ܕܚܝܠ ܒܥܡܡܐ.

[ܩܦܠܐܘܢ ܀ ܒ ܀]

(2.1) ܡܟܝܠ ܦܘܩܕܢܐ ܗܢܐ ܠܟܘܢ ܗܘ ܟܗܢܐ. (2.2)

ܐܠܐ ܬܫܡܥܘܢ ܘܐܠܐ ܬܣܝܡܘܢ ܥܠ ܠܒܟܘܢ܂ ܠܡܬܠ ܐܝܩܪܐ
ܠܫܡܝ ܐܡܪ ܡܪܝܐ ܚܝܠܬܢܐ܂ ܐܫܕܪ ܥܠܝܟܘܢ ܠܘܛܬܐ
ܘܐܠܘܛ ܒܘܪܟܬܟܘܢ܂ ܡܛܠ ܕܠܐ ܣܡܬܘܢ ܐܢܝܢ ܥܠ ܠܒܟܘܢ܂
(2.3) ܗܐ ܓܥܪ ܐܢܐ ܒܙܪܥܐ ܕܐܪܥܐ܂ ܘܐܕܪܐ ܦܪܬܐ
ܥܠ ܐܦܝܟܘܢ ܘܦܪܬܐ ܥܠ ܥܐܕܥܐܕܝܟܘܢ܂ ܘܐܫܩܘܠܟܘܢ ܥܡܗ܂
(2.4) ܘܬܕܥܘܢ ܕܫܕܪܬ ܠܟܘܢ ܦܘܩܕܢܐ ܗܢܐ܂ ܕܬܗܘܐ
ܕܝܬܩܐ ܥܡ ܠܘܝ ܐܡܪ ܡܪܝܐ ܚܝܠܬܢܐ܂ (2.5) ܩܝܡܝ ܗܘܐ
ܥܡܗ܂ ܚܝܐ ܘܫܠܡܐ ܝܗܒܬ ܐܢܘܢ ܠܗ܂ ܕܚܠܬܐ ܕܚܠ ܡܢܝ܂
ܘܡܢ ܩܕܡ ܫܡܝ ܐܬܒܪ ܗܘܐ܂ (2.6) ܢܡܘܣܐ ܕܩܘܫܬܐ
ܗܘܐ ܒܦܘܡܗ܂ ܘܥܘܠܐ ܠܐ ܐܫܬܟܚ ܒܣܦܘܬܗ܂ ܒܫܠܡܐ
ܘܒܬܪܝܨܘܬܐ ܗܠܟ ܥܡܝ܂ ܘܣܓܝܐܐ ܐܗܦܟ ܡܢ ܥܘܠܐ܂
(2.7) ܡܛܠ ܕܣܦܘܬܗ ܕܟܘܡܪܐ ܢܛܪܢ ܝܕܥܬܐ܂ ܘܢܡܘܣܐ
ܢܒܥܘܢ ܡܢ ܦܘܡܗ܂ ܡܛܠ ܕܡܠܐܟܗ ܗܘ ܕܡܪܝܐ
ܚܝܠܬܢܐ܂ (2.8) ܐܢܬܘܢ ܕܝܢ ܣܛܝܬܘܢ ܡܢ ܐܘܪܚܐ܂
ܘܐܬܩܠܬܘܢ ܠܣܓܝܐܐ ܡܢ ܢܡܘܣܐ܂ ܘܚܒܠܬܘܢ ܩܝܡܐ
ܕܠܘܝ ܐܡܪ ܡܪܝܐ ܚܝܠܬܢܐ܂ (2.9) ܐܦ ܐܢܐ ܝܗܒܬܟܘܢ
ܫܝܛܐ ܘܡܟܝܟܐ ܒܟܠ ܥܡ ܥܠ ܕܠܐ ܢܛܪܬܘܢ ܐܘܪܚܬܝ܂
ܘܢܣܒܬܘܢ ܒܐܦܐ ܒܢܡܘܣܐ܂ (2.10) ܕܠܡܐ ܠܐ ܗܘܐ ܚܕ
ܐܒܐ ܠܟܠܢ܂ ܐܘ ܠܐ ܗܘܐ ܚܕ ܐܠܗܐ ܒܪܢ܂ ܠܡܢܐ
ܡܕܓܠܝܢ ܓܒܪ ܒܐܚܘܗܝ܂ ܘܡܛܢܦܝܢ ܩܝܡܐ ܕܐܒܗܝܢ܂
(2.11) ܕܓܠ ܝܗܘܕܐ܂ ܘܛܢܘܦܬܐ ܐܬܥܒܕܬ ܒܐܝܣܪܝܠ
ܘܒܐܘܪܫܠܡ܂ ܡܛܠ ܕܛܢܦ ܝܗܘܕܐ ܩܘܕܫܗ ܕܡܪܝܐ
ܚܝܠܬܢܐ܂ ܘܪܚܡ ܘܢܣܒ ܠܒܪܬ ܐܠܗܐ ܢܘܟܪܝܐ܂ (2.12) ܢܘܒܕ

ܡܪܝܐ ܠܓܒܪܐ ܕܥܒܕ ܗܕܐ. ܘܠܒܪܗ ܒܪܗ ܡܢ
ܡܫܟܢܗ ܕܝܥܩܘܒ ܘܠܐ ܢܗܘܐ ܠܗ ܕܡܩܪܒ ܩܘܪܒܢܐ
ܠܡܪܝܐ ܚܝܠܬܢܐ. (2.13) ܘܗܕܐ ܐܚܪܬܐ ܕܥܒܕܬܘܢ.
ܟܣܝܬ ܕܡܥܬܐ ܠܒܝܬܗ ܕܡܪܝܐ. ܘܒܟܝܬܐ ܘܬܢܚܬܐ.
ܡܛܠ ܕܠܐ ܡܬܦܢܐ ܥܠ ܩܘܪܒܢܝܟܘܢ. ܘܠܐ ܡܩܒܠ ܠܗ
ܠܨܒܝܢܐ ܡܢ ܐܝܕܝܟܘܢ. (2.14) ܘܐܢ ܐܡܪܝܢ ܐܢܬܘܢ ܥܠ
ܡܢܐ. ܥܠ ܕܐܣܗܕ ܡܪܝܐ ܒܝܢܟ ܠܐܢܬܬ ܛܠܝܘܬܟ
ܕܐܢܬ ܕܓܠܬ ܒܗ. ܘܗܝ ܫܘܬܦܬܟ ܘܐܢܬܬ ܩܝܡܟ. (2.15)
ܕܠܡܐ ܠܐ ܗܘܐ ܚܕ ܥܒܕ. ܘܫܪܟܐ ܕܪܘܚܬܐ ܕܝܠܗ ܗܘ.
ܚܕ ܒܥܐ ܙܪܥܐ ܡܢ ܐܠܗܐ. ܐܙܕܗܪܘ ܒܪܘܚܟܘܢ. ܘܐܢܫ
ܒܐܢܬܬ ܛܠܝܘܬܗ ܠܐ ܢܒܓܘܕ. (2.16) ܐܡܪ ܡܪܝܐ
ܚܝܠܬܢܐ ܐܠܗܐ ܕܐܝܣܪܝܠ. ܘܥܘܠܐ ܒܡܪܛܘܛܗ ܠܐ
ܢܟܣܐ ܐܡܪ ܡܪܝܐ ܚܝܠܬܢܐ. ܐܙܕܗܪܘ ܒܪܘܚܟܘܢ ܘܠܐ
ܬܒܓܕܘܢ. (2.17) ܐܠܐܝܬܘܢ ܠܡܪܝܐ ܒܡܠܝܟܘܢ. ܘܐܢ
ܐܡܪܝܢ ܐܢܬܘܢ ܒܡܢܐ ܐܠܐܝܢܗܝ. ܒܕܐܡܪܝܢ ܐܢܬܘܢ
ܕܟܠ ܕܥܒܕ ܕܒܝܫ ܫܦܝܪ ܒܥܝܢܝ ܡܪܝܐ. ܘܒܗܘܢ ܗܘ ܨܒܐ.
ܘܐܝܟܐ ܐܠܗܐ ܕܕܝܢܐ.

[ܩܦܠܐܘܢ ∴ ܓ ∴]

(3.1) ܗܐ ܐܢܐ ܡܫܕܪ ܐܢܐ ܡܠܐܟܝ. ܘܢܦܢܐ ܐܘܪܚܐ
ܩܕܡܝ. ܘܡܢ ܫܠܝܐ ܢܐܬܐ ܠܗܝܟܠܗ ܡܪܝܐ ܕܡܣܟܝܢ
ܐܢܬܘܢ ܠܗ. ܘܡܠܐܟܐ ܕܩܝܡܐ ܕܨܒܝܢ ܐܢܬܘܢ ܒܗ. ܗܐ

ܐܬܝܐ ܐܡܪ ܡܪܝܐ ܚܝܠܬܢܐ. (3.2) ܡܢܘ ܡܣܝܒܪ ܝܘܡܐ
ܕܐܬܝܐ ܒܗ. ܐܘ ܡܢܘ ܡܫܟܚ ܠܩܝܡ ܐܡܬܝ ܕܡܬܓܠܝܐ.
ܡܛܠ ܕܐܝܟ ܢܘܪܐ ܗܘ ܕܨܪܘܦܐ. ܘܐܝܟ ܟܒܪܝܬܐ
ܕܡܚܘܪܐ. (3.3) ܕܢܗܦܘܟ ܠܡܨܪܦ ܘܠܡܕܟܝܘ. ܐܝܟ
ܣܐܡܐ. ܘܒܕܟܐ ܠܒܢܝ̈ܗܝ ܕܠܘܝ. ܘܒܨܪܦܐ ܐܢܘܢ ܐܝܟ
ܕܗܒܐ ܘܐܝܟ ܣܐܡܐ. ܘܗܘܘܢ ܡܩܪܒܝ ܩܘܪܒܢܐ
ܠܡܪܝܐ ܒܙܕܝܩܘܬܐ. (3.4) ܘܒܣܡ ܠܡܪܝܐ ܩܘܪܒܢܐ
ܕܝܗܘܕܐ ܘܕܐܘܪܫܠܡ. ܐܝܟ ܝܘܡܬܐ ܕܡܢ ܩܕܡ. ܘܐܝܟ
ܫܢܝܐ ܕܡܢ ܩܕܝܡ. (3.5) ܘܐܩܪܘܒ ܩܠܘܟܘܢ ܒܕܝܢܐ.
ܘܐܗܘܐ ܣܗܕܐ ܡܣܪܗܒܐ ܒܚܪ̈ܫܐ ܘܒܓܝܪ̈ܐ. ܘܒܐܠܝ
ܕܝܡܝ ܒܕܓܠܘܬܐ. ܘܒܐܠܝ ܕܛܠܡܝ ܐܓܪܐ ܕܐܓܝܪܐ.
ܘܕܟܡܘܪܐ ܘܕܝܬܡܐ ܘܕܐܪܡܠܬܐ. ܘܨܠܝ ܥܠ ܐܝܢܐ
ܕܡܬܦܢܐ ܠܘܬܝ. ܘܠܐ ܕܚܠܗ ܡܢܝ ܐܡܪ ܡܪܝܐ ܚܝܠܬܢܐ.
(3.6) ܡܛܠ ܕܐܢܐ ܐܢܐ ܡܪܝܐ ܘܠܐ ܐܫܬܚܠܦܬ. ܘܐܝܬܘܢ
ܒܢ̈ܝ ܝܥܩܘܒ ܠܐ ܒܛܠܬܘܢ ܡܢ ܟܘܠܝܗ. (3.7) ܡܢ ܝܘܡܝ
ܐܒܗܬܟܘܢ ܣܛܝܬܘܢ ܡܢ ܦܘܩܕ̈ܢܝ ܘܠܐ ܢܛܪܬܘܢ ܐܢܘܢ.
ܐܬܦܢܘ ܠܘܬܝ ܘܐܬܦܢܐ ܠܘܬܟܘܢ ܐܡܪ ܡܪܝܐ ܚܝܠܬܢܐ.
ܘܐܡ ܐܡܪܝ ܐܝܬܘܢ ܒܡܢܐ ܢܬܦܢܐ. (3.8) ܕܠܡܐ ܓܠܡ
ܒܪܢܫܐ ܠܐܠܗܐ ܐܝܟ ܕܐܝܬܘܢ ܓܠܡܝܬܘܢ ܠܝ. ܘܐܡ
ܐܡܪܝ ܐܝܬܘܢ ܒܡܢܐ ܓܠܡܢܝ. ܒܡܥܣܪ̈ܐ ܘܒܪ̈ܫܝܬܐ.
(3.9) ܒܠܘܛܬܐ ܡܬܠܛܝܬܘܢ ܐܝܬܘܢ. ܘܠܝ ܓܠܡܝܬܘܢ ܐܝܬܘܢ.
ܟܠܗ ܥܡܐ. (3.10) ܐܝܬܘ ܡܥܣܪ̈ܐ ܠܐܘܨܪ̈ܝ. ܘܗܘܘܢ
ܡܐܟܘܠܬܐ ܒܒܝܬܝ. ܘܢܣܐܘܢ ܒܗܕܐ ܐܡܪ ܡܪܝܐ

ܚܝܠܬܢܐ. ܘܐܦܬܚ ܠܟܘܢ ܟܘܝ ܫܡܝܐ. ܘܐܫܘܕ ܠܟܘܢ
ܒܘܪܟܬܐ ܒܕܡܝܐ ܕܬܬܡܠܘܢ ܟܪܘ. (3.11) ܘܐܓܥܘܪ
ܒܐܟܠܐ ܕܠܐ ܢܚܒܠ ܦܐܪܐ ܕܐܪܥܐ. ܘܠܐ ܬܬܟܠ ܠܟܘܢ
ܐܦ ܠܐ ܚܕܐ ܓܦܬܐ ܒܚܩܠܐ ܐܡܪ ܡܪܝܐ ܚܝܠܬܢܐ.
(3.12) ܘܢܛܘܒܘܢܟܘܢ ܟܠܗܘܢ ܥܡܡܐ. ܟܕ ܬܗܘܘܢ ܐܪܥܐ
ܕܨܒܝܢ ܐܡܪ ܡܪܝܐ ܚܝܠܬܢܐ. (3.13) ܚܣܝ ܥܠܝ ܡܠܝܟܘܢ
ܐܡܪ ܡܪܝܐ ܘܐܦ ܐܡܪܝܢ ܐܢܬܘܢ ܡܢܐ ܐܡܪܢ ܥܠܝܟ.
(3.14) ܐܡܪܬܘܢ ܕܣܪܝܩܐܝܬ ܦܠܚܝܢܢ ܠܡܪܝܐ. ܘܡܢܐ
ܐܘܬܪܢ ܕܢܛܪܢ ܡܛܪܬܗ. ܘܕܗܠܟܢ ܡܟܝܟܐܝܬ ܩܕܡ
ܡܪܝܐ ܚܝܠܬܢܐ. (3.15) ܘܗܫܐ ܗܐ ܛܘܒܐ ܝܗܒܝܢ
ܠܥܘܠܐ. ܘܡܬܒܢܝܢ ܥܒܕܝ ܚܛܝܬܐ. ܘܡܢܣܝܢ ܠܐܠܗܐ
ܘܡܬܦܨܝܢ. (3.16) ܗܠܝܢ ܡܠܠܘ ܕܚܠܘܗܝ ܕܡܪܝܐ ܓܒܪ ܥܡ
ܚܒܪܗ. ܘܨܬ ܡܪܝܐ ܘܫܡܥ. ܘܟܬܒ ܒܣܦܪܐ ܕܕܘܟܪܢܐ
ܩܕܡܘܗܝ. ܠܕܚܠܘܗܝ ܘܠܐܝܠܝܢ ܕܡܫܒܚܝܢ ܠܫܡܗ. (3.17)
ܘܢܗܘܘܢ ܠܝ ܐܡܪ ܡܪܝܐ ܚܝܠܬܢܐ. ܠܝܘܡܐ ܕܥܒܕ ܐܢܐ
ܒܘܢܝܐ. ܘܐܚܘܣ ܥܠܝܗܘܢ. ܐܝܟ ܕܚܐܣ ܓܒܪܐ ܥܠ ܒܪܗ
ܕܦܠܚ ܠܗ. (3.18) ܘܬܬܗܦܟܘܢ ܘܬܚܙܘܢ ܒܝܬ ܙܕܝܩܐ
ܠܥܘܠܐ. ܘܒܝܬ ܕܦܠܚ ܠܐܠܗܐ ܠܐܝܠܝܢ ܕܠܐ ܦܠܚܘܗܝ.
(3.19) ܡܛܠ ܕܗܐ ܝܘܡܐ ܐܬܐ. ܘܝܩܕ ܐܝܟ ܬܢܘܪܐ
ܕܐܙܝ. ܘܢܗܘܘܢ ܟܠܗܘܢ ܥܘܠܐ ܘܟܠܗܘܢ ܥܒܕܝ ܚܛܝܬܐ
ܩܫܬܐ. ܘܢܘܩܕ ܐܢܘܢ ܝܘܡܐ ܕܐܬܐ ܐܡܪ ܡܪܝܐ
ܚܝܠܬܢܐ. ܘܠܐ ܢܫܒܘܩ ܠܗܘܢ ܥܩܪܐ ܘܣܘܟܐ. (3.20)
ܘܬܕܢܚ ܠܟܘܢ ܠܕܚܠܝ ܫܡܝ ܫܡܫܐ ܕܙܕܝܩܘܬܐ. ܘܐܣܝܘܬܐ

ܚܠ ܠܫܢܝܗ̇. ܘܬܦܩܘܢ ܘܬܕܝܫܘܢ ܐܝܟ ܥܓܠ̈ܐ ܕܒܡܪܒܐ.
(3.21) ܘܬܕܫܘܢ ܠܚ̈ܛܝܐ. ܡܛܠ ܕܢܗܘܘܢ ܩܛܡܐ ܬܚܝܬ ܦܪܣܬ
ܪ̈ܓܠܝܟܘܢ. ܒܝܘܡܐ ܕܥܒܕ ܐܢܐ ܐܡܪ ܡܪܝܐ ܚܝܠܬܢܐ.
(3.22) ܐܬܕܟܪܘ ܢܡܘܣܗ ܕܡܘܫܐ ܥܒܕܝ. ܕܦܩܕܬܗ
ܒܚܘܪܒ. ܥܠ ܟܠܗ ܐܝܣܪܝܠ ܦܘܩ̈ܕܢܐ ܘܕܝ̈ܢܐ. (3.23) ܗܐ
ܡܫܕܪ ܐܢܐ ܠܟܘܢ ܠܐܠܝܐ ܢܒܝܐ. ܡܢ ܩܕܡ ܕܢܐܬܐ ܝܘܡܗ
ܕܡܪܝܐ ܪܒܐ ܘܕܚܝܠܐ. (3.24) ܕܢܦܢܐ ܠܒܐ ܕܐ̈ܒܗܐ ܥܠ
ܒܢ̈ܝܐ. ܘܠܒܐ ܕܒܢ̈ܝܐ ܥܠ ܐ̈ܒܗܝܗܘܢ. ܕܠܐ ܐܬܐ
ܘܐܡܚܝܗ̇ ܠܐܪܥܐ ܠܐܒܕܢ.

܀ ܫܠܡܬ ܢܒܝܘܬܗ ܕܡܠܐܟܝ ܀

܀ ܫܠܡ ܠܡܟܬܒ ܟܬܒܐ ܕܬܪܥܣܪ ܢܒ̈ܝܐ ܙܥܘ̈ܪܐ ܀

LISTA DELLE VARIANTI PRINCIPALI

Segnaliamo qui le differenze significative fra il testo consonantico da noi scelto e quello proposto nell'edizione di Leiden (L), oppure nel manoscritto ambrosiano 7a1, o ancora nel testo tradizionale proposto dalle edizioni di Urmia (U), Mosul (M) e dalle Bibbie poliglotte (Pol) di Parigi e Londra. Vengono messe in risalto, di preferenza, le forme che compaiono nell'edizione di Leiden e le varianti del ms. 7a1.

La prima parola è quella che compare nel nostro testo, mentre la seconda rappresenta la variante attestata in almeno una delle fonti appena menzionate.

Osea

3,3: ܠܗ̇ (7a1, U, M, Pol); ܠܗ (L).
10,7: ܡܠܟܗ̇ (7a1, U, M, Pol); ܡܠܟܗ (L).

Gioele

1,18: ܒܟ̈ܝܢ (U, M, Pol); ܒ݁ܟܝܢ (7a1); ܒܟܝܢ (L).

Amos

1,14: ܒܥܘܪ̈ܝܗ̇ (7a1); ܒܥܘܩ̈ܝܗ̇ (L, U, M, Pol).
2,4: ܢܡܘ̈ܣܘܗܝ (7a1); ܢܡܘܣܗ (L, U, M, Pol).
2,8: ܟܢܠ (7a1 con Nun erasa, U, M, Pol); ܟܠ (L).
2,8 bis: ܡܕ݂ܒܚ (L, U, M, Pol); ܡܕ݂ܒܚܝ (7a1).
3,1: ܒܝܬ (7a1); ܒܢ̈ܝ (L, U, M, Pol).
3,15: ܘܢܣܬܣܦܘܢ (7a1); ܘܢܣܘܦܘܢ (L, U, M, Pol).
5,6: ܠܒ݂ܝܬ (7a1); ܠܒܝܬ (L, U, M, Pol).
5,20: ܗܘ (il terzo; L, U, M, Pol); -- (manca in 7a1).
5,22: ܘܐܦܢ (7a1); ܐܦܢ (L).
7,8: ܠܝ ܡܪ̇ܝܐ (il primo); -- (manca in 7a1).
8,10: ܘܒܟܠܗܘܢ (7a1); ܘܟܠ ܟܠܗܘܢ (L, U, M, Pol).
8,10 bis: ܕܝܚܝ݂ܕܐ (L, U, M, Pol); ܕܐܝܚܝ݂ܕܐ (7a1).
8,11: ܠܠܚܡܐ (L, U, M, Pol); ܠܚܡܐ (7a1).

9,9: ܘܠܐ (L, U, M, Pol); ܕܠܐ (7a1).
9,11: ܐܢܐ ܕ (7a1); ܕ (L).
9,11 bis: ܘܦܣ̈ܩܬܗܘܢ (7a1, M); ܘܦܣ̈ܩܝܗܘܢ (L, U, Pol).

Abdia

16: ܢܬܘܪܘܢ (L, U, M, Pol); manca in 7a1.

Giona

1,16: ܡܢ (7a1); ܡܢ ܩܕܡ (L, U, M, Pol).
2,5: ܠܗܝܟܠܟ (7a1, U, M); ܗܝܟܠܟ (L, Pol).
3,4: aggiunta di ܠܗ̇ alla fine del v. in 7a1.
4,6: ܒܗ (L); -- (manca in 7a1).
4,9: ܥܠ (L); -- (manca in 7a1).

Michea

1,8: ܘܗܠܟܢ e ܘܐܝܠܠܢ, ܐܪܩܕܢ (L, U, M, Pol); ܘܗܠܟܘ e ܘܐܝܠܠܘ, ܐܪܩܕܘ (7a1).
3,1: ܗܠܝܢ (L); -- (manca in 7a1).
4,2: ܘܡܠܬܗ (L, U, M, Pol); ܘܦܬܓܡܗ (7a1).
4,3: ܘܬܟܣ e ܘܬܕܘܢ (L, U, M, Pol); ܘܢܟܣ e ܘܢܕܘܢ (7a1).
4,3 bis: ܘܪ̈ܘܡܚܝܗܘܢ (L, U, M, Pol); ܘܚܒܝܗܘܢ (7a1).
5,6: ܪ̈ܣܝܣܐ (L, U, M, Pol); ܐܪ̈ܣܝܣܐ (7a1).
5,13: ܘܐܘܒܕ (L, U, M, Pol); ܘܐܥܒܪ (7a1).
6,8: ܐܠܗܟ (L, U, M, Pol); ܡܪܝܐ ܐܠܗܟ (7a1).
6,11: ܒܡܣ̈ܐܬܐ (L); ܒܡܣܐܬܐ (7a1, U, M, Pol).
7,12: ܗܘ (L); -- (manca in 7a1).
7,12 bis: ܕܡܢ (L); ܡܢ (7a1, U, M, Pol).
7,20: ܥܠܡ (L, U, M, Pol); ܩܕܝܡ (7a1).

Naum

2,5: ܘܒܫܘܩܐ (L, 7a1); ܘܒܫܘ̈ܩܐ (U, M, Pol).
3,17; ܘܒܬܝܫ̈ܝܟܝ (L, U, M); ܘܒܬܫ̈ܝܟܝ (Pol).

Abacuc

1,14: ܕܒܝܡܐ (L, U, M, Pol); ܕܝܡܐ (7a1).
2,19: ܐܬܬܥܝܪ (L, U, M, Pol); ܕܐܬܬܥܝܪ (7a1).

3,1: alla fine del v. 7a1 aggiunge: ܥܠ ܕܓܠܐ.
3,6: ܘܕܓܠ (L); ܘܕܓܠܘ (7a1, U, M, Pol).
3,6 bis: ܘܐܬܡܟܟ (L, U, M, Pol); ܘܐܬܡܟܟܘ (7a1).
3,9: ܬܬܚܪܬ (L, U, M); ܬܬܚܪܬܝ (Pol); ܬܬܚܪܬ (7a1).
3,16: ܪܒ (L, U, M, Pol); ܪ̈ܒ (7a1).
3,16 bis: ܕܒܒܡ (L, U, M, Pol); ܕܒܡ (7a1).
3,17: ܒܓܦܬܐ (L, U, M, Pol); ܒܓܦ̈ܢܐ (7a1).
3,19: ܒܬܫ̈ܒܚܬܗ (L, U, M, Pol); ܬܫ̈ܒܚܬܗ (7a1).

Sofonia

1,1: ܒܝ̈ܘܡܬܗ (L, U, M, Pol); ܒܝ̈ܘܡܘܗܝ (7a1).
1,8: ܡܠ̈ܟܐ (L, U, M, Pol); ܡܠܟܐ (7a1).
1,8 bis: ܕܠܒܝܫܝܢ (L, U, M, Pol); ܕܠܒܝܫܝܢ (7a1).
1,11: ܫܩ̈ܠ (L, U, M, Pol); ܫܩܝܠ (7a1).
1,12: ܠܐ (il primo; L, U, M, Pol); ܕܠܐ (7a1).
1,15: ܕܕܘܘܐ (L, U, M, Pol); ܕܕܐܘܘܢܐ (7a1).
1,18: ܘܕܗܒܗܘܢ ܘܣܐܡܗܘܢ (L, U, M, Pol); ܘܣܐܡܗܘܢ ܘܕܗܒܗܘܢ (7a1).
2,5: ܕܡܪ̈ܓܐ (L, Pol); ܕܡܪܓܐ (7a1, U, M).
2,6: ܘܡܪ̈ܓܐ (L, Pol); ܘܡܪܓܐ (7a1, U, M).
2,9: ܕܐܬܚܒܠܬ (L, U, M, Pol); ܕܬܚܒܠܬ (7a1).
2,9 bis: ܚܒܠܐ (L, U, M, Pol); ܠܚܒܠܐ (7a1).
2,12: --; ܐܢܬܘܢ (7a1 aggiunge la parola alla fine del v.).
3,1: ܡܕܝܢܬܗ (L, U, M, Pol); ܡܕܝܢܬܐ (7a1).

Aggeo

2,13: ܠܗ (L); -- (7a1 omette la parola).
2,16: --; ܠܗ (7a1 aggiunge la parola dopo ܘܗܘܐ).
2,16 bis: ܐܢܬܘܢ (L, U, M, Pol); ܗܘܝܬܘܢ (7a1).
2,20: ܥܠ ܚܓܝ ܕܬܪ̈ܬܝܢ ܘܥ̈ܣܝܢ (L, U, M, Pol); ܕܬܪ̈ܬܝܢ ܘܥ̈ܣܝܢ ܥܠ ܚܓܝ (7a1).

Zaccaria

1,3: ܐܬܦܢܘ ܠܘܬܝ ܐܡܪ ܡܪܝܐ ܚܝܠܬܢܐ (L, U, M, Pol); -- (7a1 omette).
1,4: ܡܪܝܐ ܚܝܠܬܢܐ (il secondo; 7a1); ܡܪܝܐ (L, U, M, Pol).

2,8: ܘܕܒܥܝܪ̈ܐ (L, U, M, Pol); ܘܒܥܝܪ̈ܐ (7a1).
2,17: ܡܥܡܪ̈ܐ (L, 7a1); ܡܪ̈ܘܡܐ (U, M, Pol).
3,7: ܫܠܝܛܐ (L); -- (manca in 7a1).
3,7 bis: ܕܪ̈ܬܝ (U, M, Pol); ܕܪ̇ܬܝ (7a1 e L).
3,8: ܕܨܡܚܢ (L, U, M, Pol); ܕܢܬܒܢ (7a1).
3,8 bis: ܕܚܝܐ (7a1?, U, M, Pol); ܕܚܝܐ (L).
4,12: ܒܝܢܬ (L, U, M, Pol); ܘܒܝܢܬ (7a1).
5,8: ܒܐܦܐ (7a1, L); ܒܒܪ̈ܐ (U, M, Pol).
8,6: ܐܦ (L); ܘܐܦ (7a1).
8,10: ܘܐܦ (L); ܐܦ (7a1).
8,15: ܘܠܒ̣ܝܬ (L, U, M, Pol); ܘܠܒܝܬ (7a1).
8,16: ܒܬ̈ܒܝܬܟܘܢ (7a1, L); ܒܬ̈ܒܝܟܘܢ (U, M, Pol).
8,19: ܐܪ̈ܒܝܥܝܐ (7a1, L); ܪ̇ܒܝܥܝܐ (U, M, Pol).
9,15: ܒܩܠܥܐ (L, U, M, Pol); ܒܩ̈ܠܥܐ (7a1).
10,3: ܐܬܚܡܬ (7a1, L, U, M); ܐܪ̇ܡܬ (Pol).
11,4: ܩܛܝܠܬܐ (7a1, L, U, M); ܩܛ̈ܝܠܬܐ (Pol).
11,6: ܘܢܦܠܛܘܢܗ̇ (U, M, Pol); ܘܢܦܠܛܘܢܗ (7a1, L).
11,7: ܠܚܒܠܐ (fine v.; L, U, M, Pol); ܠܚܒܠܐ ܩܛܝܠܬܐ (7a1).
11,10: ܕܢܒܛܠ (7a1, L, U, M); ܕܐܒܛܠ (Pol).
12,2: ܐܦ (L); ܘܐܦ (7a1).
12,3: ܒܗ (L); -- (manca in 7a1).
12,4: ܕ̈ܒܥܡܗ̇ (U, M); ܕ̇ܒܥܡܗ̇ (Pol); ܕ̈ܒܥܡܗ (L) e ܕ̈ܒܥܡܐ (7a1).
12,9: --; ܐܡܪ ܡܪܝܐ (7a1 aggiunge le due parole dopo ܗ̇ܘ).
12,10: ܒܡܘ̈ܬܢܗ̇ (L, U, M, Pol); ܒܠܗܘܢ ܒܡܘ̈ܬܢܗ̇ (7a1).
13,9: ܕܗܢܐ (L); ܕܗܢܘ (U, M, Pol); ܗܢܐ (7a1).
14,4: ܪ̇ܒ (L, U, M, Pol); ܪ̇ܦ (7a1).
14,16: ܟܠ (L, U, M, Pol); ܟܠ ܡ̇ܢ (7a1).

Malachia

1,2: ܪ̇ܚܡܬܟܘܢ (L, U, M, Pol); ܐܪ̇ܚܡܬܟܘܢ (7a1).
1,4: ܡܪܝܐ (il primo); ܡܪܝܐ ܫܠܝܛܐ (7a1).
1,12: ܕܦܬܘܪ̇ܗ (L, U, M, Pol); ܦܬܘܪ̇ܗ (7a1).
1,13: ܒܗܝܢ (L); ܒܗܘܢ (7a1); ܒܗ (U, M, Pol).
1,13 bis: ܫܠܝܛܐ (il secondo); -- (7a1 omette).
2,9: ܐܦ (L); ܘܐܦ (7a1).
2,17: ܨܦܪ̇ (L, U, M, Pol); ܨܦܪ̇ ܗܘ (7a1).
3,11: ܕܠܐ (L, U, M, Pol); ܘܠܐ (7a1).

INDICE

Collana Analecta

Studium Biblicum Franciscanum - Jerusalem

71 N. Casalini, *Parole alla Chiesa. La tradizione paolina nelle lettere pastorali*, Milano 2009, 470 pp.

70 N. Ibrahim, *Gesù Cristo Signore dell'universo. La dimensione cristologica della lettera ai Colossesi*, Milano 2007, 240 pp.

69 L. D. Chrupcała, *The Kingdom of God. A Bibliography of 20th Century Research*, Jerusalem 2007, XLIV+873 pp.; fully indexed.

68 R. Pierri (a cura di), *Grammatica Intellectio Scripturae*. Saggi filologici di Greco biblico in onore di Lino Cignelli OFM, Jerusalem 2006, 17x24, 386 pp.

67 N. Casalini, *Lettura di Marco. Narrativa, esegetica, teologica*, Jerusalem 2005, 381 pp.

66 N. Casalini, *Introduzione a Marco*, Jerusalem 2005, 303 pp.

65 A. Niccacci - M. Pazzini - R. Tadiello, *Il Libro di Giona. Analisi del testo ebraico e del racconto*, Jerusalem 2004, 134 pp.

64 M. Pazzini, *Lessico Concordanziale del Nuovo Testamento Siriaco*. Jerusalem 2004, XIX-469 pp.

63 A. M. Buscemi, *Lettera ai Galati. Commentario esegetico*, Jerusalem 2004, XXVI-691 pp.

62 F. Manns, *L'Évangile de Jean et la Sagesse*, Jerusalem 2002, 316 pp.

61 L. Cignelli - R. Pierri, *Sintassi di Greco Biblico. Quaderno I,A: Le concordanze*, Jerusalem 2003, 108 pp.

60 M. Pazzini, *Il Libro di Rut. Analisi del testo siriaco*, Jerusalem 2002, 108 pp.

59 R. Pierri, *Parole del Profeta Amos. Il libro di Amos secondo i LXX*, Jerusalem 2002, 161 pp.

58 N. Casalini, *Le Lettere Cattoliche e Apocalisse di Giovanni. Introduzione storica, letteraria e teologica*, Jerusalem 2002, 368 pp.

57 N. Casalini, *Teologia dei Vangeli,* Jerusalem 2002, 402 pp.

56 F. Manns, *Le Midrash. Approche et commentaire de l'écriture*, Jerusalem 2001, 200 pp.

55 I. Molinaro, *Ha parlato nel Figlio. Progettualità di Dio e risposta del Cristo nella lettera agli Ebrei*, Jerusalem 2001, 360 pp.

54 N. Casalini, *Le lettere di Paolo. Esposizione del loro sistema di teologia*,

Jerusalem 2001, 304 pp.

53 N. Casalini, *Iniziazione al Nuovo Testamento*, Jerusalem 2001, 396 pp.

52 A. Niccacci (Ed.), *Jerusalem. House of Prayer for All Peoples in the Three Monotheistic Religions*, Jerusalem 2001, 193 pp.

51 A. Niccacci - M. Pazzini, *Il Rotolo di Rut. Analisi del testo ebraico*, Jerusalem 2001, 106 pp. Prima ristampa ETS, Milano 2008.

50 G. C. Bottini, *Giacomo e la sua lettera. Una introduzione*, Jerusalem 2000, 311 pp.

49 J. C. Naluparayil, *The Identity of Jesus in Mark. An Essay on Narrative Christology*, Jerusalem 2000, XVIII-636 pp.

48 A. M. Buscemi, *Gli inni di Paolo. Una sinfonia a Cristo Signore*, Jerusalem 2000, 200 pp.

47 E. Cortese, *Deuteronomistic Work. English translation by S. Musholt*, Jerusalem 1999, 178 pp.

46 M. Pazzini, *Grammatica Siriaca*, Jerusalem 1999, 188 pp.

45 L. D. Chrupcala, *Il Regno opera della Trinità nel Vangelo di Luca*. Jerusalem 1998, 276 pp.

44 M. Adinolfi - P. Kaswalder, *Entrarono a Cafarnao. Lettura interdisciplinare di Marco*. Studi in onore di V. Ravanelli, Jerusalem 1997, 2002^2, 306 pp.

43 A. M. Buscemi, *San Paolo: vita, opera e messaggio*, Jerusalem 1996, 335 pp. Prima ristampa ETS, Milano 2008.

42 F. Manns, *L'Israël de Dieu. Essais sur le christianisme primitif*, Jerusalem 1996, 340 pp.

41 F. Manns (Ed.), *The Sacrifice of Isaac in the Three Monotheistic Religions*. Proceedings of a Symposium on the Interpretation of the Scriptures held in Jerusalem. March 16-17 1995, Jerusalem 1995, 203 pp.; ills.

40 A. Niccacci (Ed.), *Divine Promises to the Fathers in the Three Monotheistic Religions*. Proceedings of a Symposium held in Jerusalem, March 24-25th, 1993, Jerusalem 1995, 220 pp.

39 M. C. Paczkowski, *Esegesi, teologia e mistica. Il prologo di Giovanni nelle opere di S. Basilio Magno*, Jerusalem 1996, 264 pp.

38 P. Garuti, *Alle origini dell'omiletica cristiana. La lettera agli Ebrei. Note di analisi retorica*, Jerusalem 1995, 2002^2, 439 pp.

37 G. Bissoli, *Il Tempio nella letteratura giudaica e neotestamentaria. Studio sulla corrispondenza fra tempio celeste e tempio terrestre*, Jerusalem 1994, 2002^2, XIV-239 pp.

36 F. Manns, *Le Judaïsme ancien, milieu et mémoire du Nouveau Testament*, Jerusalem 2001, 267 pp.

35 G. C. Bottini, *Introduzione all'opera di Luca. Aspetti teologici*, Jerusalem 1992, 255 pp.

34 N. Casalini, *Agli Ebrei. Discorso di esortazione*, Jerusalem 1992, 459 pp.

33 F. Manns, *L'Évangile de Jean à la lumière du Judaïsme*, Jerusalem 1991, 2000^2, 548 pp.

32 N. Casalini, *I misteri della fede. Teologia del Nuovo Testamento*, Jerusalem 1991, 722 pp.

31 A. Niccacci, *Lettura sintattica della prosa ebraico-biblica. Principi e applicazioni*, Jerusalem 1991, XI-264 pp.

30 N. Casalini, *Il Vangelo di Matteo come racconto teologico. Analisi delle sequenze narrative*, Jerusalem 1990, 114 pp.

29 P. A. Kaswalder, *La disputa diplomatica di Iefte (Gdc 11,12-28). La ricerca archeologica in Giordania e il problema della conquista*, Jerusalem 1990, 364 pp.

28 N. Casalini, *Libro dell'origine di Gesù Cristo. Analisi letteraria e teologica di Matteo 1-2,* Jerusalem 1990, 173 pp.

27 A. Niccacci, *Un profeta tra oppressori e oppressi. Analisi esegetica del capitolo 2 di Michea nel piano generale del libro*, Jerusalem 1989, 211 pp.

26 N. Casalini, *Dal simbolo alla realtà: l'espiazione dall'Antica alla Nuova Alleanza secondo Ebr 9,1-14. Una proposta esegetica*, Jerusalem 1989, 276 pp.

25 E. Testa, *La legge del progresso organico e l'evoluzione. Il problema del monogenismo e il peccato originale*, Jerusalem 1987, 458 pp., 74 pls.

24 A. Lancellotti, *Grammatica dell'ebraico biblico*. A cura di Alviero Niccacci, Jerusalem 1996, VIII-200 pp.

23 A. Niccacci, *Sintassi del verbo ebraico nella prosa biblica classica,* Jerusalem 1986, 127 pp.

22a F. Manns, *Jewish Prayer in the Time of Jesus*, Jerusalem 1994, 2002^2, XI-291 pp.

22 F. Manns, *La prière d'Israël à l'heure de Jésus*, Jerusalem 1986, 304 pp.

21 F. Manns, *Pour lire la Mishna*, Jerusalem 1984, 246 pp.

20 V. Cottini, *La Vita Futura nel Libro dei Proverbi*, Jerusalem 1984, 404 pp.

19 F. Manns, *Le symbole eau-Esprit dans le Judaïsme ancien*, Jerusalem 1983, 340 pp.

18 A. Vítores, *Identidad entre el cuerpo muerto y resucitado en Orígenes según el "De resurrectione" de Metodio de Olimpo*, Jerusalem 1981, 259 pp.

17 A. M. Buscemi, *L'uso delle preposizioni nella lettera ai Galati*, Jerusalem 1987, 119 pp.

16 G. C. Bottini, *La preghiera di Elia in Giacomo 5,17-18. Studio della tradizione biblica e giudaica*, Jerusalem 1981, 200 pp. 2 pls.

15 L. Cignelli, *Studi Basiliani sul rapporto "Padre Figlio"*, Jerusalem 1982, 128 pp.

14 B. Talatinian, *Il Monofisismo nella Chiesa armena. Storia e Dottrina*, Jerusalem 1980, 122 pp.

13 F. Manns, *Bibliographie du Judéo-Christianisme*, Jerusalem 1979, 263 pp. *Non disp.*

12 F. Manns, *Essais sur le Judéo-Christianisme*, Jerusalem 1977, 226 pp. *Non disp.*

11 F. Manns, *"La Vérité vous fera libres". Etude exégétique de Jean 8,31-59*, Jerusalem 1976, 221 pp.

10 M. F. Olsthoorn, *The Jewish Background and the Synoptic Setting of Mt 6,25-33 and Lk 12,22-31*, Jerusalem 1975, 88 pp.

9 L. Cignelli - I. Mancini - M. Brlek, *Bonaventuriana. Saggi in occasione del VII centenario della morte di S. Bonaventura*, Jerusalem 1974, 159 pp.

8 G. Giamberardini, *Il culto mariano in Egitto*. Vol. III. Secolo XI-XX, Jerusalem 1978, 487 pp.; 24 pls.

7 G. Giamberardini, *Il culto mariano in Egitto*, Vol. II. Secolo VII-X. Jerusalem 1974, 432 pp.; ills.

6 G. Giamberardini, *Il culto mariano in Egitto*, Vol. I. Secolo I-VI. Jerusalem 1975, 330 pp.; 24 pls.

5 M. Miguéns, *El Pecado que entró en el mundo. Reflexiones sobre Rom. 5,12-14*, Jerusalem 1972, 138 pp.

3 E. Testa, *Il Peccato di Adamo nella Patristica (Gen. III)*, Jerusalem 1970, 217 pp.

2 M. Miguéns, *El Paráclito (Jn 14-16)*, Jerusalem 1963, 277 pp.

1 A. Lancellotti, *Grammatica della lingua accadica*, Jerusalem 1962, 1995^2, XVI-194 pp.; 43 pp. testi accadici.